utb 5056

W0177404

**Eine Arbeitsgemeinschaft der Verlage**

Böhlau Verlag · Wien · Köln · Weimar
Verlag Barbara Budrich · Opladen · Toronto
facultas · Wien
Wilhelm Fink · Paderborn
A. Francke Verlag · Tübingen
Haupt Verlag · Bern
Verlag Julius Klinkhardt · Bad Heilbrunn
Mohr Siebeck · Tübingen
Ernst Reinhardt Verlag · München
Ferdinand Schöningh · Paderborn
Eugen Ulmer Verlag · Stuttgart
UVK Verlag · München
Vandenhoeck & Ruprecht · Göttingen
Waxmann · Münster · New York
wbv Publikation · Bielefeld

Petra Herczeg | Julia Wippersberg

# Kommunikationswissenschaftliches Arbeiten

## Eine Einführung

**facultas**

PD Mag. Dr. Petra Herczeg und PD Mag. Mag. Dr. Dr. Julia Wippersberg lehren als Senior Lecturers am Institut für Publizistik- und Kommunikationswissenschaft der Universität Wien.

Bibliografische Information der Deutschen Nationalbibliothek

Die Deutsche Nationalbibliothek verzeichnet diese Publikation in der Deutschen Nationalbibliografie; detaillierte bibliografische Daten sind im Internet unter http://d-nb.de abrufbar.

© 2019 Facultas Verlags- und Buchhandels AG, Wien
facultas Verlag, Stolberggasse 26, 1050 Wien, Österreich

Umschlag: Atelier Reichert, Stuttgart
Innengestaltung und Satz: grafzyx.com, Wien
Druck und Bindung: Friedrich Pustet, Regensburg
Printed in Germany

ISBN 978-3-8252-5056-0

# Inhalt

# 1 Einleitung

Wissenschaftliches Arbeiten erfordert spezifische Fähigkeiten und Fertigkeiten sowie die Kompetenz, von alltäglichen Fragestellungen und gewöhnlichem Wissen-Wollen zu systematischen Fragestellungen und wissenschaftlicher Organisation des Erkenntnisgewinns vorzustoßen. In diesem Buch wird das „Handwerkszeug" des wissenschaftlichen Arbeitens (wie der Umgang mit wissenschaftlichen Quellen, das Zitieren, das wissenschaftliche Lesen und Schreiben) genauso thematisiert wie die Kompetenz zur Erstellung von Forschungsfragen und Hypothesen, zur Entscheidung über Forschungsabläufe und Methodenauswahl, zur Bestimmung von Untersuchungsdesigns und zur Operationalisierung von „abstrakten" theoretischen Konstrukten.

Das Buch geht aber über die reine Anwendung von Kompetenzen im Forschungsalltag hinaus, es soll auch der Rahmen, in dem Wissenschaft betrieben wird, aufgezeigt werden.

Wenn wir uns mit Wissenschaft befassen, dann sind wir nicht nur damit konfrontiert, Probleme zu formulieren, zu prüfen und mit theoretischen Aussagen zu kombinieren, sondern wir müssen uns auch damit befassen, was eigentlich der Sinn und Zweck von Wissenschaft ist. Dazu ist es nötig, sich mit der Wissenschaftstheorie zu beschäftigen, die zu erfassen versucht, warum wir als Sozialwissenschaftler auf welche Art Wissenschaft betreiben und wie wir unser Vorgehen erklären und einordnen können. Wissenschaft ist nie Selbstzweck, wichtig ist die Reflexion des eigenen Tuns. Die Wissenschaftstheorie erstellt die Spielregeln und begründet die Regeln auch gleich selbst, d.h., wonach man sich richten kann und welche Konsequenzen sich daraus ergeben können. Unterschiedliche wissenschaftstheoretische Positionen dokumentieren, dass es nicht nur einen Weg zur Erkenntnis gibt.

Wissenschaftliches Arbeiten erfordert nicht nur das Befolgen von Spielregeln, sondern man muss auch wissen, wozu das Spiel überhaupt dient. Welcher Zweck wird damit verfolgt? Was möchte ich erkennen? Und wie gelange ich an das Ziel?

Ziel ist es sicherlich nicht zu sagen: „Ich mach mal was mit Medien!", sondern verstehen zu wollen, wie die Kommunikationswissenschaft als für die gesellschaftliche Kommunikation zuständiges Reflexionssystem die unterschiedlichen kommunikativen Phänomene auf vielfältigen Ebenen theoretisch und empirisch fassen kann. Wenn in der Öffentlichkeit mehr oder weniger permanent über die Digitalisierung und deren Folgen für die gesellschaftlichen Entwicklungen debattiert wird, dann sollten wir zum Beispiel darauf Antworten geben können. Als Sozialwissenschaftlerinnen übernehmen wir eine Verantwortung, die sich auch darin äußert, wie wir Wissenschaft betreiben.

Für die eigene wissenschaftliche Arbeit ist es wichtig, die Spielregeln zu beherrschen und zu wissen, wozu das Spiel dient. Wenn man etwa bei einem Fußballspiel nicht die Regeln kennt, ist man schnell draußen, und wenn man nicht weiß, dass man Tore schießen muss, dann hat man das Spiel nicht verstanden …

Deshalb ist es wichtig, sich mit den Wurzeln des Fachs zu beschäftigen, zu verstehen, nach welchen Spielregeln hier wissenschaftliches Arbeiten zu erfolgen hat und mit welchen zentralen Studien die kommunikationswissenschaftliche Forschung begonnen hat. Diese zentralen Studien sowie einige grundsätzliche wissenschaftstheoretische Positionen werden in diesem Buch zum grundlegenden Verständnis unserer Disziplin vorgestellt. Die beschriebenen Aspekte sind keinesfalls als abschließend zu verstehen, sie verdeutlichen nur wegweisende Schritte unserer Disziplin.

Auf diesem Verständnis bauen alle weiteren Kapitel zum wissenschaftlichen Arbeiten auf, wobei alle wesentlichen Schritte des wissenschaftlichen Arbeitens thematisiert werden. Wissenschaftliches Arbeiten und Forschen erlernt man aber nur durch häufiges Üben und nicht nur durch das Studium eines Buches.

Deshalb kann und soll dieses Buch ein ständiger Begleiter während des Studiums der Publizistik- und Kommunikationswissenschaft sein und als Nachschlagewerk für das wissenschaftliche Arbeiten dienen. Seine Inhalte sind die Basis für jedes weitere wissenschaftliche Arbeiten im Studium der Publizistik- und Kommunikationswissenschaft. Dabei genügt es nicht, sie zu kennen oder bei einer Prüfung wiedergeben zu können, sondern das Wissen muss in allen Proseminar- und Seminararbeiten angewendet werden können.

Daher wird speziell auf die in der Publizistik- und Kommunikationswissenschaft üblichen Vorgehensweisen des wissenschaftlichen Arbeitens eingegangen; in anderen Disziplinen können andere Rahmenbedingungen gelten. Das Buch versteht sich als Orientierungshilfe, um sich mit den Anforderungen, die an das wissenschaftliche Arbeiten in der Publizistik- und Kommunikationswissenschaft gestellt werden, auseinandersetzen zu können. Wir hoffen, dadurch das Verständnis dafür, was wissenschaftliches Arbeiten ausmacht, zu fördern und zu zeigen, dass Wissenschaft einerseits nach bestimmten nachvollziehbaren Kriterien, oder salopp formuliert nach bestimmten Spielregeln abläuft, aber andererseits auch das Potenzial schafft, über gesellschaftlich relevante Fragestellungen nachzudenken, diese aufzuzeigen, zu reflektieren und möglicherweise auch Lösungsvorschläge bzw. Handlungsalternativen zu formulieren. Und – dieser Satz sei erlaubt – das Buch soll auch Freude am Erarbeiten von Erkenntnissen wecken.

Zusätzlich zu den bereits angesprochenen Ausführungen finden sich in diesem Buch ganz grundsätzliche rechtliche Anforderungen: einerseits zum rechtmäßigen Arbeiten, das gerade durch die Europäische Datenschutzgrundverordnung (DSGVO) einen Bedeutungszuwachs erfahren hat. Andererseits freuen wir uns, dass Dr. Albrecht Haller, Rechtsanwalt in Wien für Medien-, Urheber- und Internetrecht, einen Leitfaden zu urheberrechtlichen Fragen bei wissenschaftlichen Arbeiten für dieses Buch zur Verfügung gestellt hat (siehe Kap. 9.5.1). Darin werden die urheberrechtlichen Fragen rund um die korrekte Verwendung von Texten, aber auch von Bildern und Grafiken thematisiert – abseits der wissenschaftlichen Konvention, die hier häufig sogar noch strengere Regeln vorsieht.

Schließlich ist noch der Hinweis auf einen wichtigen Aspekt des wissenschaftlichen Arbeitens im Bereich der Publizistik- und Kommunikationswissenschaft erforderlich: Für den Forschungsprozess ist das Wissen um Medien und ihre Inhalte unbedingt nötig. Vieles davon (bspw. Themen wie Medienkunde oder Medienlandschaft) kann man sich in Lehrveranstaltungen aneignen. Was man allerdings nicht lehren kann, ist das Interesse an Medien und den Inhalten, die dort täglich veröffentlicht werden, das Interesse an Vorgängen in allen Bereichen der Kommunikationswirtschaft und das Interesse an den Zusammenhängen von Politik und Medien. Dieses Interesse müssen Studierende mitbringen und durch Eigeninitiative professionell weiterentwickeln. Ohne dieses Interesse ist kommunikationswissenschaftliche Forschung nicht denkbar – es lassen sich keine Probleme identifizieren oder aktuelle Entwicklungen erkennen und beurteilen. Solche Alltagsbeobachtungen auch unserer Disziplin sind für den Forschungsprozess aber unbedingt nötig.

„Wir können wohl sagen, daß, während unser hypothetisches Wissen endlich ist, unser Nichtwissen unendlich ist" – sagte Karl Popper (2016 [1983]: 216), einer der bedeutendsten Wissenschaftsphilosophen des 20. Jahrhunderts. Und wir müssten – so Popper – den sokratischen

Satz „Ich weiß, daß ich nichts weiß" ernst nehmen. In diesem Sinne: Es gibt viel zu erkennen und zu erforschen. Dieses Buch soll als Basis dienen, um sich mit den Grundlagen des wissenschaftlichen Arbeitens zu befassen und darauf aufbauend eigenständige wissenschaftliche Arbeiten verfassen zu können.

Unser Dank gilt allen Kolleginnen und Kollegen, die bei der Zusammenstellung der Inhalte dieses Buches beteiligt waren, insbesondere Klaus Lojka, Tanja Fabian und Albrecht Haller, sowie den Mitarbeiterinnen und Mitarbeitern des facultas Verlags.

Im Dienste einer erleichterten Lesbarkeit wurden die Personenbezeichnungen für Frauen und Männer in diesem Buch bunt gemischt – ganz wie im echten Leben.

Petra Herczeg & Julia Wippersberg                    Wien, Mai 2018

# 2 Publizistik- und Kommunikations- wissenschaft als (Sozial-)Wissenschaft

Die Publizistik- und Kommunikationswissenschaft wird den Sozialwissenschaften zugerechnet und zählt damit zu einem bestimmten Wissenschaftstypus. Es gibt eine Vielzahl von Möglichkeiten, Wissenschaften zu typisieren (vgl. näher dazu Seiffert, 1997).

## 2.1 Was ist eigentlich eine Wissenschaft?

Sucht man nach Definitionen des Begriffs „Wissenschaft", wird man rasch fündig. Allein im Brockhaus (einer der führenden deutschsprachigen Enzyklopädien) finden sich mehrere Begriffsbestimmungen: Demnach ist Wissenschaft der „Inbegriff menschlichen Wissens einer Epoche, das systematisch gesammelt, aufbewahrt, gelehrt und tradiert wird." Weiter heißt es: „Wissenschaft meint auch den method[ischen] Prozess intersubjektiv nachvollziehbaren Forschens und Erkennens aufgrund eines Interesses, die Wirklichkeit der Natur, der Gesellschaft oder des menschlichen Geistes zu erschließen, sowie die Institutionalisierung des Wissensbestandes und aller darauf bezogenen Aktivitäten im Rahmen einer Gesellschaft." (Brockhaus, 1998: 291)

Wenn vom „Interesse" am Forschen und Erkennen die Rede ist, dann kann man nach dem Sinn und Zweck bzw. nach dem Ziel des wissenschaftlichen Wissenserwerbs fragen. Neben dem Hinweis auf das Entwickeln von Theorien wird in diesem Zusammenhang auch der praktische Nutzen von Wissenschaft angeführt: „Wissenschaft könnte somit allgemein als Erarbeitung von gesellschaftlich nutzbarem Wissen durch Theoriebildung, Forschung und Anwendung ihrer Erkenntnisse begriffen werden." (Dahinden/Hättenschwiler, 2001: 491)

Auch wenn die zitierten Definitionen nicht deckungsgleich sind, zeigen sie in Summe doch die wichtigsten Bestandteile des Begriffs „Wissenschaft":

- die **Forschung**, als die systematische Erarbeitung von Wissen mithilfe bestimmter innerhalb der Wissenschaft anerkannter Forschungsmethoden bzw. Methoden der Erkenntnisgewinnung,
- die daraus resultierenden **Erkenntnisse** und Theorien, die das zu einem bestimmten Zeitpunkt vorhandene wissenschaftliche Wissen darstellen; eine **Theorie** ist dabei die Gesamtheit logisch zusammenhängender Urteile über Teile der Realität. Sie erfüllt drei Funktionen: Darstellungs-, Erklärungs- und Prognosefunktion. Der Theoriebegriff ist nach wie vor unscharf. Weil die Komplexität des Untersuchungsgegenstandes „soziale Realität" viel zu umfassend ist, um jemals Gesetzesaussagen naturwissenschaftlicher Strenge zuzulassen, herrscht mittlerweile Konsens darüber, dass selbst die bestgeprüften sozialwissenschaftlichen Theorien immer nur „Theorien mittlerer Reichweite" (Merton, 1968, zit. nach: Burkart, 2002: 186f.) sein können, d.h., ihre Gültigkeit ist in der Regel raum- und/ oder zeitabhängig,
- die systematische **Sammlung und Dokumentation** dieses Wissens,
- die **Lehre bzw. Weitergabe** dieses Wissens, insbesondere die Ausbildung der Studierenden an den Universitäten,
- das **institutionelle Gefüge** (Universitäten, Hochschulen, Forschungsinstitute …), in dem all diese Tätigkeiten stattfinden,
- und die Nützlichkeit des Wissens **für die Gesellschaft**. Diese „Nützlichkeit" ist freilich nicht immer gleich einsehbar (bspw. im Fall von Grundlagenforschung), aber letztendlich ist jede Wissenschaft dazu da, Probleme mithilfe der gewonnenen Einsichten zu lösen oder wenigstens zu minimieren.

Nun ist es für die Tätigkeit der Wissenschaftler nicht unerheblich, welchen Ausschnitt der uns umgebenden Wirklichkeit sie untersuchen. Je nach Untersuchungsgegenstand (= Materialobjekt) und Untersuchungsperspektive (= Formalobjekt) werden verschiedene Wissenschaftsbereiche unterschieden, die zumeist auch mit bestimmten Forschungstraditionen verbunden sind. Als eine derartige Grobdifferenzierung kann gelten: Natur-, Technik-, Geistes- und Sozialwissenschaften. Innerhalb dieser Bereiche können dann wiederum vielfältige Fächer bzw. Disziplinen unterschieden werden.

Die grobe Einteilung in Abbildung 1 zeigt eine im vorliegenden Kontext sinnvolle Möglichkeit auf, unterschiedliche Typen von Wissenschaften zu unterscheiden.

*Abb. 1: Typologisierung von Wissenschaften*

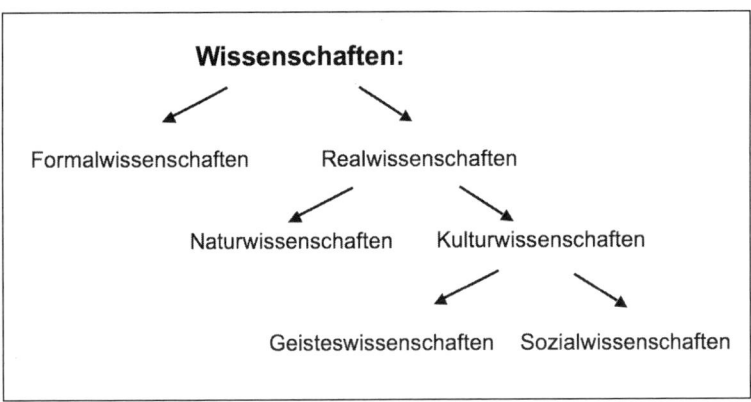

*Quelle: Eigene Darstellung.*

## Formalwissenschaften

Die Formalwissenschaften umfassen jene wissenschaftlichen Disziplinen, die sich nicht mit Dingen der realen Welt beschäftigen, dazu
gehören die Logik, die Mathematik, die Linguistik und die theoretische
Informatik. Allen Formalwissenschaften ist eigen, dass festgelegte,
axiomatisch bestimmte Satzbildungs- und Ableitungsregeln befolgt
werden, die der Widerspruchsfreiheitsforderung genügen müssen. Das
heißt, diese Wissenschaften befassen sich mit formalen Systemen und
mit abstrakten Objekten und den damit verbundenen Zusammenhängen.

## Realwissenschaften

Die Realwissenschaften können in Natur-, Geistes-, Human-, Kultur-
und Sozialwissenschaften unterteilt werden, sie befassen sich mit
konkreten Gegenständen und gelten daher auch als Erfahrungswissenschaften. Das Ziel der Realwissenschaften ist es, allgemeine Gesetzmäßigkeiten der Realität zu erfassen. Albert fasst das in dem Sinne zusammen, dass man „nun überall nach der Erklärung von Zusammenhängen
auf der Basis allgemeiner Gesetzmäßigkeiten [strebt] und sucht dazu
möglichst umfassende Theorien von großer Erklärungskraft zu entwickeln, Theorien, die auf möglichst einfache Weise möglichst viel erklären" (Albert, 1978: 50). Realwissenschaftliche Perspektiven generieren
Aussagen über die Zustände der Realität und systematisieren dabei
empirische Regelmäßigkeiten.

## Naturwissenschaften

Der Gegenstand der Naturwissenschaften ist die unbelebte und die belebte Natur, also die anorganische Materie und das organische Leben. Die Gegenstände der Naturwissenschaften haben sich zunächst unabhängig vom Menschen und dessen Handeln entwickelt. Für die Naturwissenschaften ist eine bestimmte (in der Regel quantifizierende) Forschungsmethodik typisch: Zu Beginn des Forschungsprozesses werden Annahmen (Hypothesen) aufgestellt, die dann empirisch (erfahrungswissenschaftlich) überprüft werden. Ziel ist die Entwicklung möglichst allgemeingültiger Theorien, welche die untersuchten Phänomene erklären und Prognosen zukünftiger Entwicklungen erlauben. Beispiele für naturwissenschaftliche Fächer sind Physik, Chemie, Astronomie, Geologie sowie die biologischen Wissenschaften (allgemeine Biologie, Botanik, Zoologie etc., häufig auch „Lebenswissenschaften" genannt).

## Strukturwissenschaften

In die sog. Strukturwissenschaften werden Disziplinen wie Mathematik und Informatik eingeordnet. Im Mittelpunkt stehen im Gegensatz zu anderen Wissenschaften nicht die Erforschung tatsächlicher Gegebenheiten in engerem Kontext, sondern die Methoden zu diesem Zweck. Zu den Strukturwissenschaften werden von den Befürwortern dieser Wissenschaftskategorie folgende Forschungsbereiche gezählt: Mathematik, Theoretische Informatik, Logik, Informationstheorie, Systemtheorie, Kybernetik, Synergetik.

Der Begriff „Strukturwissenschaft" wurde 1971 von Carl Friedrich von Weizsäcker geprägt. Bernd-Olaf Küppers beschrieb im Jahr 2000 Strukturwissenschaften als Bindeglied zwischen Natur- und Geisteswissenschaften. In früheren Zeiten sprach man von Vernunftwissenschaft, die man der Erfahrungswissenschaft entgegenstellte.

## Technikwissenschaften/Ingenieurwissenschaften

Mit den Naturwissenschaften verwandt, aber doch eigenständig sind die Technikwissenschaften, auch Ingenieurwissenschaften genannt. Sie verstehen sich als angewandte Wissenschaften, deren zentrales Bestreben die Umsetzung der in den Naturwissenschaften gewonnenen Erkenntnisse und die Entwicklung konkreter Anwendungen ist. Typische Beispiele für die Ingenieurwissenschaften sind Maschinenbau, Elektrotechnik, Bauwesen und Verfahrenstechnik.

**Kulturwissenschaften**

Darunter fallen alle jene Disziplinen, die sich mit den Produkten des menschlichen Denkens und Handelns auseinandersetzen. Der große Bereich der Kulturwissenschaften kann nochmals in Geistes- und Sozialwissenschaften unterteilt werden.

**Geisteswissenschaften**

Die Geisteswissenschaften beschäftigen sich mit dem menschlichen Geist und dessen Schöpfungen (seinen kulturellen Produkten, den sog. „Hervorbringungen des menschlichen Geistes" oder „Artefakten"), wozu insbesondere Recht, Religion, Geschichte, Sprache, Literatur, Kunst, Kultur – und eben auch die entsprechenden Wissenschaften zählen. Die bewusste Abgrenzung von den Natur- und Technikwissenschaften und die Herausbildung einer eigenständigen Identität als „Geisteswissenschaften" erfolgte erst im 19. Jahrhundert, als traditionelle Disziplinen wie Geschichte, Literatur-, Sprach- und Kunstwissenschaft durch die Erfolge der naturwissenschaftlichen Forschung herausgefordert wurden.

Nicht nur im Gegenstand (geistige Schöpfungen im Gegensatz zu (un-)belebter Natur), sondern auch in der Methodik grenzen sich die Geisteswissenschaften von den Naturwissenschaften ab. Nicht so sehr die Suche nach allgemeinen Gesetzen (nomothetisches Vorgehen) steht hier im Vordergrund, sondern das Verstehen und die genaue Beschreibung von Einmaligem (idiographisches Vorgehen).

Dabei bedienen sich die Geisteswissenschaftler hermeneutischer bzw. interpretativer Verfahren und historischer Forschungsmethoden. Die **Hermeneutik** ist die Wissenschaft und Kunst der Textauslegung, Textinterpretation. Ursprünglich war dies die Lehre vom Verstehen, Deuten oder Auslegen von Kunstwerken, wie literarischen Werken, Gemälden, Musikstücken, historischen Quellen, Filmen, Denkmälern, aber auch der mündlichen Rede.

Typische geisteswissenschaftliche Disziplinen sind alle geschichtswissenschaftlichen Fächer, sämtliche Sprachwissenschaften sowie Literatur- und Theaterwissenschaft.

**Sozialwissenschaften/Gesellschaftswissenschaften**

Im 19. und 20. Jahrhundert entwickelten sich die Sozialwissenschaften als eigenständiger Wissenschaftsbereich – etymologisch abgeleitet vom lateinischen *socius* (der Gefährte) oder *socialis* (gemeinschaftsbildend, die Gemeinschaft/Gesellschaft betreffend). Diese Wissenschaften werden deshalb auch als Gesellschaftswissenschaften bezeichnet.

Im Zentrum steht „soziales Handeln" – zielgerichtetes und bewusstes Handeln im Hinblick auf andere; Handeln, das auf andere/Dritte ausgerichtet ist (vgl. Weber, 1956).

Die Sozialwissenschaften rücken die Beziehungen zwischen den Menschen in den Mittelpunkt ihrer Betrachtung. Es geht ihnen um die Ursachen, Abläufe und Ergebnisse menschlichen Handelns. Untersucht werden die Beziehungen der Menschen untereinander, sei es auf individueller Ebene (Verhalten und Handeln einzelner Individuen) oder auf gesellschaftlicher Ebene (gesellschaftliche Institutionen und Systeme). Sozialwissenschaft beschäftigt sich also grob gesagt mit dem Zusammenleben der Menschen in Gemein- und Gesellschaften und damit, wie dieses organisiert ist sowie welche Gruppen, Rollen, Institutionen, Organisationen, Kommunikationen es gibt und wie sie miteinander in Beziehung stehen.

Die Methodik der Sozialwissenschaften orientiert sich einerseits sehr stark am naturwissenschaftlichen Forschungsideal (Hypothesenbildung und -überprüfung) und verwendet empirische Erhebungsmethoden wie Befragung, Inhaltsanalyse, Beobachtung und Experiment. Andererseits finden auch geisteswissenschaftliche Methoden (hermeneutisch-interpretative Verfahren, historische, phänomenologische Forschungsmethoden) Verwendung.

Typische sozialwissenschaftliche Fächer sind Soziologie, Politikwissenschaft, Psychologie, Pädagogik/Erziehungswissenschaft, Ethnologie, Kultur- und Sozialanthropologie, die Wirtschaftswissenschaften sowie eben die Publizistik- und Kommunikationswissenschaft. Darüber hinaus gibt es in natur- und geisteswissenschaftlichen Disziplinen Fachbereiche, die sich mit sozialen Zusammenhängen beschäftigen (Sozial-Geschichte, -Philosophie, -Geographie ...).

Angesichts der Tendenzen zum interdisziplinären Arbeiten ist diese Unterscheidung bisweilen relativiert worden. Eine modernere Begriffsbildung fasst mit der Bezeichnung **Humanwissenschaften** alle Wissenschaften zusammen, die irgendeinen Aspekt der Menschen zum Untersuchungsgegenstand haben. Darunter fallen sowohl die Geistes- und Sozialwissenschaften als auch einige wenige Naturwissenschaften wie beispielsweise die Humanbiologie oder Medizin.

Bei manchen Disziplinen gibt es Einordnungsprobleme, bspw. bei der Psychologie. Sie ist eine empirische Wissenschaft. Sie beschreibt und erklärt das Erleben und Verhalten des Menschen, seine Entwicklung im Laufe des Lebens und alle dafür maßgeblichen inneren und äußeren Ursachen und Bedingungen. Psychologie ist als Wissenschaft bereichsübergreifend. Sie lässt sich nicht den Naturwissenschaften, Sozialwissenschaften oder den Geisteswissenschaften jeweils allein zuordnen.

## 2.2 Kommunikationswissenschaft

Wie kann nun die Disziplin Publizistik- und Kommunikationswissenschaft definiert werden? Welchen Ausschnitt der uns umgebenden Wirklichkeit analysiert dieses Fach?

Unter Kommunikationswissenschaft wird die wissenschaftliche Beschäftigung mit dem Prozess der menschlichen Kommunikation verstanden. Ziel kommunikationswissenschaftlicher Forschung ist ein besseres Verständnis des Kommunikationsprozesses, seiner Teile, seiner Rahmenbedingungen, seiner Ursachen und Auswirkungen, seiner Funktionen sowie seines Wandels im Lauf der Geschichte. Die Kommunikationswissenschaft beschäftigt sich dabei mit den unterschiedlichen Formen menschlicher Kommunikation: Sowohl die unmittelbare, interpersonelle Kommunikation als auch die Kommunikation mithilfe von (Massen-)Medien sowie die Online-Kommunikation (via Computer und Netzwerke) werden untersucht.

### 2.2.1 Publizistik- und Kommunikationswissenschaft (PKW)

Bei der Publizistik- und Kommunikationswissenschaft steht die öffentliche, (massen-)medial vermittelte Kommunikation stärker im Vordergrund, die heute immer häufiger auch online erfolgt. Es werden vor allem Prozesse der öffentlichen Kommunikation – mit anderen Worten der Massenkommunikation – untersucht. Dies legt schon der Begriff „Publizistik" nahe: Er steht für die via Massenmedien öffentlich verbreiteten Aussagen.

Der Begriff „Publizistik" lässt sich etymologisch auf das lateinische Verbum *publicare* (veröffentlichen, öffentlich machen) bzw. das lateinische *publicus* (öffentlich) zurückführen und verweist damit auf einen öffentlichen Kommunikationsprozess.

„Öffentlich" heißt in diesem Zusammenhang vor allem „öffentlich zugänglich": Gemeint ist damit, dass grundsätzlich „alle" die Chance haben, an einem Kommunikationsprozess teilzunehmen, oder – umgekehrt formuliert – dass man niemals genau weiß, wer tatsächlich an einem Kommunikationsprozess teilnimmt und wer nicht.

Freilich sind individuelle Kommunikation und Massenkommunikation nicht isoliert voneinander zu verstehen, weshalb auch im Rahmen der Publizistikwissenschaft Phänomene der individuellen Kommunikation Berücksichtigung finden (vor allem wenn Letztere im Rahmen massenmedialer Kommunikation von Bedeutung sind). Vor diesem Hintergrund entstand auch die Bezeichnung „Publizistik- und Kommunikationswissenschaft" (PKW).

### 2.2.2  Unterscheidung Medienwissenschaft – Kommunikationswissenschaft

In den 1970er-Jahren entstand die geisteswissenschaftliche Form der Medienwissenschaft aus der textorientierten Germanistik und der Theaterwissenschaft als Pendant zur sozialwissenschaftlichen Publizistik- und Kommunikationswissenschaft; die Medienwissenschaft fokussiert auf die kulturellen Ausprägungen.

Bei der Medienwissenschaft steht die Untersuchung der Gestaltung der Medien im Vordergrund. Im Mittelpunkt der Forschung stehen dabei vor allem Printmedien, Hörfunk, Fernsehen, Video sowie Internet, Online-Medien und Spiele (Games). Viele Medienwissenschaftler zählen auch die Filmwissenschaft zu ihrer Disziplin.

Der Begriff „Medienwissenschaft" wird teilweise als Gegenstück zur empirisch-sozialwissenschaftlichen Publizistik- und Kommunikationswissenschaft verstanden. In diesem Sinne wird er für einen Ansatz verwendet, der stärker sprach-, geistes- und kulturwissenschaftlich angelegt ist und sich weniger durch den Einsatz empirischer, sondern hauptsächlich hermeneutischer („verstehender") Methoden (bspw. Textanalyse, Filmanalyse) auszeichnet. Tatsächlich bezeichnen sich heutzutage aber auch viele der publizistikwissenschaftlichen Tradition entstammenden Forscherinnen, Institute und Studiengänge gleichfalls als „medienwissenschaftlich".

Es wäre also falsch, an dieser Stelle den Eindruck von der Existenz klarer Grenzen zu vermitteln. Fraglos sind es unterschiedliche wissenschaftliche Traditionen, die hier aufeinandertreffen, aber sie scheinen mehr und mehr zusammenzuwachsen.

## 2.3 Alltagswissen vs. wissenschaftliches Wissen

Wie verhalten sich Alltagswissen und wissenschaftliches Wissen zueinander? Beginnend mit unserer Geburt (sieht man von pränatalen Erfahrungen einmal ab) erwerben wir Wissen. Zunächst eher zufällig und beiläufig im Rahmen von (primären) Erfahrungen, die in der jeweiligen Umgebung, in die man hineingeboren wurde, bereitgestellt werden. Das im Rahmen dieser frühen alltäglichen Erfahrungen erworbene Wissen wird auch als „Alltagswissen" bezeichnet.

Das Denken basiert normalerweise auf Alltagswahrnehmungen und ist subjektiv und (unreflektiert) selektiv. Dabei sind die Auswahlkriterien dieser Selektion (von jenem, was man wahrnimmt) meist nicht explizit bzw. nicht offensichtlich. Sie haben bestimmte Filter, einen impliziten „Bias" (eine systematische Abweichung) eingeschrieben. Das führt, aus wissenschaftlicher Perspektive gesehen, zu unzulänglichen Wahrnehmungswirklichkeiten, weil das Alltagswissen immer (aber unbewusst) perspektivisch ist (dies kann aber auch in der Wissenschaft nicht immer gänzlich ausgeschlossen werden).[1] Es gibt also je nach Betrachterperspektive unterschiedliche Wirklichkeiten (bspw. unterschiedliche politische Einstellungen) und gewisse (unreflektierte) Selbstverständlichkeiten. Wissenschaft verlangt nun, dass man von diesem Alltagsdenken Abstand nimmt (und den „gesunden Menschenverstand" kritisch analysiert) und sich ein gewisses wissenschaftliches Vorgehen aneignet.

Einen Zwischenschritt auf dem Weg von Alltags- zu wissenschaftlichem Wissen stellt eine „Lehre" oder „Kunde" dar. Diese lässt sich definieren als eine Verallgemeinerung von Handlungs-, Strategie- und Denkregeln, zusammengesetzt aus kollektiv gesammelten Erfahrungen, die sich als praktikabel erwiesen haben und üblicherweise erfolgreich waren.

---

1   Zur Frage der Subjektivität: Bereits Popper hat darauf hingewiesen, dass die Festlegung der Forschungsfragen und das Aufstellen von Hypothesen immer bereits etwas mit der Subjektivität der Forscher zu tun hat. Wissenschaftler sind in ein bestimmtes Umfeld eingebettet und verfügen über Wertvorstellungen, die implizit in den Forschungsprozess einfließen. Daher ist auch die intersubjektive Nachvollziehbarkeit wichtig. Es geht dabei um die Gütekriterien sozialwissenschaftlicher Forschung: Objektivität, Reliabilität, Validität. Die einzelnen Gütekriterien sind aufeinander bezogen, denn ohne Objektivität ist keine Reliabilität und ohne Reliabilität ist keine Validität möglich. Und seit Max Weber wird in den Sozialwissenschaften intensiv darüber diskutiert, welche Bedeutung Werte und Werturteile in der Forschung haben.

So haben auch „Alltagstheorien" und „Praktikertheorien" (auch „Berufstheorien") einen gewissen berechtigten Stellenwert. Praktikertheorien systematisieren berufliche Erfahrungen, haben in der Regel normativen oder beschreibenden, aber keinen erklärenden Charakter. Sie haben meist die Form von Richtlinien, „Goldenen Regeln" etc., dienen dazu, vorhandene Berufsinstrumente und -techniken passend einzusetzen, und werden zumeist in Praktikerhandbüchern weitergegeben. Sie werden durch berufliche Erfahrungen sicherer und zutreffender, aber im Gegensatz zu wissenschaftlichen Theorien nicht systematisch durch bestimmte Verfahren überprüft (vgl. Bentele/Nothhaft, 2008: 50f.).

Alltags- und Praktikertheorien sind häufig Ausgangspunkt für die Entwicklung von wissenschaftlichen Theorien. Vorurteile, Einstellungen und Erfahrungswerte sollen durch „überlegte Erkenntnisse" ersetzt werden. Dazu braucht es bestimmte Spielregeln der Wissenschaft und mit diesen Spielregeln befassen sich die Wissenschaftstheoretiker. In ihrem Fachgebiet, der Wissenschaftstheorie (vgl. etwa Seiffert/Radnitzky, 1994), überlegen sie, welche Regeln wissenschaftlichen Erkennens und Forschens existieren und unter welchen Bedingungen sie Gültigkeit für sich beanspruchen können oder sollen. Wissenschaftstheoretiker können auch als „Beobachter 2. Ordnung" bezeichnet werden: Sie beobachten, wie wir im Alltag unsere Umwelt beobachten und wie wir unser Handeln danach einrichten. Sie beobachten aber auch, wie Wissenschaftlerinnen die Welt betrachten, wenn sie forschen. Im Grunde ist Forschen eine Alltagstätigkeit, wir alle „forschen" eigentlich ständig: im Supermarkt nach Produktangaben und Preisen, als Studierende an der Universität nach den richtigen Lehrveranstaltungen und wann wir eine Prüfung ablegen sollen, als Mobilitätswillige, welches Rad, Auto etc. wir kaufen sollen – indem wir Daten, Preise, Meinungen usw. einholen und vergleichen.

Wissenschaftliches Wissen hebt sich von diesem Alltagswissen dadurch ab, dass es das, was es zu wissen gilt, und den Weg dorthin systematisiert. Es gibt also je nach Vorgangsweise verschiedene Regeln, die man einhalten muss, um seine Ergebnisse „wissenschaftlich" nennen zu dürfen. Tabelle 1 veranschaulicht den Unterschied zwischen Alltagswissen und wissenschaftlichem Wissen.

Auf die Parallelitäten zwischen wissenschaftlicher Forschung und journalistischer Recherche sei an dieser Stelle hingewiesen: Hannes Haas und Klaus Lojka haben ein Konzept erarbeitet, das die kommunikationswissenschaftliche Vorgehensweise und den Journalismus (stellvertretend für die Kommunikationsberufe) gemeinsam

*Tab. 1: Alltagswissen vs. wissenschaftliches Wissen*

| Alltagswissen | Wissenschaftliches Wissen |
|---|---|
| intuitiv | theoriebasiert |
| „gesunder Menschenverstand" | strukturiertes Wissen |
| frei | systematisiert (Regeln) |
| spontan | geplant |
| selektiv | (zumeist) objektiv |
| „magisches" Denken | wissenschaftliches Denken |
| unkontrolliert, unvollständig | kontrolliert, (so) logisch |
|  | (wie möglich) |
| Fokus auf persönliche | Fokus auf Erfassung der |
| Entscheidungen | Wirklichkeit |

*Quelle: Berger, 2000: 6; eigene Übersetzung.*

betrachtet, um durch die Gegenüberstellung sowohl mögliche Berufsinteressen der Studierenden als auch die wissenschaftliche Grundausbildung miteinander zu verbinden (vgl. Haas/Lojka, 1988: 3).

Im Journalismus geht es, wie die beiden Autoren ausführen, um „einen Modus von Erkenntnisgewinnung durch Recherche" (Haas/Lojka, 1988: 4) und auf (kommunikations-)wissenschaftlicher Seite um die praktische Umsetzung des Kritischen Rationalismus. Zwar sind für diese beiden „Verfahren *Forschen* [in der Wissenschaft; Anm. d. Verf.] und *Recherchieren* [im Journalismus; Anm. d. Verf.] gleichermaßen Alltagsphänomene der Ausgangspunkt, doch unterscheiden sie sich hinsichtlich des professionellen Procederes (Forschungszwang versus Erkenntnisgewinn um des Gewinnes willen)" (Haas/Lojka, 1988: 4). Als Zielsetzung sind dabei im wissenschaftlichen Kontext die Strukturierung des Erkenntnisprozesses zu benennen und für den Journalismus die Entwicklung eines Rechercheplanes. Dazu wurden für den Journalismus sieben Schritte der Recherche konzipiert – ausgehend von dem Input: Aussendung, Gerücht, Hinweis, Auffälligkeiten, der zum Output führt (bzw. führen soll): Artikel, Interview, Reportage, Story (vgl. Haas/Lojka, 1988: 6).

Im wissenschaftlichen Bereich gehen die sieben Schritte wissenschaftlichen Forschens vom Input des wissenschaftlichen Problems aus und der Output ist hier die Seminararbeit, Diplom- bzw. Masterarbeit, Dissertation (vgl. Haas/Lojka, 1988: 7). Dabei können auch als didaktisches Modell in den jeweiligen sieben Schritten die Gemeinsamkeiten und Unterschiede der wissenschaftlichen und journalistischen

Verfahrensweisen festgemacht werden. In ihrem Aufsatz erörtern die beiden Autoren exemplarisch den ersten Schritt – Gewichten:

„Auf dieser Ebene geht es um eine Problematisierung und Bewertung (um das *Gewichten*) von Alltagserfahrungen, die persönliche Aufmerksamkeit durch unmittelbares Erleben erregt haben. Im journalistischen und wissenschaftlichen System gibt es unterschiedliche und je spezifische Muster der Bewertung. Während bei der Wissenschaft die kommunikationswissenschaftliche Relevanz einer Thematik zu untersuchen ist, ist es beim Journalismus die öffentliche Relevanz, die sich durch Interessenslagen und Betroffenheit manifestiert." (Haas/Lojka, 1988: 4)

Sowohl in der wissenschaftlichen als auch in der journalistischen Betrachtungsweise ist es entscheidend, dass die diesbezüglichen Prozesse anhand von konkreten Beispielen dokumentiert werden. Dabei beziehen sich Haas und Lojka auf die klassische Studie „Die Arbeitslosen von Marienthal" (Jahoda/Lazarsfeld/Zeisel, 1975)[2], die in den 1930er-Jahren von Marie Jahoda, Paul F. Lazarsfeld und Hans Zeisel durchgeführt wurde, die reichhaltiges journalistisches Material – u.a. Sozialreportagen – enthält und bei der außerdem unterschiedliche Methoden eingesetzt wurden. Lazarsfeld nahm dazu selbst Stellung und schrieb in der Einleitung der Marienthal-Studie, dass es den Forschern darum gegangen sei, eine Brücke „zwischen den nackten Ziffern der offiziellen Statistik und den allen Zufällen ausgesetzten Eindrücken der sozialen Reportage" (Jahoda/Lazarsfeld et al., 1975: 24) zu schlagen. Und genau da setzen Haas und Lojka an und zeigen, wie einerseits Problemstellungen, die mit Forschungsschwerpunkten verbunden sind, umgesetzt werden können und wie dies in ähnlicher Weise in der journalistischen Realität der Berichterstattung realisiert wird.[3]

---

2   Die Studie „Die Arbeitslosen von Marienthal" gilt als eine Pionierarbeit der sozialwissenschaftlichen Forschung. 1930 erschien eine Sozialreportage über die Schließung der Textilfabrik in Marienthal, die auch einen Beitrag zur wissenschaftlichen Konzeption der Studie geleistet hat. Durchgeführt wurde die Studie unter der Leitung von Paul F. Lazarsfeld, der sie 1933 gemeinsam mit Marie Jahoda und Hans Zeisel unter dem Titel *Die Arbeitslosen von Marienthal. Ein soziographischer Versuch über die Wirkungen langandauernder Arbeitslosigkeit* publizierte.

3   In ihren Ausführungen verweisen sie auch auf die historische Kontinuität und die Arbeit von Eric W. Allen, der 1927 im *Journalism Bulletin* „Journalismus als angewandte Sozialwissenschaft" beschrieb (vgl. Allen, 1927).

# 3 Publizistik- und Kommunikationswissenschaft – Anmerkungen zum Fach

## 3.1 Das Selbstverständnis der PKW: Was ist sie und was tut sie?

Kommunikationswissenschaft beschäftigt sich mit den Phänomenen der **Kommunikation** als einer Form des **„sozialen Handelns"** (Burkart, 2002: 25ff.), wobei die massenmedial vermittelte, also öffentliche Kommunikation – so die mehrheitliche Auffassung der Fachvertreter – im Mittelpunkt steht. Dabei ist zu berücksichtigen, dass das Fach in verschiedenen Ländern verschiedene Institutionalisierungen erfahren hat und sich unterschiedliche Schwerpunkte gebildet haben. Die Problematik des fachlichen Selbstverständnisses beginnt bei seinem konstitutiven Begriff, von dem unzählige Definitionen existieren.

**Kommunikation** kann mit Gerhard Maletzke (1963, vgl. dazu Burkart, 2002: 20ff.) als „Bedeutungsvermittlung zwischen Lebewesen" begriffen werden. Mit dieser Definition ist zum einen bereits gesagt, dass in unserer Wissenschaft Kommunikationsprozesse zwischen „Nicht-Lebewesen" (wie bspw. datenverarbeitenden Maschinen) ausgeklammert werden. Zum anderen wird damit auf den „sozialen" Aspekt von Kommunikation verwiesen: Ein Kommunikationsprozess benötigt stets (mindestens) zwei Partner.

**Handeln** bezeichnet die Fähigkeit von Menschen, bewusst und absichtsvoll Ziele zu verfolgen. Der wesentliche Unterschied zwischen Mensch und Tier besteht gemäß dieser Perspektive in der Instinktgebundenheit tierischen Verhaltens und in der – relativen – Instinkt*un*gebundenheit menschlichen Handelns. Der Begriff des **„sozialen Handelns"** meint, dass sich das Handeln in seinem Ablauf an der Existenz bzw. am Handeln anderer Personen orientiert – m.a.W. „der Andere" (lat. *socius* = der Gefährte) ist in der Vorstellung des Handelnden (mental) stets präsent. Spätestens seit Max Weber ist der Begriff des „sozialen Handelns" ein zentraler Begriff der Soziologie. Gleichsam in Entsprechung dazu ist der Begriff des „kommunikativen Handelns" ein zentraler Begriff der Kommunikationswissenschaft (vgl. dazu Burkart, 2002: 23ff.).

Die für den deutschsprachigen Raum maßgebliche „Deutsche Gesellschaft für Publizistik- und Kommunikationswissenschaft" (DGPuK) definiert den Gegenstandsbereich der Kommunikationswissenschaft in ihrem Selbstverständnispapier wie folgt:

> „Die Kommunikations- und Medienwissenschaft beschäftigt sich mit den sozialen Bedingungen, Folgen und Bedeutungen von medialer, öffentlicher und interpersonaler Kommunikation. Der herausragende Stellenwert, den Kommunikation und Medien in der Gesellschaft haben, begründet die Relevanz des Fachs.
> Die Kommunikations- und Medienwissenschaft versteht sich als theoretisch und empirisch arbeitende Sozialwissenschaft mit interdisziplinären Bezügen. Sie leistet Grundlagenforschung zur Aufklärung der Gesellschaft, trägt zur Lösung von Problemen der Kommunikationspraxis durch angewandte Forschung bei und erbringt Ausbildungsleistungen für eine seit Jahren dynamisch wachsende Medien- und Kommunikationsbranche. Geschichte, Gegenwart und Zukunft der gesellschaftlichen Medien- und Kommunikationsverhältnisse stehen im Mittelpunkt von Forschung und Lehre.
> Forschung und Lehre in der Kommunikations- und Medienwissenschaft verändern sich, da sich Kommunikation, Medien und Gesellschaft durch Digitalisierung, Globalisierung, Individualisierung, Mediatisierung und Ökonomisierung wandeln. Vor diesem Hintergrund hat sich die DGPuK, die Fachgesellschaft der Kommunikations- und Medienwissenschaft, auf Eckpunkte für ein Selbstverständnis des Faches geeinigt.
> Diese Eckpunkte sind weit ausgelegt, denn eine Fachgesellschaft sollte die Vielfalt der Fachgemeinschaft widerspiegeln. Das Selbstverständnis der Fachgemeinschaft bildet einen weiten Rahmen. Einzelne Lehr- und Forschungseinrichtungen können und sollen ein spezifisches Profil ausbilden und kommunizieren, auch um ihren verschiedenen Anspruchsgruppen eine klare Orientierung geben zu können." (DGPuK, 2008)

Aber auch diese Definition wird von unterschiedlichen Seiten kritisiert, etwa mit Blick auf die Nichteinbeziehung der direkten Kommunikation. So plädiert Hipfl dafür, dass sich die PKW nicht auf die indirekte, medial vermittelte Kommunikation beschränken soll, sondern „auch tatsächlich Kommunikation als Ausgangspunkt ihrer Untersuchungen und Analysen" (Hipfl, 2002: 13) nehmen soll. Allerdings hat Rühl in diesem Zusammenhang schon längst deutlich gemacht, dass mit dieser fraglos richtigen Hinwendung zum Kommunikationsprozess keineswegs der Anspruch verbunden sein kann, für jedwede Problematik aus dem Bereich der Humankommunikation zuständig zu sein (vgl. Rühl, 1985). Das erinnert ein wenig an den Wiener Ordinarius der 1970er-Jahre Kurt Paupiè, der die Publizistikwissenschaft selbstkritisch als „Bisserl-Wissenschaft" bezeichnet hat und damit auf die Notwendigkeit verwies, sich auf ausgewählte Forschungsbereiche zu konzentrieren.[4]

Wie stark sich die Dynamiken der gesellschaftlichen Entwicklungen auf das Fach der Publizistik- und Kommunikationswissenschaft selbst ausgewirkt haben, wird deutlich, wenn man sieht, welche unterschiedlichen Fachgruppen sich mittlerweile in der DGPuK etabliert haben: Digitale Kommunikation; Gesundheitskommunikation; Internationale und interkulturelle Kommunikation; Journalistik/Journalismusforschung; Kommunikation und Politik; Kommunikations- und Medienethik; Kommunikationsgeschichte; Medien, Öffentlichkeit und Geschlecht; Medienpädagogik; Mediensport und Sportkommunikation; Mediensprache – Mediendiskurse; Medienökonomie; Methoden der Publizistik- und Kommunikationswissenschaft; PR- und Organisationskommunikation; Rezeptions- und Wirkungsforschung; Soziologie der Medienkommunikation; Werbekommunikation; Wissenschaftskommunikation und Visuelle Kommunikation (vgl. DGPuK, 2018). Diese Auflistung zeigt deutlich, wie die Publizistik- und Kommunikationswissenschaft auf die gesellschaftlichen Herausforderungen reagiert hat.

---

4    Quelle: Persönliche Mitteilung von Prof. Dr. Roland Burkart. Mit der Bezeichnung „ein bisserl" (Wienerisch für „ein wenig") erwies sich Paupiè als Visionär in einem doppelten Sinn: Einerseits erkannte er die damals aufkeimende Diskussion um Inter- und Transdisziplinarität von (insbesondere: Sozial-)Wissenschaften und andererseits richtete er seinen Blick mit dieser Etikettierung auf die ebenfalls zu dieser Zeit stattfindende Auseinandersetzung über unterschiedliche Wissenschaftsbegriffe – speziell in den Natur- und Geisteswissenschaften – und die damit jeweils präferierten methodischen (quantitativen sowie qualitativen) Vorgehensweisen.

## 3.2 Facetten der PKW

*Tab. 2: Facetten der (Massen-)Kommunikations-, Medien- und Publizistikwissenschaft*

| Material-objekte | Einzelne Medien | Kommunikationsakte | Institution „Journalismus" | | |
|---|---|---|---|---|---|
| | Presse, TV, Radio etc. | interpersonale vs. Massenkommunikation | | | |
| Formal-objekte | alle Kommunikations-prozesse | für die Öffentlichkeit bestimmte Aussagen | durch Medien hergestellte Öffentlichkeit | | |
| Analyse-Ebenen | Akteure (mikro) | Organisationen (meso) | Gesellschaft (makro) | | |
| Metho-dische Zugriffe | quantifizierende sozialwissenschaftliche Methoden | | qualitative phänomenologisch-hermeneutische Verfahren | | |
| Fachbe-zeichnungen | Publizistik-Wissenschaft | (Massen-)Kommunikationswissenschaft | Medienwissenschaft | Journalistik | Medien-Psychologie, Medien-Soziologie etc. |

Quelle: Bonfadelli/Jarren/Siegert, 2010: 8.

Wie weiter oben erwähnt, kann der Gegenstand der Publizistik- und Kommunikationswissenschaft über ihr Materialobjekt und über ihr Formalobjekt bestimmt werden. **Materialobjekte** sind die einzelnen Mediengattungen (bspw. Print, Audiovisuell, Online), Gespräche zwischen Menschen („Kommunikationsakte") sowie institutionalisierte kommunikative Handlungen wie der Journalismus. **Formalobjekte** zeichnen sich dagegen dadurch aus, dass man die Materialobjekte aus einem bestimmten Blickwinkel/einer bestimmten Perspektive heraus betrachtet – also ob Kommunikationsprozesse bspw. für die Öffentlichkeit bestimmt sind, ob sie beeinflussen wollen, ob sie Objektivität für sich beanspruchen usw. (vgl. dazu Bonfadelli/Jarren/Siegert, 2010: 7f.).

## 3.3 Die „Lasswell-Formel" – eine „klassische" Differenzierung der PKW

Neben der Einteilung in Formal- und Materialobjekte kann man die Kommunikationswissenschaft auch ganz grob entlang der sog. „Lasswell-Formel" (Harold Lasswell 1948, vgl. dazu Burkart, 2002: 492ff.) in bestimmte Forschungsfelder einteilen, wobei man diese Formel als Orientierungshilfe und nicht als letztgültige Abgrenzung und Eingrenzung des Faches sehen darf. Sie lautet: „Who says what in which channel to whom with what effect?" – und ist vermutlich der meistzitierte (Frage-)Satz aus unserer Fachtradition. Die Frage bezieht sich auf die Struktur der (öffentlichen) Kommunikationsprozesse:

| | | |
|---|---|---|
| Who | – | Kommunikator |
| says what | – | Inhalt; Aussage |
| in which channel | – | Medium |
| to whom | – | Rezipient |
| with what effect | – | Wirkung |

- Kommunikator – **Kommunikatorforschung**
  Hier stehen die Medienschaffenden (Akteure) in ihrem engeren oder weiteren Berufsfeld im Mittelpunkt (Vertreterinnen von Journalismus, Public Relations, Werbung), es geht zentral um Prozesse der Produktion von Medienbotschaften. Kommunikatoren können bspw. Parteien, Verbände, Kirchen, Unternehmen etc. sein.
- Inhalt; Aussage – **Medieninhalts- bzw. Aussageforschung**
  In diesem Bereich interessieren vor allem die durch Massenmedien in Form von manifesten und latenten Aussagen produzierten Medienrealitäten (Kommunikate).
- Medium – **Medienforschung**
  Hier werden die vielfältigen Organisationen des Mediensystems, die Strukturen im Mediensystem und deren Entwicklung untersucht. Dazu gehören auch die formalen Angebotsweisen sowie die technisch bedingten Eigengesetzlichkeiten und Funktionsweisen.
- Rezipient – **Nutzungsforschung**
  Unter Rezipienten versteht man die Leser, Hörer und Seher von Medien, also die verschiedenen Publika. Die Publika der Massenmedien, ihre Strukturen und Muster der Mediennutzung und die dahinter stehenden Wünsche und Erwartungen (Motivations- und Gratifikationsforschung) stehen hier im Vordergrund des wissenschaftlichen Interesses.

- Wirkung – **Wirkungsforschung**
  Von Interesse sind hierbei die individuellen und sozialen, intendierten und zufälligen, kurz- wie langfristigen, sozial erwünschten, aber
  auch schädlichen Effekte der Massenmedien auf Wissen, Einstellungen, Emotionen und Verhaltensweisen. Es geht also um die kurz-
  und langfristigen Folgen der Medienzuwendung für den Menschen
  und die Gesellschaft (bspw. psychologische Einstellungsforschung,
  soziologische Diffusionsforschung).

Dabei ist allerdings zu berücksichtigen, dass sich eben nicht alle
kommunikationswissenschaftlich relevanten Forschungsinteressen in
diesem Modell unterbringen lassen: So ist bspw. die Frage nach dem
**Warum** nicht gestellt, d.h., dass Motive und Interessen der am Kommunikationsprozess Beteiligten keine Berücksichtigung finden, und
ebenso wird hier die Reziprozität, also der interaktive Charakter, aus-
geblendet. Kommunikation ist keine „Einbahnstraße", d.h., man darf
sich diesen Prozess niemals nur einseitig von A nach B (von Sender zu
Empfänger) ablaufend vorstellen (vgl. dazu Burkart, 2002: 492ff.). Dies
wurde jedenfalls lange Zeit (falsch) mit Blick auf die „legendäre" Lasswell-Formel unreflektiert unterstellt. Bisweilen geschieht dies auch
heute noch.

Darüber hinausgehend stellen auch die politischen und rechtlichen
Rahmenbedingungen, innerhalb derer sich Massenkommunikation
abspielt, sowie die ökonomischen Voraussetzungen und die medientechnologische Basis einen Gegenstand der Forschung dar.

## 3.4  Teildisziplinen und Praxisbereiche der PKW

Von den Forschungsfeldern zu unterscheiden sind die sog. **Teildiszipli-
nen** der Kommunikationswissenschaft (vgl. Langenbucher, 1994):
- Kommunikationstheorie
- Methoden der Kommunikationsforschung
- Medienlehre und Medienkunde
- Kommunikations- und Mediengeschichte
- Kommunikations- und Medienpolitik
- Kommunikations- und Medienökonomie
- Kommunikations- und Medienpraxis

Diese klassische Unterteilung wird zeitgemäß ergänzt durch Kommunikations- und Medienpsychologie, Kommunikations- und Medienethik, Medienpädagogik und Kommunikationssoziologie.

Hier zeigt sich auch ganz deutlich die Interdisziplinarität der Publizistik- und Kommunikationswissenschaft. Die Kommunikationswissenschaft versteht sich als eine interdisziplinäre Sozialwissenschaft, d.h., es ist kaum möglich, sie begrifflich und vom Objektbereich her von anderen Wissenschaften abzutrennen. Fragestellungen reichen in andere verwandte Wissenschaften hinüber: Im engsten Kreise der Verwandtschaft stehen Soziologie, Psychologie und Politikwissenschaft, aber auch die Wirtschaftswissenschaften, die Geschichtswissenschaft, Pädagogik, Sprachwissenschaft bis hin zur Rechtswissenschaft teilen mit ihr Forschungsgebiete. Dieser Umstand wird im Allgemeinen als positiv befruchtend aufgefasst, weil er erlaubt, bei der Erforschung der kommunikativen Realität verschiedenste Perspektiven einzunehmen.

„Die Allgegenwart medialer Kommunikation ermöglicht vielfältige Beziehungen zu anderen wissenschaftlichen Disziplinen. Besonders enge Kooperationsbeziehungen bestehen zu Fächern, mit denen die Kommunikations- und Medienwissenschaft gemeinsame Forschungsfelder oder Studiengänge ausgebildet hat. Beispiele für Forschungsfelder sind Kommunikations- und Medienethik, Kommunikationspolitik, Mediengeschichte, Medienlinguistik, Medienökonomie, Medienpädagogik, Medienpsychologie, Medienrecht, Mediensoziologie und Medientechnologie, politische Kommunikationsforschung und visuelle Kommunikation; von großer Bedeutung ist auch die Kooperation mit der geisteswissenschaftlich orientierten Medienwissenschaft. In allen diesen Bereichen findet ein erfolgreicher Austausch auf theoretischer und empirischer Ebene statt. Die Kommunikations- und Medienwissenschaft greift in Forschung und Lehre gesellschaftliche Wandlungsprozesse auf. Zentrale Stichworte sind hier Digitalisierung, Globalisierung, Individualisierung, Mediatisierung und Ökonomisierung." (DGPuK, 2008)

## 3.5 Generelle wissenschaftstheoretische Positionen mit Fokus auf die Sozialwissenschaften

Wissenschaftstheorie ist ganz basal formuliert die Wissenschaft von der Wissenschaft in all ihren Ausformungen und Facetten. Wissenschaft bedeutet, dass die Frage nach dem Warum gestellt wird, es ist das systematische und methodische Weiterfragen, und dies seit der klassischen griechischen Antike, der Geburtsstätte „unserer abendländischen rationalen Kultur" (Poser, 2001: 11). Das Aufgabenverständnis der Wissenschaftstheorie kann dahingehend beschrieben werden, dass es um die Aufklärung über Wissenschaft geht, nämlich „über die Bedingungen ihres Funktionierens, ihrer Stagnation, Degeneration und Progression. [...] Sie ist keine Metatheorie, keine Überwissenschaft, keine Methodologie a priori" (Fischer, 1995: 254).

Dies führt in weiterer Folge dazu, dass man sich mit Fragen der Erkenntnis auseinandersetzen muss. Denn Wissenschaftstheorie ist immer auch ein Teil der Erkenntnistheorie, auch wenn Fragestellungen nach Erkenntnis viel weiter zurückgehen als Fragen der Wissenschaft selbst.

Das Ziel der Wissenschaft ist es, Erkenntnis zu gewinnen. Wie man zu Erkenntnissen gelangt, wird in der Wissenschaftstheorie intensiv diskutiert, es gibt dazu unterschiedliche Zugänge und Vorstellungen. Um nur zu illustrieren, wie sich wissenschaftstheoretisches Denken entwickelt hat, soll auf die drei großen Denker Griechenlands verwiesen werden: Sokrates, Platon und Aristoteles, wobei „von denen der Jüngere jeweils der Schüler des Älteren war" (Störig, 1999: 137). Diese Zeitspanne (Philosophie der Antike) war prägend für die gesamte philosophische Entwicklung, da sowohl Logik, Metaphysik, Ethik, Natur- und Gesellschaftspolitik, Ästhetik und Pädagogik (vgl. Störig, 1999) ausgebildet wurden. Diese Bereiche bilden das Fundament, auf dem auch heute noch die unterschiedlichen Wissenschaften aufbauen, ihre unterschiedlichen Entwicklungen beeinflussen unser heutiges Wissenschaftsverständnis.

Platon ging davon aus, dass Erkenntnis durch Begriffe erzielt wird, aber nicht durch Wahrnehmung. In seinem berühmten Höhlengleichnis ist der Mensch ein Gefangener in der Höhle, die Schatten nimmt er als seine Umgebung bzw. die Wirklichkeit wahr und sein Hinaufsteigen aus der Höhle ins Freie versinnbildlicht den Blick auf die Welt der Ideen. „Für Platon jedenfalls sind die Ideen die eigentliche Wirklichkeit" (Störig, 1999: 180) und menschliche Erkenntnis ist als eine „Wiedererinnerung" (Anamnesis) zu begreifen, der gefangene Mensch hat eine Ahnung von der unsterblichen Seele bewahrt. Daher kann empirische Erkenntnis nur als unsichere Erkenntnis gelten. Und hier offenbart sich der Unterschied zu Aristoteles, denn dieser geht davon aus, dass Menschen von sich aus nach Wissen („theoretische Neugier") und damit nach Erfahrung streben. Bereits Aristoteles suchte nach sicheren Begründungen: „Er geht von der Welt unserer Erfahrungen aus, vom gesunden Menschenverstand und nicht von kühnen Thesen" (Hauk,

2003: 80). Mit Aristoteles kann der Beginn der Verwissenschaftlichung der Welt angesetzt werden (vgl. Störig, 1999).

„Wenn man eine Erkenntnis als Wissenschaft darstellen will, so muß man zuvor das Unterscheidende, was sie mit keiner andern gemein hat und was ihr also eigentümlich ist, genau bestimmen können; widrigenfalls die Grenzen aller Wissenschaften ineinander laufen, und keine derselben, ihrer Natur nach, gründlich abgehandelt werden kann." (Kant, Prolegomena, § 1) Kants Wissenschaftstheorie ist ein Entwurf, der darauf beruht, dass Wissenschaft als „ein sich selbstordnendes System [zu sehen] ist, das unter dem Auswahlgesichtspunkt einer Funktion steht, und deren Erkenntnisse methodisch zu kontrollieren sind" (Rühl, 2008: 30) und das einem autonomen Wissenschaftssystem verpflichtet ist. Erkenntnis ist auch „das begründete Wissen eines Sachverhaltes" (Mittelstraß, 1995: 575), „weil eine Erkenntnis eine als wahr nachgewiesene Aussage ist" (Poser, 2001: 22). Diese einzelnen Aussagen stehen nicht für sich allein, sondern sind Teil eines Systems von Aussagen, die eine Einheit bilden. Die Aussagen werden durch unterschiedliche methodische Verfahren generiert. „Wissenschaft, wo immer und wie immer sie betrieben wird, zielt also ab auf Aussagensysteme oder Theorien, die *begründet* sind." (Poser, 2001: 22)

Habermas hat in seinem Buch *Erkenntnis und Interesse* (1968) beide Begriffe voneinander getrennt, da es ihm einerseits um die Unterscheidung zwischen empirisch-analytischer und historisch-hermeneutischer Forschung ging und andererseits um Aufklärung, eben darum, wie eine emanzipierte Gesellschaft agieren kann. „Erkenntnis" und „Interesse" sind stark miteinander verbunden, genauso wie Erkenntniskritik und Gesellschaftstheorie.

Auch wenn es die Wissenschaftstheorie eigentlich bereits immer schon gegeben hat, so ist die Auseinandersetzung mit wissenschaftstheoretischen Positionen in den 1960er-Jahren dringlicher geworden. Dies kann u.a. darauf zurückgeführt werden, dass verstärkt Fragen aufkamen, warum überhaupt Wissenschaft (in welchem Interesse?) betrieben wird (vgl. Poser, 2001). Wissenschaft ist kein Selbstzweck, es geht auch nicht um den wissenschaftlichen Fortschritt um jeden Preis, sondern um einen reflektierten Zugang zu den Erkenntnismöglichkeiten, die existenzielle Bedürfnisse der Menschheit inkludieren.

### 3.5.1  Wissenschaftstheoretische Einheit

Das **Erkenntnisinteresse**, die **Fragestellung** und die **Definition des Erkenntnisgegenstandes** (vgl. Habermas, 1968) beziehen sich aufeinander, sie bilden eine Einheit (eigentlich eine Dreiheit, „Triade") und stehen in Verbindung zueinander. Dabei findet Wissenschaft nicht in einem wertfreien Raum statt, sondern ist immer auch von der Zugangsweise bestimmt, wie und warum welche Fragen gestellt und bearbeitet werden, und dies betrifft immer auch den Bereich des Interesses. Es geht um „erkenntnisleitende Interessen" (Habermas, 1969: 155). Das Bestreben von Wissenschaft ist es zu verstehen und zu erklären. Der Bereich des **Verstehens** zielt auf die Auseinandersetzung damit ab, wie sich Menschen in der Welt orientieren und was ihre grundsätzlichen Ziele und Vorstellungen ausmacht. Das **Erklären** zielt auf die Erkenntnis der Mechanismen des menschlichen Zusammenlebens ab, deren Gesetzmäßigkeiten und auf die Beeinflussungszusammenhänge.

Jürgen Habermas (1969) hat drei verschiedene Erkenntnisinteressen unterschieden: Die Hypothesenüberpüfung ist für Habermas das **technische Erkenntnisinteresse**, die Verständigung über Probleme das **praktische Erkenntnisinteresse** und Selbstreflexion ist von einem **emanzipatorischen Erkenntnisinteresse** geprägt. Das technische Erkenntnisinteresse orientiert sich an der technischen Verwertbarkeit und der Kontrollierbarkeit von Ereignissen und ist den Naturwissenschaften und den empirisch-analytischen Sozialwissenschaften zuzuordnen. Das praktische Erkenntnisinteresse ist bei den historisch-hermeneutischen (Geistes-)Wissenschaften angesiedelt. Das Verstehen und die Interpretation der gewonnenen Erkenntnisse steht hierbei im Vordergrund, ebenso die Frage, wie ein praktischer Nutzen für die Gesellschaft erbracht werden kann. Das emanzipatorische Erkenntnisinteresse ist für kritisch orientierte Wissenschaften wie die Kritische Theorie und die kritischen Sozialwissenschaften charakteristisch und an der Behebung gesellschaftlicher Missstände sowie der Aufklärung und Emanzipation der Gesellschaft interessiert (vgl. Habermas, 1969). Es besteht ein enger Zusammenhang zwischen dem Wissenschaftsverständnis und den Theorien, die eine Wissenschaft produziert. Damit kommen wir zu den wissenschaftstheoretischen Voraussetzungen in der Kommunikationswissenschaft.

### 3.5.2 Wissenschaftstheoretische Voraussetzungen in der PKW

Steininger und Hummel (2015: 38) systematisieren die Fragen der Wissenschaftstheorie in der Kommunikationswissenschaft und formulieren diesbezüglich folgende Einzelfragen, die leicht adaptiert so lauten:

- Welche Ziele gibt es?
- Wie wird Erkenntnis gewonnen?
- Welche Methoden können angewandt werden?
- Welche Merkmale und Voraussetzungen liegen vor?
- Wie wird Erkenntnis überprüft?
- Wie wird Erkenntnis systematisiert?

Daraus ableitend folgern die beiden Autoren, dass es notwendig sei, sich mit der Wissenschaftsgeschichte und Wissenschaftsforschung (Wissenschaftssoziologie) der Kommunikationswissenschaft zu befassen, und sie verweisen darauf, dass es eben „keine allumfassende wissenschaftstheoretische Theorie [gibt], die wir in Stellung bringen, es ist vielmehr ein Überblick über die Probleme des Erkennens und der Wissenschaft, der uns als Hintergrundfolie dient" (Steininger/Hummel, 2015: 39f.).

Dennoch ist einer der wissenschaftstheoretischen Zugänge, der sich in der Kommunikationswissenschaft vor allem etabliert hat, der Kritische Rationalismus. „Theorien dürfen im Kritischen Rationalismus durchaus spekulativ sein, aber sie müssen sich an der empirischen Wirklichkeit messen lassen und dürfen nicht einfach ohne methodisch systematische Empirie diskutiert werden, sollen sie einen wissenschaftlichen Wert haben und über ihren spekulativen Charakter hinausweisen (vgl. Popper, 1995: 120)" (Scholl, 2016: 92). Der Kritische Rationalismus ist der Rationalität verpflichtet und die vorläufige Bewährung oder Falsifikation von theoriegeleiteten Annahmen ist durch die Methode bedingt. Karl Popper gilt als Begründer des Kritischen Rationalismus, der von dem Modell des Falsifikationismus ausgeht. Dieses Modell besagt, dass es nicht um eine „kontinuierliche Anhäufung von Tatsachen und Gesetzen [geht], sondern durch die Ersetzung schlechter Hypothesen durch bessere nähern wir uns nach Poppers ‚Logik der Forschung' der Wahrheit" (Fischer, 1995: 232) an.

Poppers *Logik der Forschung* (1973) zählt zu den wichtigsten wissenschaftstheoretischen Arbeiten des 20. Jahrhunderts. Der Kritische Rationalismus lässt sich als eine Philosophie beschreiben, „die das menschliche Mitwissen betont, die *Fehlbarkeit* in der menschlichen Erkenntnis. […] Er [Popper] sah es als das Ziel der Wissenschaft an, zu immer besseren Theorien zu gelangen, die der Wahrheit immer näher kommen, die immer zutreffendere Darstellungen der objektiven Realität geben." (Gadenne, 2013: 125) Das Kernstück des Kritischen Rationalismus ist die Konzeption der Kritik. Ausgangspunkt jeglicher Forschung ist die problemorientierte Erkenntnissuche.

Wissenschaft ist die Suche nach **Wahrheit und Erkenntnis**. Theorien sind dabei „das Netz, das wir auswerfen, um ‚die Welt' einzufangen" (Popper, 1973: 31). Um Theorien empirisch überprüfen zu können, müssen diese in Hypothesen bzw. Gesetzesaussagen formuliert werden. Allaussagen können nach Popper nie verifiziert werden. Und Poser präzisiert: „Nicht nach Wahrheitsbeweisen ist in den Erfahrungswissenschaften zu suchen, denn diese sind dort grundsätzlich unmöglich; vielmehr müssen sogenannte Naturgesetze ausschließlich als Hypothesen betrachtet werden, die so lange beibehalten werden, als sie nicht falsifiziert sind." (Poser, 2001: 120)

Um das Gegenteil zu beweisen, ist ein einziges Beispiel ausreichend. Das dabei in der Literatur zitierte Lieblingsbeispiel ist das Schwanenbeispiel. Wenn die Hypothese lautet: „Alle Schwäne sind weiß", dann bedeutet dies, dass es logisch ist, dass es keine nicht-weißen Schwäne gibt. Jedoch gibt es in Australien schwarze Schwäne, sodass die Hypothese, dass alle Schwäne weiß sind, falsifiziert ist. Falsifizierbarkeit kann damit als „Abgrenzungskriterium zwischen Wissenschaft und Spekulation" (Steininger/Hummel, 2015: 71) benannt werden. Auch sind Entwicklungen nur dann möglich, wenn es nie absolute Gewissheit gibt – diese Annahme gehört zur Lehre des Fallibilismus. Nach Popper ist Erkenntnisfortschritt immer erst aus Versuch und Irrtum möglich. Wissen ist immer Vermutungswissen. Dabei geht Popper nicht von einem naiven Falsifikationismus aus, denn die falsifizierenden Befunde müssen methodisch gesichert sein, so etwa durch wiederholte Experimente oder durch die Kontrolle von möglichen Fehlerquellen (vgl. Gadenne, 2013: 135). Das Ziel eines jeden Wissenschaftlers sollte es laut Poppers *Logik der Forschung* sein, dass unablässig nach der Wahrheit gesucht wird (vgl. Popper, 1973).

### 3.5.3   Die kommunikationswissenschaftliche Fachgeschichte

Nach dem Zweiten Weltkrieg entwickelte sich die Kommunikationswissenschaft in den USA „unter den Titeln: *Communications, Communication Science, Study of Communication*, seltener *Communicology*" (Rühl, 2008: 13). Rühl zitiert in seinen Ausführungen dann Lasswell, der im Rahmen einer Festrede 1958 festhielt: „No change in the academic world has been more characteristic of the age than the discovery of communication as a field of research, teaching, and professional employment." (Lasswell, 1958: 245, zit. nach: Rühl, 2008: 13) Dies zeigt bereits, welche Bedeutung dem Fach Kommunikationswissenschaft zugekommen ist.

An der Universität Erlangen-Nürnberg wurde 1964 der *kommunikations*wissenschaftliche Lehr- und Forschungsbetrieb aufgenommen. In ihrer Analyse der ersten beiden Jahrzehnte nach dem Zweiten Weltkrieg kommen Meyen und Löblich zu dem Schluss, dass sich die *Zeitungs- bzw. Publizistik*wissenschaft damals in einer Krise befunden habe (vgl. Meyen/Löblich, 2006).

Sie resümieren: „Die sozialwissenschaftlichen Ansätze, die am Ende der Weimarer Republik von zumeist jüngeren Forschern entwickelt worden waren, sind durch Emigration und durch die Annäherung der akademischen Disziplin Zeitungswissenschaft an die Propagandalehren der Nationalsozialisten verloren gegangen." (Meyen/Löblich, 2006: 10) Es wird deutlich, dass es eine kontinuierliche Entwicklung des Faches nicht gegeben hat.

Wie die Kommunikationswissenschaft als Fach begriffen werden kann, dazu gibt es divergierende Zugänge und kontroversielle Befunde. 1980 verweist Maletzke auf die historisch-hermeneutische, geisteswissenschaftliche Verortung der Kommunikationswissenschaft in Deutschland. Als bei näherer Betrachtung brüchig beschreiben Steininger und Hummel (2015) in Anlehnung an Maletzke die Beschaffenheit des Bodens der Kommunikationswissenschaft. Und sie zitieren dabei u.a. Schweiger et al. (2009), die konstatieren, dass die Selbstverständnisdebatten im Fach kontrovers geführt werden. Primär geht es um „die Begrifflichkeiten Sozialwissenschaft, Interdisziplinarität, Integrationswissenschaft und Unüberschaubarkeit der Disziplinen" (Steininger/Hummel, 2015: 5), wenn es um das Ringen um eine Fachidentität geht. Einerseits wird die Kommunikationswissenschaft als „interdisziplinär angelegtes Integrationsfach" (Steininger/Hummel, 2015: 6) beschrieben, Hepp sieht in dieser Definition allerdings eher eine „Proklamationsethik", da aus seiner Sicht die Kommunikationswissenschaft kontinuierlich an einer eigenständigen und transdisziplinär ausgerichteten Theoretisierung arbeiten müsste (vgl. Hepp, 2005: 6, zit. nach: Steininger/Hummel 2015: 6). Um die Entwicklung des Faches zu verstehen, ist es notwendig sich mit seiner Geschichte zu befassen. Wobei Fachgeschichte dabei weder eine Art Weltgericht ist noch bestimmte Rezepte vorzugeben hat. „Vielmehr soll sie das Reflexionsniveau hoch ansetzen, um die Grundlagen der fachlichen Tätigkeit angemessen in historischer Perspektive zu erörtern." (Bohrmann, 2005: 179)

Für die Auseinandersetzung mit der Fachgeschichte können aktuell unterschiedliche Initiativen beobachtet werden, wie Averbeck-Lietz und Löblich (2017) in ihrem Sammelband über Kommunikationswissenschaft im internationalen Vergleich schreiben. Das Interesse für die institutionelle Absicherung des Faches ist gestiegen, sowohl auf Jahrestagungen der Deutschen Gesellschaft für Publizistik- und Kommunikationswissenschaft (DGPuK) als auch auf europäischer und internationaler Ebene werden dafür unterschiedliche Aktivitäten unternommen. „Diese Geschichtsschreibung erfolgt bisher allerdings weitgehend unsystematisch, aufgehängt an oft eher zufällig rekrutierten Einzelstudien und bei knappen Ressourcen – was indes miteinander zusammenhängt" (Averbeck-Lietz/Löblich, 2017: 3). Um kurz darauf zu verweisen, was es bedeutet, die unterschiedlichen kommunikationswissenschaftlichen Traditionen miteinander zu vergleichen, soll zur Illustration ein Überblick über Modelle kommunikationswissenschaftlicher Forschung gegeben werden:

- „German Model": publizistikwissenschaftlich – politische Kommunikation
- „French Model": semiotisch-linguistisch – Mediensemiotik und -kultur, interpersonale Kommunikation
- „British Model": kulturwissenschaftlich – Medienaneignungsprozesse
- „Euro-American Model": sozialwissenschaftlich-interdisziplinär, integrative Forschungsgegenstände

(vgl. Averbeck-Lietz/Löblich, 2017: 13)

Diese Übersicht verdeutlicht die unterschiedlichen internationalen Wissenschaftskulturen sehr gut und wie diese die jeweiligen kommunikationswissenschaftlichen Ausrichtungen geprägt haben. Über alle unterschiedlichen kommunikationswissenschaftlichen Fokussierungen hinweg kann als gemeinsamer Nenner die Institutionalisierung der Medienberufe, vor allem der Journalistenausbildung, „die Verbindung von Markt und Medien, den entsprechenden technologischen Innovationen, ihrem sozioökonomischen Wandel und ihrer politischen Regulierung" (Averbeck-Lietz/Löblich, 2017: 14) festgemacht werden.

Besonders großes Interesse sowohl der Kommunikationswissenschaftlerinnen als auch der Öffentlichkeit besteht immer an den „Wirkungen" von Medien. Daher werden an dieser Stelle Klassiker „der Medienwirkungen" kurz vorgestellt und besprochen:

### 3.5.4　Wiener RAVAG-Studie. Von Paul F. Lazarsfeld (1932)

Paul F. Lazarsfeld hat bereits 1932 eine Hörerstudie für die RAVAG (Österreichische Radio-Verkehrs-A.G., Vorgängerin des ORF) durchgeführt. Das 52-seitige Manuskript galt jahrzehntelang als verschollen und der Herausgeber Desmond Mark schreibt, dass die Publikation „eine österreichische Pionierarbeit der Rundfunkforschung [ist], die als die Geburtsstunde der modernen Mediennutzungs- und Medienwirkungsforschung bezeichnet wurde", und weiter: „Die vermutete historische Priorität der Wiener empirischen Medienforschung wird durch eine Analyse der internationalen Rundfunkliteratur der dreißiger Jahre bestätigt." (Mark, 1996: 102) Interessant ist dabei, dass auch methodische Bezüge zwischen der RAVAG-Studie und der Marienthal-Studie (siehe Kap. 2.3), die beide in den 1930er-Jahren durchgeführt wurden, festgestellt werden konnten. In der Befragung ließen die Hörerinnen und Hörer der RAVAG ihre Programmwünsche zukommen, die nach bestimmten Kriterien – wie nach den soziodemographischen Daten Wohnort, Beruf, Alter, Geschlecht – ausgewertet wurden.

Lazarsfelds damaliger Mitarbeiter Paul Neurath schreibt dazu: „Das war sozusagen der eigentliche Moment, in dem die Forschungsrichtung der Wiener RAVAG-Studie von 1932, mit ihrem Schwergewicht auf der Differenzierung von Hörerpräferenzen nach sozialer Schichtung usw., die zukünftige Ausrichtung der amerikanischen Hörer- und im weiteren Verlauf der öffentlichen Meinungsforschung entscheidend beeinflussen sollte. Daß diese Forschungsrichtung sich dann von Amerika aus erst in Europa und schließlich auf der ganzen Welt verbreitete, führte dazu, wie Lazarsfeld Jahrzehnte später einmal als eine Art Kuriosum anmerkte, daß diese ursprünglich österreichische Forschungsrichtung nun in aller Welt, und auch in Österreich als ‚typisch amerikanisch' galt und zum Teil bis heute noch gilt." (Neurath, 1996: 19) In den USA war Lazarsfeld Direktor des Princeton Radio Projects und er war u.a. als Professor an der Columbia University in New York City tätig. Zahlreiche Studien zur Radioforschung wurden von ihm und seinen Mitarbeitern durchgeführt.

### 3.5.5 The People's Choice. How the Voter Makes Up His Mind in a Presidental Campaign. Von Paul F. Lazarsfeld, Bernard Berelson und Hazel Gaudet (1944)

Einen weiteren wichtigen Schritt in der kommunikationswissenschaftlichen Forschung setzte Lazarsfeld mit der Studie „The People's Choice" (1944). In dieser Studie wurde von Lazarsfeld et al. der US-amerikanische Wahlkampf im Jahr 1940 untersucht. Im Mittelpunkt der Studie stand die Fragestellung, wie individuelle Wahlentscheidungen zustande kommen und welchen Einfluss dabei unterschiedliche Quellen wie Medien haben. Für die damalige Zeit wurde ein Methodendesign eingesetzt, das revolutionär war: Es wurden Paneldesigns verwendet, d.h., die gleichen potenziellen Wähler wurden über einen längeren Zeitraum von Mai bis November 1940 in sieben Wellen mehrmals befragt.

„Die Studie begründet einen Meilenstein in der kommunikationswissenschaftlichen Forschung, da sie den Grundstein für einen Paradigmenwechsel legt, nämlich die Abkehr von der Annahme des Publikums als Masse, die den Einflüssen der Massenmedien ausgeliefert ist, hin zu den ‚limited effects' der Medien." (Taddicken, 2016: 25) Das in der Studie entwickelte Konzept „The people's choice" ist auch heute noch in der Kommunikationswissenschaft aktuell, wenn es um die „These der selektiven Zuwendung des Publikums zu Medieninhalten, um das Meinungsführerkonzept und um die These vom Zweistufenfluss der Kommunikation geht." (Taddicken, 2016: 25) Die empirische Arbeit ist auch als „Erie-County-Studie" bekannt – benannt nach der Erhebungsgegend, in der der Präsidentschaftswahlkampf zwischen dem republikanischen Kandidaten Willkie und dem demokratischen Kandidaten Roosevelt untersucht wurde.

Bei der Untersuchung wurden sowohl quantitative als auch qualitative Befragungsdesigns eingesetzt. Dazu wurden auch noch drei Kontrollgruppen eingerichtet, um Paneleffekte zu vermeiden. Taddicken resümiert die Bedeutung der Studie dahingehend, dass in der Untersuchung die „Idee der Massenkommunikation mit der interpersonalen Kommunikation [verbunden und] damit die Idee von ungefilterten und direkten Effekten von Medieninhalten auf Menschen in Frage" (Taddicken, 2016: 33) gestellt wurde.

Angesichts der Entwicklungen im Social Media-Bereich kann das Konzept der Meinungsführerschaft auch heute wieder als ein wichtiges theoretisches Bezugssystem in der kommunikationswissenschaftlichen Forschung genutzt werden.

### 3.5.6  The Invasion from Mars. A Study in the Psychology of Panic. Von Hadley Cantril unter der Mitarbeit von Hazel Gaudet und Herta Herzog (1940)

Eine weitere Studie, die in der Kommunikationswissenschaft und in der Öffentlichkeit eine intensive Rezeption erfahren hat, ist „The Invasion from Mars" (1940). Ausgangspunkt dieser Studie bildete eine Ausstrahlung des Radiohörspiels „The War of the Worlds" von Orson Welles zu Halloween 1938, das eine Adaption des gleichnamigen Romans von H. G. Wells (1898) war. Angeblich wurde durch das Hörspiel eine Massenpanik bei den Zuhörern hervorgerufen, da sie die Invasion der Marsmenschen, die dramaturgisch als Live-Reportage inszeniert wurde, für real hielten.

„In der Kommunikationswissenschaft oftmals unreflektiert als wissenschaftlicher Beweis für die angeblich starken Medienwirkungen ins Feld geführt, wirft die Studie jedoch ein differenziertes Licht auf die Ereignisse." (Herbers, 2016: 13) Paul Lazarsfeld war zunächst selbst in die Studie involviert, da er gemeinsam mit Frank Stanton, der eine Leitungsfunktion bei CBS innehatte, zum Studio fuhr, vor dem Journalisten, Polizei und Studiomitarbeiter versuchten, die Menschen zu beruhigen. Beide führten gemeinsam ad hoc eine Studie zur „Panik" während der Sendezeit und danach durch. Die Daten wurden nicht veröffentlicht und sind noch heute bei CBS unter Verschluss, die Studie diente allerdings Hadley Cantril als Ausgangspunkt für seine eigene Untersuchung.[5]

Cantril, ein Psychologe, der im Bereich von Meinungs- und Umfrageforschung tätig war, beschäftigte sich vor allem mit den „individuellen Veränderungen in kognitiver und emotionaler Hinsicht, die sich aus der Rezeption des Hörspiels ergaben" (Herbers, 2016: 16), weiter berücksichtigt wurden auch „die Handlungen, die im Anschluss oder während der Sendung von den Zuhörern durchgeführt wurden, inklusive intervenierender und kontextualisierender Variablen" (Herbers, 2016: 16). Die Forschergruppe befasste sich mit der individuellen Panik und der kollektiven Panik, die zumindest im medialen Diskurs thematisiert wurde. Bei den Ergebnissen wurde deutlich, dass „das im Journalismus und in der Kommunikationswissenschaft perpetuierte Ergebnis einer kollektiven Panik in der Studie selbst nicht beschrieben wird" (Herbers, 2016: 16). In der Untersuchung zeigen sich aber auch Defizite, die damit zusammenhängen, dass keine exakten Angaben über die Grundgesamtheit der Zuhörer gemacht werden konnten und die Frage, die an die Zuhörer gestellt wurde, lautete: „At the time you were listening, did you think this broadcast was a play or a real news report?" (Herbers, 2016: 17) Es wird eben nicht danach gefragt, ob die Menschen in Panik verfielen, sondern ob sie das Hörspiel für real oder fiktional hielten. Die Studie, die in der Kommunikationswissenschaft eine zum Teil sehr unreflektierte Rezeption erfahren hat und vor allem „im Gedächtnis jedes Erstsemesters haften" (Neuberger, 2009:

---

5   Auf das angespannte Verhältnis zwischen Lazarsfeld und Cantril soll an dieser Stelle nicht näher eingegangen werden, sondern es sei auf den Beitrag von Martin R. Herbers (2016) verwiesen.

239) bleibt, hat überwiegend methodische Schwächen. Denn: „Viele der Befragten gaben an, die im Radio präsentierten Ergebnisse durch eigenständige Background-Checks überprüft zu haben [...]. Diese Handlungen sind in solchen (angenommenen) Krisensituationen nicht ungewöhnlich. Folgt man diesem Argument, so kann die Studie in gegenwärtigen, kommunikationswissenschaftlichen Kontexten weniger als ‚klassische‘ Wirkungsstudie verwendet werden, sondern als (historische) Beschreibung von Handlungen, die eine gewisse ‚public connectedness‘ (Couldry, Livingstone & Markham, 2007) in Zeiten der Krise ermöglichen.“ (Herbes, 2016: 21) Die Studie ist daher eher als eine Aneignungs- bzw. Rezeptionsstudie zu klassifizieren, die nicht als Grundlagenstudie für vermeintlich starke Medienwirkungen im Fach selbst rezipiert werden kann.

### 3.5.7   Torches of freedom. Von Edward Bernays (1929)

Als weiteres Beispiel soll auf „torches of freedom“ (1929) eingegangen werden, mit dem sehr gut illustriert werden kann, wie sich Öffentlichkeitsarbeit „um gesellschaftliche Einflussnahme bemüht“ (Becker, 2014: 108). Societal Relations bedeutet, dass „es um die Beziehungen (relations) des Unternehmens zur Öffentlichkeit“ (Becker, 2014: 108) geht. Societal Relations haben sich aus den Public Relations herausentwickelt. Als ein legendäres Beispiel dafür gelten die „torches of freedom“. Der PR-Pionier Edward Bernays (in Wien geborener Neffe von Sigmund Freud, dessen Eltern in die USA ausgewandert waren) hat versucht, psychologische Erkenntnisse für die PR-Arbeit zu nutzen. Sein Ansatz war, dass er PR-Arbeit in einem massenpsychologischen Kontext verortete und dabei „die Bedeutung unbewusster menschlicher Bedürfnisse“ (Lies, 2015: 184) betonte. In seinem Buch über *Propaganda* schrieb er: „Human desires are the steam which makes the social machine work. [...] Only by understanding them can the propagandist control that vast, loose-jointed mechanism which is modern society.“ (Bernays, 1928: 52f.)

   1929 arbeitete Bernays für die American Tobacco Company, die damals zu einem der größten US-Unternehmen zählte. Um weitere Zielgruppen zu generieren, sollten Frauen zum Rauchen motiviert werden, denen es zur damaligen Zeit verboten war, in der Öffentlichkeit zu rauchen. Bernays entwickelte daraufhin eine Aktion mit dem Namen „torches of freedom“. „Er engagierte Models, die während der Osterparade in New York öffentlich rauchten, [...]. Bernays ließ Fotos machen, verschickte sie weltweit und packte drumherum die Geschichte von den Fackeln der Freiheit: Frauen sollten sich emanzipieren und als Symbol ihrer Unabhängigkeit öffentlich rauchen. Jede Zigarette sei eine Fackel der Freiheit." (Becker, 2014: 109) Die Kampagne ging auf, überall in den USA wurde über die Aktion „torches of freedom" berichtet und der Anteil der an Frauen verkauften Zigaretten stieg von 5% auf 12% im Jahr 1929 und hatte 1933 einen Anteil von 18%. Für PR- und Marketingexperten gilt diese Aktion als ein Meilenstein in der Geschichte der PR.

### 3.5.8 Unterhaltungs-, Werbe- und Motivationsforschung. Von Herta Herzog

Herta Herzog gilt mit ihren Studien als Mitbegründerin der Uses-and-Gratifications-Forschung, d.h. der Untersuchung der Motive, warum sich Menschen bestimmten Medien und Inhalten zuwenden. Sie hat sich als eine der Ersten mit Unterhaltungssendungen und deren Bedeutung für die Rezipienten befasst. In „Professor Quiz – A Gratification Study" (1940) hat Herzog die in den USA damals sehr populäre Radiosendung „Prof. Quiz" untersucht, indem sie mit qualitativen Interviews die Zuhörer befragte und herausfinden konnte, dass diese aus verschiedenen Anreizen heraus die Sendung hörten. Für die empirische Untersuchung von Soap Operas „On Borrowed Experience. An Analysis of Listening to Daytime Sketches" (1941) führte Herzog 100 Intensivinterviews mit Frauen durch und konnte zeigen, dass die Soap Opera z.B. dazu genutzt wurde, um dem Alltag zu entfliehen oder sich einfach nur zu entspannen. Auch in ihrer Studie „What Do We Really Know About Daytime Serial Listeners?" (1944) wandte sich Herzog dem Publikum zu, da es nicht nur darum gehen könne, statistische Daten über die Mediennutzung zu sammeln, sondern: „We turn therefore to a summary of such studies which are concerned not with listener characteristiscs but with listeners' own reports of their listening experience" (Herzog, 1944: 23). Herzogs Verdienste bestehen vor allem darin, dass sie sich mit „populären Unterhaltungsprogrammen und deren HörerInnen" (Klaus, 2008: 240) befasste, durch Intensivinterviews die Rezipienten selbst zu Wort kommen ließ und sich nicht nur auf quantitative Daten und große Stichproben verließ (vgl. Klaus, 2008: 240). Die daraus gewonnenen Erkenntnisse konnte Herzog ab 1943 bei der Anzeigenagentur McCann-Erickson weiter ausbauen, 1948 wurde sie Leiterin der McCann-Erickson Forschungsabteilung und etablierte in den 1950er-Jahren die Motivationsforschung in der Werbeforschung. „MarktforscherInnen benötigten ein dynamischeres Wissen über KonsumentInnen als es statistische Daten vermitteln" (Klaus, 2008: 242).

Durch den Einsatz von Tiefeninterviews sollten die Wünsche der Konsumenten ermittelt werden, d.h., es sollte nicht erforscht werden, was sie gekauft haben, sondern warum sie etwas gekauft haben. Das Vorgehen von Herta Herzog war multidimensional angelegt, zunächst wurden Zielgruppen- und Marktanalysen vorgenommen, daran anschließend wurden Tiefeninterviews und projektive Persönlichkeitstests mit den Konsumenten durchgeführt und in einem weiteren Schritt wurden Anzeigenentwürfe bei ihnen getestet. Mit ihren Studien lieferte Herzog wesentliche Beiträge für die Marktforschung, indem sie die Vermarktung von Produkten mit den Erwartungen, Wünschen und Lebenssituationen der Menschen in einen Zusammenhang setzte.

Viele Jahrzehnte später – Herta Herzog war von den USA nach Europa zurückgekehrt – wendete sie sich wieder der Unterhaltungsforschung zu. In ihrer Studie „Der Stich ins Böse: Dallas und Denver Clan: Garantiert anders als der Alltag" (1990) wurden qualitative Interviews kombiniert mit einem projektiven Persönlichkeitstest durchgeführt und es wurde eruiert, welchen Stellenwert diese Serien im Leben der befragten Zuschauer einnahmen.

Herta Herzog hat mit ihrer Publikumsforschung einen wichtigen Beitrag für die Rezeptionsforschung geleistet, der in der Wissenschaft lange Zeit nicht ausreichend erkannt und gewürdigt wurde (vgl. Klaus, 2008). In der Marktforschung wurde Herzog zur „Gray Eminence of Market Research" und sie wurde „in die ‚Hall of Fame' des *Market Research Council* aufgenommen" (Klaus, 2008: 242). Ihre Ansätze über die Motive und Entscheidungen von Konsumenten haben auch heute noch in der Marktforschung große Bedeutung.

# 4 Forschungsprozess

Zu Beginn des Forschungsprozesses steht professionelle, wissenschaftliche Neugier: das „Wissen-Wollen". Wissenschaft wird spannend und interessant, weil man sich Gedanken zu bestimmten Themen macht, Zusammenhänge entdeckt oder eigene Erklärungen findet. Dieser Wunsch, etwas Neues wissen zu wollen, führt zum „Wissen-Schaffen". Das Schaffen von Wissen erfolgt nach bestimmten Regeln des Forschungsprozesses.

Mit diesen Abläufen beschäftigt sich das folgende Kapitel. Innerhalb dieser Abläufe benötigt es verschiedene Fertigkeiten und Fähigkeiten sowie Kompetenzen zur Erarbeitung des gewählten Themas.

Wissenschaftliche Forschung in den Sozialwissenschaften erfolgt üblicherweise entlang der zwei Paradigmen der empirischen Sozialforschung. Häufig werden die beiden Paradigmen (quantitativ vs. qualitativ) einander streng gegenübergestellt und es wird häufig darüber diskutiert, welcher Zugang der bessere oder der richtige ist.

Es sei hier explizit festgehalten, dass die beiden Forschungszugänge unterschiedliche Dinge leisten können und somit nicht in einem hierarchischen Verhältnis zueinander stehen. Vielmehr bieten beide Zugänge verschiedene Möglichkeiten, Aussagen über die soziale Realität zu treffen – dies in unterschiedlicher Tiefe, unterschiedlicher Aussagekraft und mit unterschiedlichen Ansprüchen.

So gilt es nicht, sich einem „methodischen Lager" zuzuordnen, sondern die Potenziale jedes Zugangs zu kennen und die jeweils dem Forschungsvorhaben adäquate Vorgehensweise zu wählen. Die zu starke Fixierung auf eine bestimmte methodische Vorgehensweise führt dazu, nur bestimmte Aspekte des Forschungsproblems zu erkennen.

> Die Methode steht niemals am Beginn des Forschungsprozesses, sie folgt erst der theoretischen Auseinandersetzung mit dem Forschungsgegenstand (Vorrang der Theorie).

## 4.1 Empirische Sozialforschung

Sozialwissenschaften sind typischerweise Erfahrungswissenschaften. Häder versteht unter empirischer Sozialforschung die „Gesamtheit von Methoden, Techniken und Instrumenten zur wissenschaftlich korrekten Durchführung von Untersuchungen des menschlichen Verhaltens und weiterer sozialer Phänomene" (Häder, 2015: 12). Empirische Sozialforschung ist demnach die systematische Erfassung und Deutung sozialer Tatbestände.

Was bedeutet **empirisch**? Der Begriff Empirie leitet sich ab vom griechischen Wort *empeiria* (Erfahrung; von der Beobachtung her schließend, auf Erfahrung beruhend, sich auf die Gesellschaft beziehend). Empirisch bedeutet also erfahrungsgemäß, aus der Erfahrung kommend. Beim empirischen Arbeiten werden theoretisch formulierte Annahmen an spezifischen Wirklichkeiten bzw. an der sozialen Realität überprüft. Man könnte auch sagen: Eine empirische Überprüfung testet die Theorie anhand der Praxis.

Was bedeutet **systematisch**? Systematisch bedeutet, dass die Erfahrung der Umwelt (also die empirische Untersuchung) regelgeleitet zu erfolgen hat. Der gesamte Forschungsprozess muss nach bestimmten Regeln geplant werden, jede Phase muss nachvollziehbar und wiederholbar sein. Die systematische Herangehensweise ist insbesondere deshalb nötig, um die Ergebnisse, die diese Methoden hervorbringen, vergleichbar zu machen (vgl. Atteslander, 2000: 3ff.).

Unter einer empirischen Untersuchung versteht man somit (insbesondere beim quantitativen Vorgehen) die Hypothesenüberprüfung mithilfe von Verfahren, die empirisch sind (auf geprüfter Erfahrung beruhen) und möglichst weitgehend den Prinzipien von Wiederholbarkeit, Eindeutigkeit von Durchführung und Ergebnis, Objektivität und Reliabilität entsprechen.

Was sind **soziale Tatbestände**? Zu den empirisch wahrnehmbaren sozialen Tatbeständen gehören:

- beobachtbares menschliches Verhalten
- von Menschen geschaffene Gegenstände
- durch Sprache vermittelte Meinungen, Informationen über Erfahrungen, Einstellungen, Werturteile, Absichten

Die soziale Wirklichkeit kann unmöglich in ihrer gesamten Vielfalt wahrgenommen werden. Fassbar sind immer nur Ausschnitte – und diese werden erst sinnvoll, wenn sie systematisch und theorieorientiert erhoben werden. Es gilt also der „Vorrang der Theorie."

## 4.2  Die zwei Paradigmen

Die zwei Paradigmen der empirischen Sozialforschung findet man in der Literatur auch häufig unter den Stichworten quantitative und qualitative Forschungsansätze bzw. deduktive und induktive Vorgehensweisen. Die folgende Darstellung zeigt die Gegenüberstellung der Prämissen der beiden unterschiedlichen Denkschulen.

*Tab. 3: Die zwei Paradigmen der empirischen Sozialforschung*

| Empirische Sozialforschung | |
| --- | --- |
| quantitativ | qualitativ |
| Methodologie | |
| • nomothetisch<br>• naturwissenschaftlich<br>• generalisierend, erklärend, auf repräsentative Gesetzesaussagen zielend | • idiographisch<br>• geisteswissenschaftlich<br>• einzelfallzentriert, nachvollziehend, auf das gründliche Verstehen im kleinen Maßstab gerichtet |

*Quelle: Eigene Darstellung.*

### 4.2.1  Quantitative vs. qualitative Forschung

Unter der quantitativen Forschung ist jene Forschung zu verstehen, die Daten durch Messen und Zählen erfasst. Diese erfassten Daten werden dann mittels statistischer Verfahren analysiert und aufbereitet. Grundsätzlich versteht man unter Messen Quantifizieren. Merkmale/Eigenschaften werden von der Gesamtheit gelöst und bezüglich ihrer spezifischen Ausprägungen in Relation gesetzt (durch Zahlen oder Wörter wie größer/kleiner bzw. älter/jünger). Qualitative Untersuchungen zielen im Gegensatz dazu darauf ab, Daten nicht standardisiert zu erheben und diese dann nicht mittels statistischer Verfahren auszuwerten, sondern eine Typenbildung zu erarbeiten.

„Es hat sich inzwischen durchgesetzt, qualitative und quantitative Methoden zu unterscheiden. Während die ersten sich zum Ziel gesetzt haben, das individuelle Handeln zu verstehen und es detailliert zu analysieren, sucht die zweite Art von Methoden nach verallgemeinerbaren Aussagen und nutzt dafür eine standardisierte Datenerhebung." (Häder, 2015: 13)

Die gravierenden Methoden-Unterschiede lassen sich auch anhand von Tabelle 4 ablesen, welche die für die jeweilige Vorgehensweise typischen Begriffspaare darstellt.

*Tab. 4: Unterschiede der Methoden*

| Quantitative Methoden | Qualitative Methoden |
|---|---|
| erklären | verstehen |
| deduktiv | induktiv |
| messen | beschreiben |
| Stichproben | Einzelfall |
| hypothesenprüfend | hypothesengenerierend |
| lineare Forschungsstrategie | zirkuläre Forschungsstrategie |

*Quelle: Eigene Darstellung.*

Es ist essentiell festzuhalten, dass sich qualitative und quantitative Methoden sinnvoll ergänzen; bei der dogmatischen (!) Unterscheidung von qualitativen und quantitativen Methoden handelt es sich um einen konstruierten Gegensatz, den bspw. in der US-amerikanischen scientific community niemand nachvollziehen kann.

### 4.2.2 Induktion vs. Deduktion

Die Unterscheidung zwischen qualitativer und quantitativer Forschung beinhaltet auch die Unterscheidung zwischen einem induktiven und einem deduktiven Forschungsverlauf.

Was bedeutet **Induktion**? Der Begriff kommt von lateinisch *inductio* (Hereinführung). Methodisch gesehen bedeutet es qualitativ, also hypothesen- und/oder theoriegenerierend zu arbeiten. Ein Gedanke vom Einzelwissen und vom speziellen Wissen führt zum allgemeinen Wissen.

Was bedeutet **Deduktion**? Dieser Begriff leitet sich von lateinisch *deductio* (Hinwegführung) ab. Methodisch gesehen bedeutet es, quantitativ, also hypothesenprüfend zu arbeiten. Spezielle Erkenntnis wird aus allgemeinen Theorien gewonnen.

Kurz zusammenfassend kann also gesagt werden: Deduktion bedeutet das Schließen vom Allgemeinen auf das Besondere (den Einzelfall). Induktion hingegen bedeutet das Schließen vom Besonderen (dem Einzelfall) auf das Allgemeine.

Neben der „wahrheitsbewahrenden" (und deswegen sichereren, aber weniger innovativen) Deduktion und der potenziell „wahrheitserweiternden" (und deswegen weniger sicheren) Induktion gibt es eine weitere Form des Schließens: die Abduktion. Sie hat den Anspruch, genuin neues Wissen zu erzeugen, und ist deshalb potenziell „wahrheitserzeugend". Sie stellt damit einen Zugewinn an Wissen dar; sie schließt von beobachtbaren Fakten nicht auf weitere ähnliche Fakten, sondern auf allgemeine Prinzipien und Hintergründe, die die Fakten erklären könnten. „Die Abduktion liefert damit nicht mehr und nicht weniger als eine denkbare Erklärung oder Interpretation der Fakten." (Döring/Bortz, 2016: 301) Diese Erklärungen haben aber immer stark spekulativen Charakter.

### 4.2.3  Das quantifizierende Paradigma

Die empirisch-analytische (quantitative) Forschung
- strebt Objektivität an,
- verlangt intersubjektive Nachvollziehbarkeit,
- bedarf eines (durch Dritte) kontrollierbaren Forschungsablaufs,
- verfolgt repräsentative Strategien (Generalaussagen über Grundgesamtheit).

Die Anwendung ist theoriegeleitet, d.h., sie erfolgt aufgrund abstrakter Vorstellungen über die Strukturen und das Funktionieren der Gesellschaft (deduktiv).

„Quantitative Forschung entdeckt keine (weiteren) neuen Zugänge zu einem Thema (höchstens am Rande). Sie arbeitet vielmehr mit bereits vor der Erhebung festgelegten Antwortalternativen bzw. möglichen Ergebnisausprägungen. Hier kommen große Stichproben, Prozente, Häufigkeiten und Mittelwerte zur Anwendung. Die Analyse quantitativer Daten mündet oft auch in detaillierte und berechnungsintensivere Statistiken und Signifikanzprüfungen." (Braunecker, 2016: 17)

Der Prozess des Forschens lässt sich aus der Sicht quantifizierender (zählender) Ansätze in aller Kürze wie folgt beschreiben: „Um in der Realität Informationen (Daten) einzuholen, die Aussagen darüber erlauben, ob theoretisch angenommene Sachverhalte und Zusammenhänge tatsächlich zutreffen, bedient sich die empirische Wissenschaft bestimmter Beobachtungs- und Messverfahren (empirische Forschungsmethoden, bspw. Umfrage, Experiment, Inhaltsanalyse). Damit über den isolierten Einzelfall hinausgehend verallgemeinernde Aussagen über Gesetzmäßigkeiten und Einflussfaktoren getroffen werden können, müssen diese Methoden so beschaffen sein, dass die Ergebnisse miteinander vergleichbar sind. Zudem müssen sich die Befunde bei einer erneuten Durchführung der Untersuchung unter identischen Bedingungen durch denselben oder einen anderen Forscher wiederholen lassen." (Kunczik/Zipfel, 2005: 23) Erst unter diesen Umständen kann man von „intersubjektiver Nachprüfbarkeit" sprechen.

Forschungs- und Erhebungsinstrumente müssen also erstens das erheben, was sie erheben sollen, dieses Gütekriterium nennt man „Validität". Und sie müssen unter gleichen Bedingungen gleiche Ergebnisse hervorbringen, d.h., es muss die sog. „Reliabilität" (Verlässlichkeit) gewährleistet sein.

Empirische Forschung strebt nach der Reduktion einer unüberschaubaren Menge an Rohmaterial, um über das für die Untersuchung Wesentliche eindeutige Aussagen treffen zu können, die für eine möglichst große Zahl von Individuen Aussagekraft haben. Überspitzen Forscherinnen diese notwendige Einschränkung auf einige wenige Ausschnitte der Realität, spricht man von **Reduktionismus**. Die Reduktion auf wenige Fälle, Daten etc. ist natürlich nicht erstrebenswert. Doch selbst hochwertige quantitative Forschung wird oft im Zusammenhang mit der Verwendung und Interpretation der Daten vor das Problem gestellt, dass die strenge Logik spätestens bei der Interpretation der aufwendig objektiv gestalteten Daten an ihre Grenzen stößt. Frei nach dem Motto „Traue keiner Statistik, die du nicht selber gefälscht hast" ist die Bedeutung den erhobenen Fakten noch nicht eingeschrieben, sondern wird erst durch den „Übersetzer" geschaffen.

Eine andere Form fehlgeleiteter empirischer Methodik nennt man **Empirizismus**: Das Erheben von Daten ohne theoretische Anleitung ergibt Zahlenmaterial ohne Aussagekraft, da nicht sichergestellt ist, ob das, was erhoben wurde, für die besprochenen Phänomene auch maßgeblich ist. Unter dem Begriff „Empirizismus" versteht man demnach die kritik- und theorielose Aufnahme und Sammlung von Informationen. Wenn unter diesem Vorzeichen geforscht wird, sind die Ergebnisse meist wertlos, da sie aufgrund des fehlenden Theoriebezugs einerseits schwer zu interpretieren sind und andererseits auch keine verlässlichen Daten liefern, da es leicht zu statistischen Fehlern und Scheinkorrelationen kommt.

Hauptanwendungsgebiet quantitativer Methoden ist die Erhebung einer Merkmalsverteilung in einer bestimmten Grundgesamtheit – d.h., empirische Studien „zählen" Merkmale und prüfen anhand der empirischen Resultate die zuvor (abstrakt) gebildeten Hypothesen. Hierin besteht auch einer der Hauptkritikpunkte abseits des Reduktionismus und Empirizismus: Während die Beschreibung und die Datenerhebung streng methodologisch geregelt ist und die Berechnungen auf unbestechlichen mathematisch-statistischen Verfahren beruhen, ist die eigentlich theoriegenerierende Phase der Exploration von den strengen methodologisch-methodischen Regeln kaum definiert, obwohl sie wesentliche erkenntnisleitende Wirkung hat.

So gibt es bspw. genaue Vorgaben, wie eine Befragung durchgeführt werden soll und welche Aspekte bei der statistischen Auswertung berücksichtigt werden müssen. Aber in welchen theoretischen Zusammenhang die Fragestellung und die Ergebnisse eingebettet werden sollen/können, wird nicht berücksichtigt. Das schafft einerseits Freiraum, weil nicht eine bestimmte theoretische Einordnung verpflichtend ist, andererseits führt es aber häufig dazu, dass diese Einbettung vernachlässigt wird.

## 4.2.4  Das qualitative Paradigma

Qualitative Ansätze, in all ihrer Unterschiedlichkeit und Heterogenität, sind durch ihre holistische Forschungsauffassung charakterisiert – sie kontextualisieren ihre Untersuchungsobjekte eher, als dass sie sie analysieren. Das heißt, sie versuchen zu verstehen, wie die Menschen ihren Erfahrungen in ihrem konkreten Lebenszusammenhang Sinn geben, und befassen sich mit Begrifflichkeiten und Phänomenen, an die quantifizierende Methoden aufgrund mangelnder Definier- und Operationalisierbarkeit nicht herankommen. Dabei ist „qualitativ" vor allem als Sammelbegriff für eine Vielzahl teils sehr unterschiedlicher Forschungsansätze zu verstehen, denen vor allem ihre Opposition zu quantifizierenden Methoden gemeinsam ist.

„Qualitative Methoden beschäftigen sich eher mit einer eher geringeren Anzahl von Untersuchungsobjekten, die sie dafür aber sehr umfangreich und im Detail beleuchten. Statistiken, große Stichproben und Signifikanzprüfungen sind in der qualitativen Forschungswelt kein Thema. Zahlen und Prozentwerte finden sich hier nur am Rande." (Braunecker, 2016: 16)

Bei qualitativen Untersuchungen werden die Stichproben ganz bewusst ausgewählt („theoretisches Sampling"). Dabei wird häufig versucht, typische Fälle zu finden. Die Wahrnehmungen und Einstellungen der untersuchten Personen können dabei allerdings stark reduziert und selektiv sein. Da üblicherweise zwar intensive, aber nur wenige Interviews geführt werden (können), ist eine Verallgemeinerung natürlich nur bedingt möglich. Negativ definiert stellen sich qualitative Methoden für Verfechter des quantitativen Wissenschaftsverständnisses folgenderweise dar (vgl. Lamnek, 1995: 3):

- kleine Zahl an Untersuchungspersonen
- keine echten Stichproben nach dem Zufallsprinzip
- keine quantitativen (= metrischen) Variablen
- keine statistischen Analysen

Umgekehrt formulieren qualitative Ansätze ihre Kritik an quantitativen Verfahren: „Der zentrale Einwand gegen die Verwendung sog. quantitativer Verfahren zielt darauf ab, dass durch standardisierte Fragebogen, Beobachtungsschemata usw. das soziale Feld in seiner Vielfalt eingeschränkt, nur sehr ausschnittsweise erfasst und komplexe Strukturen zu sehr vereinfacht und reduziert dargestellt würden." (Lamnek, 1995: 4) So kritisiert Girtler (1984: 26, zit. nach: Lamnek, 1995: 7):

- Soziale Phänomene existieren nicht außerhalb des Individuums, sondern sie beruhen auf den Interpretationen der Individuen einer sozialen Gruppe (die es zu erfassen gilt).
- Soziale Tatsachen können nicht vordergründig „objektiv" identifiziert werden, sondern sie sind als soziale Handlungen von ihrem Bedeutungsgehalt her bzw. je nach Situation anders zu interpretieren.
- „Quantitative" Messungen und die ihnen zugrunde liegenden Erhebungstechniken können soziales Handeln nicht wirklich erfassen; sie beschönigen oder verschleiern eher die diversen Fragestellungen. Häufig führen sie dazu, dass dem Handeln eine bestimmte Bedeutung unterschoben wird, die eher die des Forschers als die des Handelnden ist.
- Das Aufstellen von zu testenden Hypothesen vor der eigentlichen Untersuchung kann dazu führen, dem Handelnden eine von ihm nicht geteilte Meinung oder Absicht zu suggerieren oder zu oktroyieren.

Die frühe Sozialwissenschaft orientierte sich in ihrem Anspruch, gesellschaftliche Realität zu erklären, an den Naturwissenschaften und versuchte, diesen in ihren Abläufen und ihrer Methodik so nahe wie möglich zu kommen. Doch die Naturwissenschaften suchen Gesetzmäßigkeiten (nomologische Aussagen), die „Erklärungen, Prognosen und technologische Anweisungen ermöglichen" (Lamnek, 1995: 14) – also

Naturgesetze und ihre Auswirkungen, die sich für bestimmte Untersuchungsbereiche feststellen lassen (bspw. Chemie, Biologie).

Anders als bei den Naturwissenschaften geht es in den Wissenschaften sozialer Realitäten jedoch nicht um das Isolieren von einzelnen Vorgängen, sondern um das Erfassen von (sinngebenden) Kontexten, Handlungszusammenhängen und Bedeutungsstrukturen der Menschen. Der Analysegegenstand der Sozial- und Kulturwissenschaften ist der „in einem sozialen Kontext lebende und handelnde Mensch, das soziale Individuum, dessen Handeln mit Sinn, mit Bezug auf andere versehen ist. Dieses Handeln muss ‚verstanden', nicht erklärt werden" (Lamnek, 1995: 14). Darum nennt man die an geisteswissenschaftliche Methoden angelehnten qualitativen Methoden auch **hermeneutische (verstehende) Methoden**. Hier geht es also im Grunde ebenfalls um das Argument angemessener Methoden für die spezifischen Fragestellungen sozialwissenschaftlicher Gegenstandsbereiche.

### 4.2.5 Resümee zum „Paradigmenstreit"

Letztendlich sind die beiden Traditionslinien zwar historische Opponenten in der Auseinandersetzung um das „richtige" Verständnis von Wissenschaft und den richtigen Zugang zur Welt der Forschungssubjekte und -objekte. Zu einem großen Teil ist diese Spaltung aber auf dogmatische Positionen und historische Konstellationen zurückzuführen und insofern nur ein scheinbarer Widerspruch. Berühmte Dispute in dieser Tradition sind bspw. der sog. Positivismusstreit und die Werturteilsproblematik.

Der **Positivismusstreit** wird den beiden damals wie heute herausragenden Theoretikern Adorno und Popper zugeschrieben, schreibt sich de facto aber bereits seit über hundert Jahren durch die sozialwissenschaftliche Debatte fort. In dieser Auseinandersetzung, die zwischen Karl Popper, Vertreter des Kritischen Rationalismus, und Theodor W. Adorno, Vertreter der Kritischen Theorie der Frankfurter Schule, in den 1960er-Jahren ausgetragen wurde, ging es um die Zielsetzungen und das Methodenverständnis der Sozialwissenschaften. Für Popper hatte die Theorie zwar einen wichtigen Stellenwert, aber er war der Meinung, dass mit den Methoden der Naturwissenschaften gesellschaftliche Probleme untersucht werden können, um Problemlösungen zu finden. Adorno plädierte für die Veränderung der gesamten gesellschaftlichen Verhältnisse („Totalität der Gesellschaft"), denn jede Beobachtung der Gesellschaft sei von der Forscherperspektive beeinflusst. Auch Popper war klar, dass werturteilsfreie Wissenschaft nicht möglich ist, da For-

scher nicht unvoreingenommen sind, aber durch das Falsifikations-
prinzip könnten – so Popper – bestehende Ergebnisse immer wieder in
Frage gestellt werden.

Bei der **Werturteilsproblematik**, einer Diskussion, die zu Beginn
des 20. Jahrhunderts in Deutschland intensiv geführt wurde, ging es
darum, inwieweit persönliche Wertvorstellungen und politische Einstellungen die wissenschaftliche Arbeit beeinflussen. Max Weber versuchte zwischen Tatsachen und Werturteilen zu unterscheiden, also
zwischen Erfahrungswissen und Werturteil. Eine Tatsachenbehaup-
tung „vermag niemanden zu lehren, was er *soll*, sondern nur, was er
*kann* und – unter Umständen – was er *will*" (Weber, 1968: 6) und ist in
diesem Sinne objektiv und wertfrei. Werturteile sind Aussagen, sind
Soll-Sätze, die objektiv nicht begründbar sind, wie bspw.: Eine Sozial-
wissenschaftlerin sollte sich nicht an Spekulationen beteiligen.

In den Sozialwissenschaften werden zwei Positionen vertreten. Die
eine, die mit Max Weber und auch Vertretern des Kritischen Rationalismus wie Karl Popper zu verbinden ist, tritt für das Postulat der Wertfrei-
heit ein. Die Vertreter der Kritischen Theorie, wie Theodor W. Adorno
oder Jürgen Habermas, lehnen das Wertfreiheitspostulat ab, denn
eine Kritik an der Gesellschaft sei ohne die Vermischung von Wert-
und Sachaussagen grundsätzlich nicht möglich (vgl. Opp, 2014). Das
Wertfreiheitspostulat von Opp lautet, dass ein Wissenschaftler deutlich
machen soll, „welche Äußerungen Wertungen und welche seiner Äußerungen objektsprachliche, d.h. Sachaussagen sind" (Opp, 2014: 242).
In der Frage der Werturteilsproblematik ist wesentlich – so wie auch
Opp (2014) argumentiert –, dass Sachaussagen und Werturteile voneinander zu trennen sind und dass es natürlich nicht möglich ist, dass
Wissenschaft völlig frei von Werten ist.

Im Sinne eines idealen Methodenmixes, der seine Instrumente nach
Fragestellung und Untersuchungsziel auswählt, ist es sehr wohl möglich, Brücken zu schlagen und Methoden aus beiden Ansätzen zu wählen.

Egal, für welchen Zugang man sich entscheidet bzw. welcher
Zugang sich aufgrund der Forschungslage anbietet: Es geht in jedem
Fall darum, Fragen zu beantworten und neue Aspekte zu untersuchen.
Aus dieser Perspektive ist einer der zentralen Unterschiede zwischen
qualitativen und quantitativen Forschungsansätzen die Frage, zu welchem Zeitpunkt, auf Basis welcher Daten und in welcher Form die Forschungsfragen beantwortet werden.

## 4.3 Forschungsabläufe

Je nach gewähltem Zugang ergeben sich nun zwei verschiedene Abfolgen im wissenschaftlichen Arbeiten. Auch wenn sich die beiden Vorgehensweisen in der Abfolge der einzelnen Schritte unterscheiden, so gibt es doch auch wesentliche Gemeinsamkeiten.

Es gibt außerdem Forschungsarbeiten, bei denen beide Zugänge kombiniert werden, weil es (nur) so sinnvoll ist, die gewählte Fragestellung zu untersuchen.

Die Wahl des Forschungsprozesses und der Methoden hängt vom gewünschten Ziel, dem Forschungsstand und den Forschungsfragen ab.

### 4.3.1 Typisches quantitatives Arbeiten

Quantitatives Forschen folgt typischerweise dem in Abbildung 2 dargestellten Ablauf.

Ein typischer quantitativer Forschungsablauf beginnt mit der Erfassung des Forschungsstandes, der Definition des konkreten Themas basierend auf einem (Forschungs-)Problem und der Formulierung des Zieles bzw. des Erkenntnisinteresses.

Ausgehend von einem soliden und ausreichend vorhandenen Forschungsstand können Forschungsfragen formuliert, Hypothesen gebildet, Variablen definiert und eine Operationalisierung vorgenommen werden.

Daran schließt die Entwicklung des Untersuchungsdesigns an, das in der Feldarbeit umgesetzt wird. Die erhobenen Daten müssen ausgewertet, das Ergebnis muss präsentiert und interpretiert werden. Anhand der durch die eigene empirische Arbeit gewonnenen Daten werden die Forschungsfragen beantwortet bzw. die Hypothesen (vorläufig) bestätigt oder falsifiziert.

Die Ergebnisse müssen auch in einen Zusammenhang mit den schon in der Literatur vorliegenden Daten gebracht werden.

### 4.3.2 Typisches qualitatives Arbeiten

Qualitatives Forschen folgt typischerweise dem in Abbildung 3 dargestellten Ablauf.

*Abb. 2: Quantitativer Forschungsablauf*

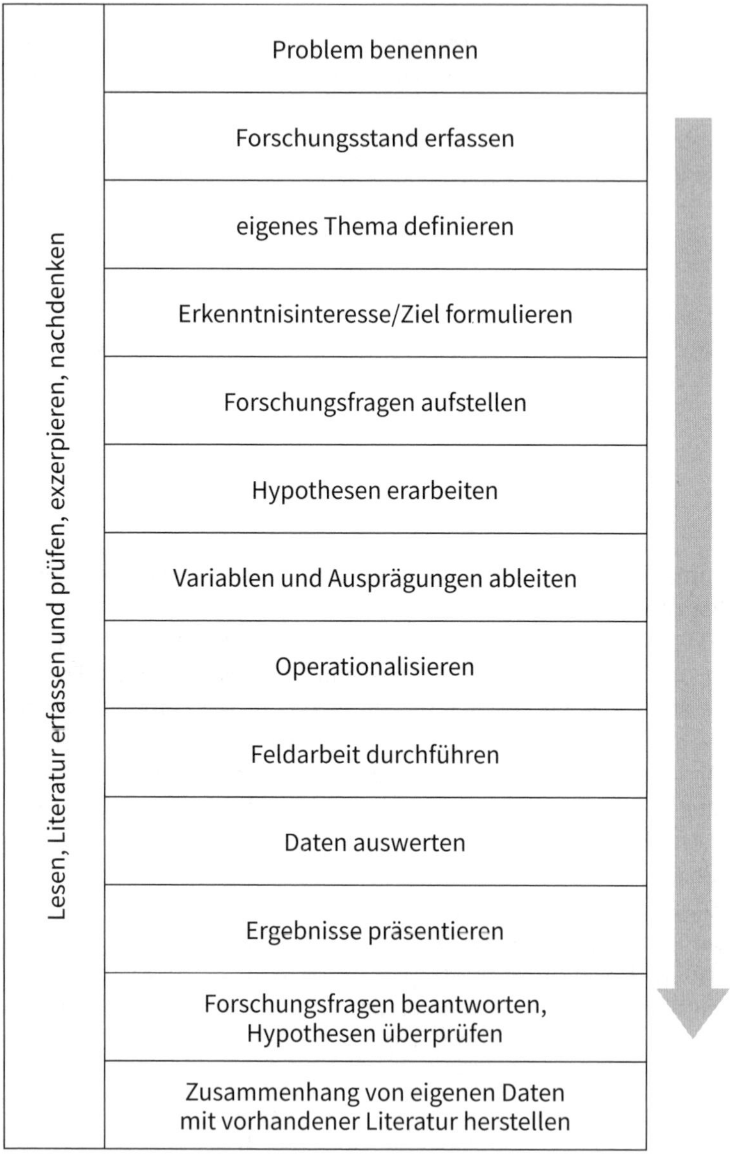

| | Problem benennen |
|---|---|
| | Forschungsstand erfassen |
| | eigenes Thema definieren |
| Lesen, Literatur erfassen und prüfen, exzerpieren, nachdenken | Erkenntnisinteresse/Ziel formulieren |
| | Forschungsfragen aufstellen |
| | Hypothesen erarbeiten |
| | Variablen und Ausprägungen ableiten |
| | Operationalisieren |
| | Feldarbeit durchführen |
| | Daten auswerten |
| | Ergebnisse präsentieren |
| | Forschungsfragen beantworten, Hypothesen überprüfen |
| | Zusammenhang von eigenen Daten mit vorhandener Literatur herstellen |

*Quelle: Eigene Darstellung.*

*Abb. 3: Qualitativer Forschungsablauf*

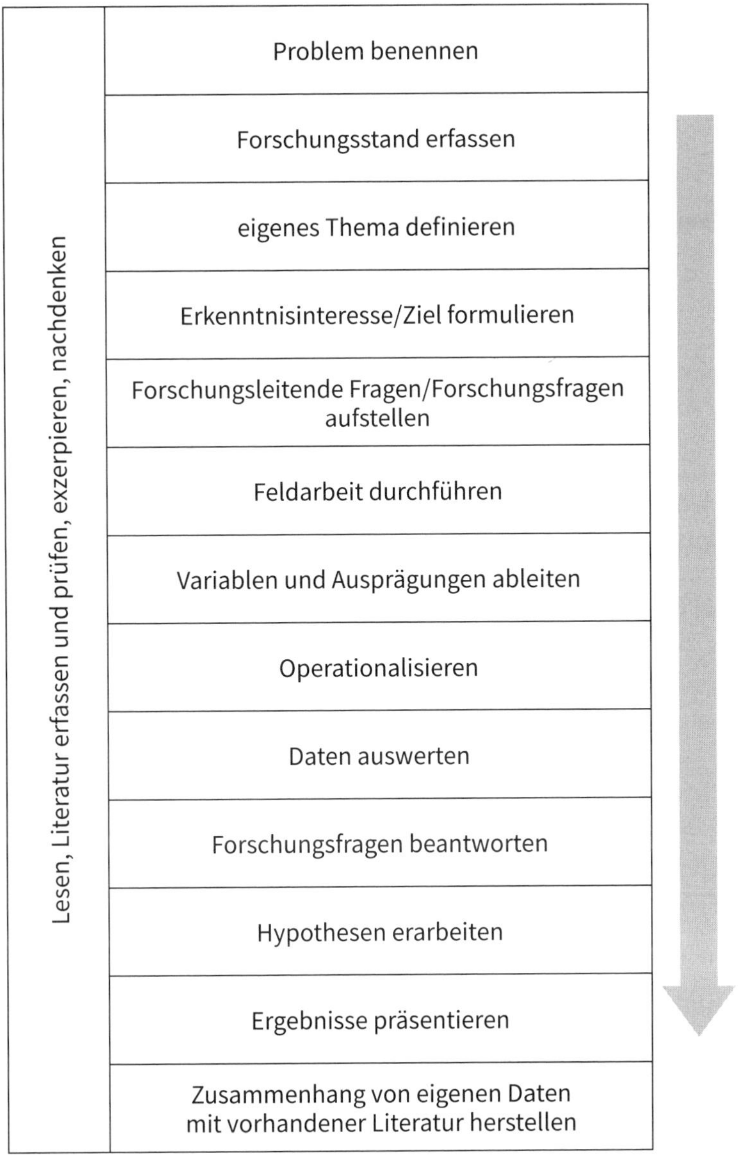

| | |
|---|---|
| | Problem benennen |
| | Forschungsstand erfassen |
| | eigenes Thema definieren |
| Lesen, Literatur erfassen und prüfen, exzerpieren, nachdenken | Erkenntnisinteresse/Ziel formulieren |
| | Forschungsleitende Fragen/Forschungsfragen aufstellen |
| | Feldarbeit durchführen |
| | Variablen und Ausprägungen ableiten |
| | Operationalisieren |
| | Daten auswerten |
| | Forschungsfragen beantworten |
| | Hypothesen erarbeiten |
| | Ergebnisse präsentieren |
| | Zusammenhang von eigenen Daten mit vorhandener Literatur herstellen |

*Quelle: Eigene Darstellung.*

Auch bei einem qualitativen Forschungsablauf steht die Erfassung des Forschungsstandes, die Definition des konkreten Themas basierend auf einem (Forschungs-)Problem und die Formulierung des Zieles bzw. des Erkenntnisinteresses am Anfang der wissenschaftlichen Arbeit. Auch hier wird eine Forschungsfrage formuliert, die bei diesem Vorgehen häufig als forschungsleitende Frage bezeichnet wird.

Da beim qualitativen Arbeiten meist nicht in ausreichendem Umfang Studien und Untersuchungen vorliegen, um Hypothesen aufzustellen, muss die empirische Untersuchung bereits zu diesem Zeitpunkt durchgeführt werden, um eine Basis für die Formulierung von Hypothesen zu gewinnen. Das heißt, dass zunächst das Untersuchungsdesign erarbeitet und die Feldarbeit durchgeführt wird. Das gewonnene Material kann mit unterschiedlichen Auswertungskonzepten[6] durch die Festlegung von Codierregeln (auch hier gibt es verschiedene Verfahrensmöglichkeiten) differenziert ausgewertet, interpretiert und präsentiert werden. Daran schließt die Beantwortung der Forschungsfragen an und im Anschluss werden Hypothesen aufgestellt.

Der Prozess ist dabei aber typischerweise nicht linear, sondern zirkulär bzw. iterativ. Daher bietet sich für einen qualitativen Forschungsablauf besser die in Abbildung 4 präsentierte Darstellung an.

*Abb. 4: Zirkuläres Modell des qualitativen Forschungsablaufs*

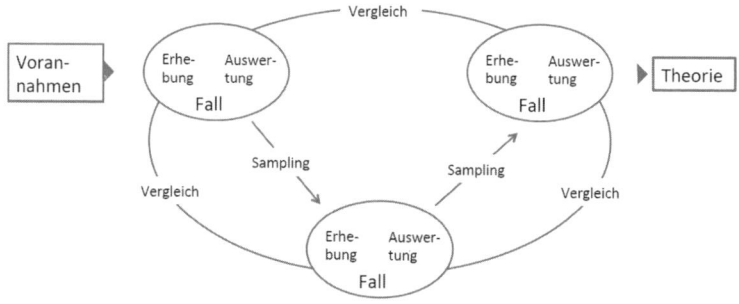

*Quelle: Flick, 2016: 128.*

---

6    Es soll in diesem Kontext nicht näher auf die unterschiedlichen qualitativen Auswertungsmethoden eingegangen, sondern nur darauf verwiesen werden, dass das Spektrum hierbei von theoriegenerierenden und -prüfenden Verfahren (Grounded Theory) bis zur qualitativen Inhaltsanalyse (Mayring) reicht.

### 4.3.3 7-Schritte-Modell eines typischen Forschungsablaufs

Das 7-Schritte-Modell zeigt die typischen Forschungsabläufe für (sowohl quantitative als auch qualitative) Arbeiten. Dabei werden nicht nur die Unterschiede hervorgehoben, sondern auch die (beträchtlichen!) Gemeinsamkeiten dargestellt.

*Tab. 5: 7-Schritte-Modell eines Forschungsablaufs*

|  | Quantitativ & Qualitativ | Typisch quantitative Forschung | Typisch qualitative Forschung |
|---|---|---|---|
| Schritt Problematisieren | Selbstprüfung Problemkontext Kommunikationswissenschaftliche Relevanz | Was? Warum? Erkenntnisinteresse Deduktiv | Was? Warum? Erkenntnisinteresse Induktiv (abduktiv) Umfassende Beschreibung (Deskription) des Gegenstandsbereichs |
| Schritt Vorerhebung | Literaturrecherche | Beschäftigung und Darstellung relevanter Theorien | Vorverständnis Offenheit Introspektion Ganzheit des Menschen Quantifizierbarkeit |
| Schritt Forschungsfragen | Forschungsfragen Rahmenbedingungen | Formulierung von Forschungsfragen und Hypothesen | Weite Formulierung von Forschungsfragen Keine Hypothesenbildung |
| Schritt Planung | Literaturbeschaffung Methodenwahl Forschungsdesign | Operationalisierung Messinstrumente | Keine Operationalisierung Feldzugang |
| Schritt Materialsammlung | Quellenstudium Beobachtung, Befragung, Experiment, Inhaltsanalyse | Statistik | Transkription Reflexion |

| Schritt Datenauswertung | | Hypothesenprüfung mittels Computerprogramm (bspw. SPSS, Excel) Falsifikation/ vorläufige Bestätigung der Hypothesen | Auswertung und Interpretation des Datenmaterials mit qualitativen Auswertungsmethoden (bspw. qualitative Inhaltsanalyse) Hypothesengenerierung |
|---|---|---|---|
| Schritt Schreibphase | Logischer Aufbau Formale Gestaltung Zitierweise Verwertbarkeit der Ergebnisse Anregungen zur weiteren Forschung | Beschreibung der statistischen Auswertungsverfahren | Beschreibung der qualitativen Auswertungsverfahren Reflexion |

*Quelle: adaptiert nach Haas/Lojka, 1988: 2f. und Mayring, 2016: 24ff.*

## 4.4  Ansprüche an wissenschaftliches Arbeiten – wissenschaftliche und methodische Gütekriterien

Wissenschaft ist fundierte, systematische und nachvollziehbare Befriedigung von Neugier. (Das „Wissen-Schaffen", das dem „Wissen-Wollen" folgt, läuft nach bestimmten Regeln ab.) Dabei gilt das **„Dogma der Wiederholbarkeit"**! Der gesamte Forschungsprozess muss daher so klar dargelegt und beschrieben werden, dass bei einer Wiederholung (von sachkundigen Forschern) dasselbe Ergebnis herauskommt. So muss jeder Arbeitsschritt offen gelegt und dokumentiert werden.

Die systematische Vorgehensweise beim wissenschaftlichen Arbeiten ist somit insbesondere nachvollziehbar, wiederholbar, überprüfbar, auffindbar, kritisierbar, verbesserbar, (möglichst) vollständig und methodisch. Das Ergebnis ist relevant, nützlich, neu – es bringt einen Erkenntnisgewinn.

Dieses systematische wissenschaftlich korrekte Arbeiten erfolgt nach bestimmten Regeln (vgl. u.a. Forschungsfragen, Hypothesenbildung, Verwendung von korrekten Methoden). Für die Verwendung von bereits vorhandenem Material (Literatur, Studien etc.) gibt es eigene Regeln für den Umgang mit diesen Quellen.

**Achtung:**
Die Regeln zum Zitieren können in den verschiedenen Wissenschaftsdisziplinen variieren, Juristinnen oder Naturwissenschaftler zitieren beispielsweise anders als Sozialwissenschaftler.

### 4.4.1 Die „klassischen" Ansprüche

Jene Regeln, die man einhalten muss, damit ein Forschungsprozess wissenschaftlich ist, nennt man wissenschaftliche und methodische Gütekriterien. Für wissenschaftliches Arbeiten gelten die in Abbildung 5 dargestellten zehn grundlegenden Ansprüche bzw. Gütekriterien.

*Abb. 5: Ansprüche an das wissenschaftliche Arbeiten*

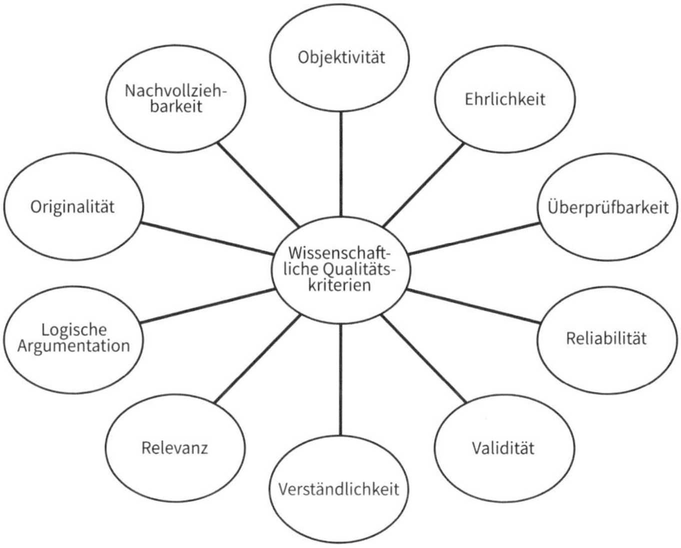

*Quelle: Balzert et al., 2008: 9.*

Im Detail versteht man unter diesen Qualitätskriterien die folgenden Ausprägungen (vgl. Balzert et al., 2008: 10ff.):

**Objektivität**
Die Inhalte von wissenschaftlichen Arbeiten müssen so neutral, sachlich, unabhängig, vorurteilsfrei und unvoreingenommen wie nur möglich sein. Persönliche Vorlieben oder Befindlichkeiten des Verfassers

dürfen in eine wissenschaftliche Arbeit nicht miteinfließen. Dabei ist eine gewisse Subjektivität nie ganz auszuschließen, da der Forscher ja immer eine bestimmte Position einnimmt; es muss aber versucht werden, diese Subjektivität so gut wie möglich auszuschließen.

Als objektiv gelten Messinstrumente oder empirische Verfahren, wenn die damit erzielten Ergebnisse unabhängig sind von der Person, die die Messinstrumente anwendet. Bei diesem Gütekriterium geht es um die Frage, ob die Ergebnisse unabhängig von Einflüssen der Forscherin oder der Erhebungssituation bei der Durchführung, Auswertung und Interpretation zustande gekommen sind.

### Ehrlichkeit
Wer wissenschaftlich arbeitet, muss seine Ergebnisse und Beobachtungen wahrheitsgemäß wiedergeben, dies schafft Glaubwürdigkeit. Plagiate, Fälschungen, Täuschungen und Datenmanipulationen oder Ghostwriting sind unredliches wissenschaftliches Verhalten. Irrtümer – bei grundsätzlich korrektem wissenschaftlichem Vorgehen – sind dabei aber leider nicht ausgeschlossen.

### Überprüfbarkeit
Wissenschaftliche Aussagen müssen überprüft (falsifiziert oder vorläufig bestätigt) werden können. Dafür müssen alle Schritte des wissenschaftlichen Arbeitens offen gelegt werden, damit die Forschung wiederholt, überprüft und ggf. verbessert werden kann. Zudem ist es unabdingbar notwendig, dass korrekt zitiert wird und alle verwendeten Quellen dargelegt werden.

### Reliabilität
Reliabilität bedeutet die Zuverlässigkeit der Messung. Wissenschaftliches Arbeiten muss unter gleichen Bedingungen gleiche Ergebnisse hervorbringen. Reliabilität bezieht sich üblicherweise auf ein Messinstrument und beschreibt die Zuverlässigkeit der Messung, die mit diesem Instrument durchgeführt wird. Wenn dasselbe Messinstrument an ein und derselben Person zweimal dasselbe Ergebnis bringt, gilt es als reliabel (unter der Voraussetzung, dass sich die Variable nicht geändert hat).

Es ist auch möglich, die Reliabilität in Form eines Paralleltests zu überprüfen (wenn dieser gleiche Ergebnisse von zwei getrennten Gruppen zur selben Zeit liefert, ist das Messinstrument reliabel). Das Erzielen von gleichen Ergebnissen gilt als Idealfall, tatsächlich ist aber jede empirische Messung mit einem Zufallsfehler behaftet, daher wird die Reliabilität als ein Koeffizient zwischen 0 und 1 beschrieben.

Für die Überprüfung von Reliabilität gibt es verschiedene standardisierte Testverfahren.

## Validität

Validität bedeutet Gültigkeit. Sie stellt sicher, dass man mit dem Messinstrument wirklich das misst, was man messen möchte. Forschungs- und Erhebungsinstrumente müssen genau das erheben, was sie erheben sollen. Die Prüfung der Validität erfolgt nicht durch Koeffizienten oder standardisierte Testverfahren, sondern durch die Verbesserung des Messinstruments, indem man überprüft, ob die Variablen „die richtigen" sind und man mit ihnen auch das messen kann, was einen interessiert.

## Verständlichkeit

Wissenschaftliche Arbeiten müssen verständlich sein. Dazu tragen eine logische Gliederung und eine folgerichtige Struktur, verständliche Sprache und zweckmäßige Aufbereitung der Literatur (selbstverständlich unter Verwendung des entsprechenden Fachvokabulars) und eine gute Navigation durch die Arbeit (Inhaltsverzeichnis) bei.

## Relevanz

Eine wissenschaftliche Arbeit ist dann relevant, wenn sie im Fachgebiet neues Wissen schafft, zum wissenschaftlichen Fortschritt beiträgt, einen hohen Informationswert aufweist und wenn sie hilft, Probleme der wissenschaftlichen Disziplin zu lösen.

## Logische Argumentation

Eine logische, somit folgerichtige Argumentation ist für jede wissenschaftliche Arbeit essentiell. Dies bedeutet, eigene Behauptungen ausreichend, sorgfältig und plausibel zu begründen, korrekte Schlussfolgerungen zu ziehen. So können Fehlschlüsse vermieden werden.

## Originalität

Eine wissenschaftliche Arbeit muss eine eigenständige Leistung vorlegen, die ein neuer Entwurf, eine neue Lösung oder eine neue Zusammenstellung unter einem neuen Blickwinkel sein kann.

## Nachvollziehbarkeit

Jede wissenschaftliche Arbeit muss für die Leser nachvollziehbar sein. Dies bedeutet, dass sich die Arbeitsschritte für die Leser erschließen.

Im Kriterium der Nachvollziehbarkeit finden sich alle oben angeführten Merkmale wieder.

### 4.4.2 Rechtmäßigkeit, insbesondere Datenschutz

Die hier vorgestellten zehn Gütekriterien müssen um einen wesentlichen Aspekt ergänzt werden: die **Rechtmäßigkeit**. Damit ist einerseits der korrekte Umgang mit fremden Quellen gemeint (siehe dazu sehr ausführlich Kap. 9), andererseits sind aber auch Fragen des Datenschutzes angesprochen.

Der Datenschutz verfolgt das Ziel, persönliche oder gar sensible Daten von Personen (hier in concreto von Personen, die befragt oder beobachtet wurden) zu schützen. Die wissenschaftliche Antwort auf den Datenschutz ist grundsätzlich insb. die Anonymisierung von erhobenen Daten. Auf diese Anonymisierung ist bereits bei der Erarbeitung der Fragestellung, spätestens jedoch vor dem Erhebungsprozess unbedingt Rücksicht zu nehmen!

Bei der Durchführung von Befragungen stellen sich zwei Fragen:
- Wie kann man Menschen dazu anregen, an einer Befragung teilzunehmen, um die gewünschte Stichprobe zu erreichen?
- Wie ist die Befragung durchzuführen, damit der Datenschutz bestmöglich gewährleistet ist?

Bei Befragungen ergibt sich ja häufig das Problem, wie man Personen anregen kann, an einer Befragung teilzunehmen. Das direkte Anschreiben von fremden Personen per E-Mail bspw. ist sehr problematisch, da (insb. personalisierte) E-Mail-Adressen bereits zu den persönlichen Daten zählen. In diesem Fall müssten diese Personen vorab zugestimmt haben, dass man ihnen derartige Fragebögen schicken darf. Diese Zustimmung ist bei studentischer wissenschaftlicher Forschung wohl kaum jemals gegeben. Fragebögen in Online-Foren zu publizieren ist hingegen unbedenklich, da ja die potenziellen Befragten nicht direkt kontaktiert werden. (Hier zeigt sich, dass die Frage der Datenqualität und die Frage der Erfüllung von rechtlichen Voraussetzungen zwei unterschiedliche Bereiche darstellen!) Des Weiteren besteht die Möglichkeit, Personen persönlich (face to face) zu befragen. Aber auch hierfür ist eine Einwilligung erforderlich (siehe dazu gleich unten).

Bleibt die Frage, wie Befragungen datenschutzkonform erstellt und durchgeführt werden können. Die Europäische Datenschutzgrundverordnung (DSGVO) ist am 25. Mai 2018 in allen EU-Mitgliedsländern in

Kraft getreten. In einigen Ländern wurden nationale Gesetz erlassen, um diese Verordnung zu konkretisieren. Wenn es solche nationalen Gesetze gibt, gelten immer diese und nicht unmittelbar die DSGVO.

Die DSGVO hat zum Ziel, personenbezogene Daten bestmöglich zu schützen und den Menschen die Möglichkeit zu geben, selbst zu entscheiden, wer personenbezogene Daten haben und verarbeiten darf. Gem. Art 4 DSGVO sind

*„personenbezogene Daten' alle Informationen, die sich auf eine identifizierte oder identifizierbare natürliche Person (im Folgenden ‚betroffene Person') beziehen; als identifizierbar wird eine natürliche Person angesehen, die direkt oder indirekt, insbesondere mittels Zuordnung zu einer Kennung wie einem Namen, zu einer Kennnummer, zu Standortdaten, zu einer Online-Kennung oder zu einem oder mehreren besonderen Merkmalen, die Ausdruck der physischen, physiologischen, genetischen, psychischen, wirtschaftlichen, kulturellen oder sozialen Identität dieser natürlichen Person sind, identifiziert werden kann."*

In sozialwissenschaftlichen Untersuchungen werden nun tatsächlich häufig derartige Merkmale erhoben, aber sie werden grundsätzlich in anonymisierter Form ermittelt. Das heißt, ein Rückschluss auf einzelne Personen ist nicht möglich und darf mit erlaubten technischen Hilfsmitteln auch nicht möglich sein.

Hier zeigt sich, dass die Kriterien von korrekter wissenschaftlicher Sozialforschung diesem Anspruch schon immer genügt haben. Die Sozialwissenschaft verspricht ihren Befragten stets, dass alle Daten nur in anonymisierter Form verwendet werden. Es interessiert ja gerade nicht die erkennbare Einzelperson, sondern es werden Aussagen über eine größere Gesellschaftsgruppe angestrebt.

Auch das Prinzip der Datenminimierung (= es dürfen nur so wenige persönliche Daten wie notwendig erhoben werden) ist eine Vorgehensweise, die bei der Erstellung jedes Fragebogens eingehalten wird. Es ist schließlich bekannt, dass Befragte nur ungern persönliche Auskünfte geben – darum verzichtet man darauf, so weit es geht.

**Achtung:**
Häufig wird quasi standardmäßig ein ganzes „typisches" Set an soziodemographischen Daten abgefragt: Alter, Geschlecht, (Aus-) Bildung, Gehalt o.Ä. Nicht nur im Lichte des Datenschutzes bzw. der DSGVO gilt es bei all diesen Parametern genau zu hinterfragen, ob man sie zur Beantwortung der Forschungsfrage wirklich braucht oder ob man diese Daten „reflexartig" abfragt.

Wissenschaftlich korrekt und überlegt durchgeführte Befragungen genügen dem Prinzip nach also schon den Ansprüchen der Anonymisierung und der Datenminimierung. Dennoch gilt es auch zu prüfen, ob alle Rechtsgrundlagen eingehalten werden, und ggf. entsprechende Maßnahmen zu setzen, um rechtssicher zu agieren.

Mit dem § 2f Abs 5 Forschungs-Organisations-Gesetz (FOG) wird studentische Forschung im Rahmen der Lehre besonders geschützt; das Ziel dieses Paragraphen ist es laut der Datenschutz-Folgenabschätzung zu § 2f Abs. 5 FOG gerade, Rechtssicherheit für Studierende zu schaffen. Im § 2f Abs 5 FOG ist festgelegt:

*„Für Zwecke der Lehre, insbesondere das Verfassen schriftlicher Seminar- und Prüfungsarbeiten, Bachelorarbeiten sowie wissenschaftlicher und künstlerischer Arbeiten durch Studierende, dürfen sämtliche personenbezogene Daten verarbeitet werden, wenn sichergestellt ist, dass – außer zulässigen Verarbeitungen – keine Übermittlung an Empfängerinnen oder Empfänger zu anderen Zwecken als gemäß Art. 89 Abs. 1 DSGVO erfolgt.“*

Art 89 Abs 1 DSGVO zielt darauf ab, dass die Rechte und Freiheiten der betroffenen Person (in diesem Falle also der befragten Personen) bestmöglich geschützt werden. Dazu müssen insb. technische und organisatorische Maßnahmen getroffen werden, mit denen vor allem der Grundsatz der Datenminimierung erfüllt wird. Als solche Maßnahme gilt insbesondere die Pseudonymisierung, eine Identifizierung von betroffenen Personen darf also nicht oder nicht mehr möglich sein. Bei Befragungen ist daher (insb. technische) Vorsorge zu treffen, dass keine Rückschlüsse auf einzelne Personen und ihr Antwortverhalten möglich sind.

Im Ergebnis dürfen nach § 2f Abs 5 FOG personenbezogene und sogar sensible Daten für schriftliche Seminar- und Prüfungsarbeiten, Bachelorarbeiten sowie wissenschaftliche und künstlerische Arbeiten verwendet werden. Zwingende Voraussetzung ist, dass diese Verarbeitung der Daten nur für die Lehre erfolgt und dass keine Daten an weitere Empfängerinnen weitergegeben werden außer zu wissenschaftlichen Zwecken.

Hochgradig relevant ist zudem das Datenschutzgesetz (DSG) aus dem Jahr 2018 (mit dem in Österreich die DSGVO konkretisiert wird), in dem die wissenschaftliche Forschung ebenfalls eine privilegierte Stellung einnimmt. Der § 7 normiert Anforderungen zur Datenverarbeitung zu spezifischen Zwecken – Verarbeitung zum Zweck der wissenschaftlichen Forschung und Statistik. Für sozialwissenschaftliche Forschung sind insb. § 7 Abs 1 und 2 relevant:

*„§ 7 (1) Für im öffentlichen Interesse liegende Archivzwecke, wissenschaftliche oder historische Forschungszwecke oder statistische Zwecke, die keine personenbezogenen Ergebnisse zum Ziel haben, darf der Verantwortliche alle personenbezogenen Daten verarbeiten, die*

1. *öffentlich zugänglich sind,*
2. *er für andere Untersuchungen oder auch andere Zwecke zulässigerweise ermittelt hat oder*
3. *für ihn pseudonymisierte personenbezogene Daten sind und der Verantwortliche die Identität der betroffenen Person mit rechtlich zulässigen Mitteln nicht bestimmen kann.*

*(2) Bei Datenverarbeitungen für im öffentlichen Interesse liegende Archivzwecke, wissenschaftliche oder historische Forschungszwecke oder statistische Zwecke, die nicht unter Abs. 1 fallen, dürfen personenbezogene Daten nur*

1. *gemäß besonderen gesetzlichen Vorschriften,*
2. *mit Einwilligung der betroffenen Person oder*
3. *mit Genehmigung der Datenschutzbehörde gemäß Abs. 3 verarbeitet werden."*

Abs 1 Ziffer 3 ist insb. für schriftliche Befragungen relevant, da hierbei die Daten anonymisiert bzw. pseudonymisiert werden (= jede befragte Person ist bspw. bloß eine fortlaufende Nummer). Es ist kein Rückschluss möglich, welche konkrete Person welche Antworten in der Befragung gegeben hat. Das ist auch gar nicht Zweck einer Befragung, da die Daten aus der Stichprobe ja Aussagen über die Grundgesamtheit erlauben sollen. Einzelne Fälle, bei denen nachvollziehbar ist, wer dahinter steckt, sind hier nicht von Interesse.

Wenn allerdings bspw. eine persönliche Befragung oder eine Fokusgruppen-Diskussion durchgeführt werden soll, ist es natürlich fraglich, ob eine Pseudonymisierung möglich ist. Schließlich sitzt man der befragten Person gegenüber und auch wenn man sie persönlich nicht näher kennt, ist doch zumindest der Name bekannt und könnte in den Befragungsdaten auftauchen.

Hier setzt nun Abs 2 Ziffer 2 an: Wenn man eine derartige Befragung durchführen möchte, muss die Einwilligung der betroffenen Person eingeholt werden. Die betroffene Person muss diese Zustimmung aktiv geben („opt in"), es reicht nicht, wenn man den anwesenden Personen mitteilt, dass man eine solche Einwilligung als gegeben ansieht (weil die Person ja offensichtlich hier ist und an der Befragung teilnehmen möchte) o. Ä. Es empfiehlt sich, sich diese Einwilligung schriftlich geben zu lassen, bspw. in dieser Form: „*Ich stimme zu, dass die in dieser Befragung erhobenen Daten für die Studie ‚XXX' in der LV ‚XXX' an der Universität Wien verwendet werden dürfen.*"

Der Nachteil bei einer Einwilligung ist allerdings, dass diese jederzeit (also auch nachträglich, d.h. nach Beendigung der Studie) widerrufen werden kann. Diese Daten müssten dann aus den Ergebnissen entfernt werden. Da die Verarbeitung der Daten aber gemäß dem Forschungs-Organisations-Gesetz möglich ist, ist diese Einwilligung wohl ohnehin nur in seltenen Fällen notwendig (dann, wenn die Pseudonymisierung nicht möglich ist).

Der rechtlichen Seite ist damit Genüge getan – aber noch nicht aus wissenschaftlicher Sicht! (Hier zeigt sich wieder einmal, dass die wissenschaftliche Konvention häufig strenger ist als die Gesetzgebung.) Denn auch in diesem Fall muss den Befragten die Anonymisierung der Daten zugesichert werden. Darum sollte der Einwilligung, wie sie oben formuliert wurde, noch folgender Zusatz angefügt werden: „*Alle Daten werden ausschließlich in anonymisierter Form verarbeitet. Rückschlüsse auf einzelne Personen werden nicht gezogen.*"

Insgesamt gilt also, dass die Verarbeitung personenbezogener und sogar sensibler Daten im Rahmen von Seminar-, Bachelor- und wissenschaftlichen Arbeiten aufgrund mehrerer Rechtsgrundlagen grundsätzlich möglich ist bzw. vom Gesetzgeber sogar ausdrücklich berücksichtigt wurde – sofern (technisch) sichergestellt ist, dass keine Rückschlüsse auf einzelne Personen möglich ist.

Nun gilt es noch, Befragungen auch in juristischer Hinsicht formal korrekt durchzuführen. Dazu muss bei allen Befragungen eine Datenschutzmitteilung gemäß Art 13 DSGVO gemacht werden. In dieser müssen den Befragten folgende Angaben mitgeteilt werden:
- Name und Kontaktdaten des Verantwortlichen
- Zwecke, für die die personenbezogenen Daten verarbeitet werden sollen
- Rechtsgrundlage für die Verarbeitung

Diese Angaben stellen aber keine Probleme dar, denn sie werden – bis auf die Rechtsgrundlage – in jedem wissenschaftlich korrektem Anschreiben bzw. Introtext eines Fragebogens angeführt. So werden der **Name und die Kontaktdaten** der Person, die die Befragung durchführt, sowie die **wissenschaftliche Einrichtung** (also bspw. die Universität oder die Fachhochschule) und ggf. die Lehrveranstaltung angegeben und es wird das **Thema der Untersuchung** genannt.

Nun gilt es nur noch, die **Rechtsgrundlage** anzuführen. Hier empfiehlt es sich, wenn möglich, das Forschungs-Organisations-Gesetz (FOG) in Verbindung mit der DSGVO heranzuziehen. Im Art 6 der DSGVO wird die Rechtmäßigkeit der Verarbeitung von personenbezogenen Daten bestimmt, hier sind vor allem die Ziffern a, c und f relevant:

*„1. Die Verarbeitung ist nur rechtmäßig, wenn mindestens eine der nachstehenden Bedingungen erfüllt ist:*

*a) Die betroffene Person hat ihre Einwilligung zu der Verarbeitung der sie betreffenden personenbezogenen Daten für einen oder mehrere bestimmte Zwecke gegeben;*

*b) die Verarbeitung ist für die Erfüllung eines Vertrags, dessen Vertragspartei die betroffene Person ist, oder zur Durchführung vorvertraglicher Maßnahmen erforderlich, die auf Antrag der betroffenen Person erfolgen;*

*c) die Verarbeitung ist zur Erfüllung einer rechtlichen Verpflichtung erforderlich, der der für die Verarbeitung Verantwortliche unterliegt;*

*d) die Verarbeitung ist erforderlich, um lebenswichtige Interessen der betroffenen Person oder einer anderen natürlichen Person zu schützen;*

*e) die Verarbeitung ist für die Wahrnehmung einer Aufgabe erforderlich, die im öffentlichen Interesse liegt oder in Ausübung öffentlicher Gewalt erfolgt, die dem für die Verarbeitung Verantwortlichen übertragen wurde;*

*f) die Verarbeitung ist zur Wahrung der berechtigten Interessen des Verantwortlichen oder eines Dritten erforderlich, sofern nicht die Interessen oder Grundrechte und Grundfreiheiten der betroffenen Person, die den Schutz personenbezogener Daten erfordern, überwiegen, insbesondere dann, wenn es sich bei der betroffenen Person um ein Kind handelt.“*

Daraus ergibt sich: Grundsätzlich kann als Rechtsgrundlage Art 6 (1) c DSGVO iVm § 2f Abs 5 FOG angeführt werden.

Des Weiteren kann auf das DSG Bezug genommen werden: Wenn man die Befragten einwilligen lassen muss, dass die Daten in der betreffenden Untersuchung verwendet werden, sind die Rechtsgrundlagen Art 6 (1) a DSGVO iVm § 7 (2) 2 DSG. Wenn man sich darauf berufen möchte, dass man ausschließlich anonymisierte Daten erhebt, sind die Rechtsgrundlagen Art 6 (1) f DSGVO iVm § 7 (1) 3 DSG. (Hier genügt aber der Verweis auf das FOG.)

Schließlich gibt es nach der DSGVO zahlreiche Informationspflichten: Jene Personen, deren Daten verarbeitet werden, müssen informiert werden über bspw. das Recht auf Auskunft, Berichtigung, Löschung etc. Nach der Datenschutz-Folgenabschätzung zum §2f Abs 5 FOG muss die wissenschaftliche Einrichtung, an der die Seminar-, Bachelor oder wissenschaftliche Arbeit geschrieben wird, all diese Informationen veröffentlichen. Auf diese Veröffentlichung ist im Rahmen der Befragung ebenfalls zu verweisen (bspw. durch Angabe der Website).

**Achtung:**
Diese Regelungen gelten zum aktuellen Zeitpunkt (Juni 2018) in Österreich. Es können im Laufe der Zeit andere Regelungen in Kraft treten bzw. kann in anderen Ländern eine andere Rechtslage gelten. Es ist somit Pflicht jedes Studierenden bzw. jeder Person, die zu wissenschaftlichen Zwecken Befragungen durchführt, sich aktiv über etwaige Veränderungen und andere Rechtsgrundlagen zu informieren!
An der Universität Wien werden derartige Informationen sowie Formulierungsvorschläge auf der Website des Büro Studienpräses stets aktuell gehalten, um den Studierenden Rechtssicherheit zu verschaffen.

Wenn Daten nicht in der notwendigen Art und Weise anonymisiert werden können, wenn also auf jeden Fall eruierbar ist, welche Person welche Antwort gegeben hat, dann muss man sich die Frage stellen, ob man diese Untersuchung überhaupt durchführen kann. Solche Fälle sind denkbar, wenn sehr kleine Personengruppen untersucht werden, bei denen aufgrund bestimmter Merkmale klar ist, dass nur eine ganz bestimmte Person diese Antwort gegeben haben kann.

Gerade bei wissenschaftlichen Abschlussarbeiten, die ja (zumindest) in den Universitätsbibliotheken veröffentlicht werden, können ungeklärte Datenschutzfragen große rechtliche Probleme aufwerfen. Auch wenn es möglich ist, Abschlussarbeiten sperren zu lassen, so gilt dies nur für einen bestimmten Zeitraum – danach leben die datenschutzrechtlichen Probleme wieder auf.

Derartige Fragen sind bei Abschlussarbeiten unbedingt vorab mit dem Betreuer zu klären. Wenn sich keine zufriedenstellende Lösung (vor allem für die Betroffenen) finden lässt, ist davon abzuraten, das gewünschte Thema zu bearbeiten.

# 5 Problem, Thema und Ziel

Über welches Thema soll ich meine Arbeit schreiben? Diese Frage steht häufig am Anfang einer wissenschaftlichen Arbeit. Manchmal gibt es in Seminaren Überthemen, von denen man sein konkretes Arbeitsthema ableiten muss, häufig aber ist die Themenwahl frei. Und gerade bei Abschlussarbeiten (Masterarbeiten und Dissertationen, häufig auch Bachelorarbeiten) muss man sich sein Thema selbst stellen.

Manchmal ist das Thema ganz klar, weil man seit vielen Semestern ein eindeutiges Interesse hat, häufig muss man das Thema erst finden bzw. es sich erarbeiten.

> Die Themenfindung ist die erste wichtige Entscheidung beim Verfassen einer wissenschaftlichen Arbeit.

Die Themenfindung ist eine essentiell wichtige Phase bei der Erstellung einer wissenschaftlichen Arbeit. Wenn man sich einmal festgelegt hat, kann man das Thema nicht einfach so, quasi nach Belieben abändern. Darum empfiehlt es sich, ausreichend Zeit zum Nachdenken in diesen Arbeitsschritt zu investieren, schließlich hängen alle weiteren Arbeitsschritte davon ab, zum Teil auch sehr aufwändige wie die methodische Umsetzung.

## 5.1 Problemorientierte Erkenntnissuche

Ein geeignetes Thema zu finden, das man im Rahmen der gegebenen Möglichkeiten gut bearbeiten kann, ist gar nicht so einfach. Ein Thema für eine wissenschaftliche Arbeit muss gewissen Kriterien entsprechen und sollte auch spannend in der Erarbeitung sein, schließlich muss man sich einige Wochen oder Monate damit befassen. Eine klare Themenstellung entscheidet zudem maßgeblich über die Qualität der Arbeit, über den Arbeitsverlauf, die Gefahr, sich zu verzetteln, und über die Ergebnisse.

Zur Themenfindung braucht man zunächst ein Problem, das bearbeitet werden soll. Denn es gilt: Wissenschaft beginnt mit Problemen, Fragen und Zweifeln und *nicht* mit Fakten oder gar Ergebnissen! **Das Problem ist der Ausgangspunkt für die gesamte weitere wissenschaftliche Beschäftigung.**

Im Gegensatz zum „echten" Leben ist ein Problem in der Wissenschaft also etwas Gutes – und Notwendiges. Ein Problem ist etwas, das in einem bestimmten Kontext unerklärlich, ungewöhnlich oder seltsam erscheint, eine Information oder eine Begebenheit, die eine Spannung oder Diskrepanz zu anderen vorhandenen Informationen darstellt, oder etwas, das besonders hervorsticht und erklärungsbedürftig ist.

Dieses Problem kann zunächst auch ein Alltagsproblem oder eine Alltagsbeobachtung sein, es muss dann aber „verwissenschaftlicht", also in eine allgemeinere Darstellung gebracht werden. So wird aus dem (vorwissenschaftlichen) Problem ein wissenschaftliches Thema: Es darf nicht nur auf eine individuelle Handlung bezogen sein, vielmehr muss es intersubjektiv gültig sein, also nicht nur die Interessen und Werte des Forschers oder einer untersuchten Person wiedergeben.

Wichtig ist allerdings, dass es sich tatsächlich um ein Problem handelt, das noch eine ungelöste Spannung beinhaltet, das also nicht von anderen Forscherinnen schon längst bearbeitet und vielleicht sogar gelöst wurde. Um festzustellen, ob ein solches „neues Problem" vorliegt, muss man gezielt lesen, um zu überprüfen, welche Studien, Untersuchungen und Forschungsarbeiten es zum interessierenden Thema bereits gibt.

Was aber ist ein „**Problem**"? Lässt sich das überhaupt so allgemein beantworten? Laut Karl Popper (1962, 1972), dem Begründer des Kritischen Rationalismus, ist Wissenschaft die Suche nach Erkenntnis bzw. die Suche nach Wahrheit. Allerdings wollen wir nicht alles und jedes erkennen und nicht immer und überall nach Wahrheit suchen. Wissenschaftler sitzen nicht (wenigstens nicht immer) in einem stillen Kämmerlein und denken darüber nach, was sie nicht alles erkennen könnten – der wissenschaftliche Erkenntnisprozess läuft in der Regel anders ab. Laut Popper beginnt wissenschaftliche Erkenntnis nicht mit Wahrnehmungen oder Beobachtungen oder der Sammlung von Daten oder Tatsachen – sondern mit Problemen (vgl. Popper 1962, 1972).

Popper hat versucht, allgemein zu definieren, was ein Problem ist: Ein Problem liegt vor, wenn etwas in unserem Wissen (er spricht sogar vom „vermeintlichen" Wissen) nicht in Ordnung ist. Wenn wir etwas nicht tun können, das wir gerne tun möchten, dann suchen wir nach Lösungsmöglichkeiten, wie wir zu dem entsprechenden Wissen kommen können – und dann tritt vielfach „Wissenschaft" bzw. wissenschaftliches Forschen auf den Plan, damit dieses Problem (wenigstens teilweise) gelöst werden kann. Ein sog. „wissenschaftliches Fach" ist also im Sinne von Popper nichts anderes als „ein abgegrenztes und konstruiertes Konglomerat von Problemen und Lösungsversuchen" (Popper, 1962: 84).

All dieses Wissen um Lösungsversuche ist jedoch stets vorläufig, weil wir ja niemals endgültig wissen können, ob sie auch in Zukunft für entsprechende Problemlösungen taugen. Der auf Popper zurückgehende sog. Kritische Rationalismus hat sich daher das Zweifeln an gewonnenen Erkenntnissen und an erworbenem Wissen zur Maxime gemacht. Unser gesamtes Wissen ist nach Popper vorläufig, wir verfügen bloß über „Hypothesen" (Annahmen), die (im besten Fall) mehr oder weniger gesichert sind, die wir aber niemals endgültig bestätigen können. Warum? Weil wir niemals in der Lage sind, alle nur erdenklichen Situationen, für die unsere Theorie gültig sein soll, zu überprüfen. Wir sollten daher – so Popper – stets versuchen, Situationen zu finden, in denen die gefundene Problemlösung gerade *nicht* funktioniert, damit wir unsere vorläufige Hypothese verändern bzw. verfeinern und damit in der Folge unsere Theorie verbessern können. Nur wenn das, was wir auf Basis des vorhandenen Wissens vermutet haben (und auch zu Recht vermuten konnten), nicht zutrifft, kann sich Wissenschaft entwickeln. Wenn man immer nur bereits bestätigtes Wissen weiter bestätigt, wird das Wissen nicht erweitert.

## 5.2  Problematisieren und die Generierung von Themen

Probleme, die die Grundlage für ein wissenschaftliches Thema sind, können in ganz unterschiedlichen Situationen auftreten: bei der Beobachtung von Menschen beim Medienkonsum, bei der Nachrichtennutzung, im Gespräch mit Familie oder Freunden, bei der Lektüre von wissenschaftlichen Texten. Jedes dieser konkreten Probleme kann der Ausgangspunkt für eine wissenschaftliche Arbeit sein.

Man kann aber auch ganz gezielt nach einem (noch unerforschten) Problem suchen und sich so einer Themenstellung nähern. Dazu gibt es mehrere Möglichkeiten (wobei es empfehlenswert ist, diese Möglichkeiten parallel durchzuführen):

### Persönliche Strategien

Ausgangspunkt sind hier primär eigene Erfahrungen und persönliche Interessen. Zudem können „im Feld" beobachtete Alltagsphänomene zur Problemfindung beitragen. Gerade in den Sozialwissenschaften bieten sich Alltagsphänomene durchaus als Ausgangspunkt für eine wissenschaftliche Beschäftigung an.

> **Achtung:**
> Alltagsphänomene können ein guter Ausgangspunkt für eine wissenschaftliche Beschäftigung mit diesen Phänomenen sein. Es ist dafür aber dringend notwendig, dass das interessierende Alltagsphänomen in ein wissenschaftliches Erkenntnisinteresse umgewandelt wird. Dazu ist ein Abgehen vom Detail hin zu größeren, allgemeineren Zusammenhängen notwendig.

### Interpersonelle Strategien

Hierbei sollen Themen durch Gespräche mit Studienkollegen, Professorinnen etc. entwickelt werden. Auch Vorträge auf Tagungen und Konferenzen und anschließende Gespräche mit den Referenten können zu Themen führen.

### Literaturbasierte Strategien

Man stellt fest, welche Vorarbeiten es zu einem Thema, das einen interessieren könnte, gibt, prüft, welche Aspekte ein noch unbearbeitetes Problem darstellen könnten, und erstellt das konkrete Thema aufgrund bereits vorhandener Literatur.

Hier empfiehlt es sich, besonders auf aktuelle Beiträge in Fachzeitschriften einzugehen, da diese schneller auf neue Entwicklungen reagieren können als Bücher.

> **Achtung:**
> Eine ausführliche Literaturrecherche ist bei jeder Strategie zur Themenfindung absolut unerlässlich! Die erste Phase bei der Erstellung einer wissenschaftlichen Arbeit ist stets das Studium der Literatur. Man muss ja schließlich Bescheid wissen, wer schon zu diesem Thema gearbeitet hat und welche Literatur es bereits dazu gibt.

Durch die Kombination dieser drei Strategien ergibt sich ein persönliches konkretes Forschungsinteresse, das auch für andere (scientific community; die Gesellschaft; Nutzer oder Anwender etc.) relevant ist. Eine zu starke persönliche Involvierung in das Problem – im Sinne einer persönlichen Betroffenheit – genügt nicht; im Gegenteil, sie ist sogar oft hinderlich. Wissenschaftliche Probleme erkennt man nur aus einer gewissen Distanz. Grundsätzlich gilt: „Je begrenzter das Gebiet, um so besser kann man arbeiten und auf um so sichererem Grund steht man." (Eco, 2010: 22)

Es ist wichtig, ein Thema umfassend betrachtet zu haben, um sich begründet entscheiden zu können, welche Aspekte des Themas man untersuchen möchte – und welche gerade nicht. Folgende Fragen können dabei helfen, das Thema genau zu präzisieren:

**Inhaltliche Fragen** sind am bzw. vor Beginn jeder wissenschaftlichen Arbeit von großer Wichtigkeit:
- Was will ich wissen? Welches Erkenntnisinteresse habe ich?
- Was will ich nicht wissen?
- Warum will ich es wissen?
- Was ist an diesem Thema besonders interessant?
- Für wen könnte dieses Thema noch von Interesse sein?
- Welche Aspekte könnten vernachlässigt werden?

Außerdem sind Fragen zum **persönlichen Wissensstand** über das Thema bzw. den Forschungsstand zu berücksichtigen:
- Was weiß ich bis jetzt zu diesem Thema?
- Was habe ich bereits dazu gelesen/gelernt?
- Was weiß ich noch nicht, was muss ich noch lesen?
- Wie hoch wird vermutlich der Aufwand dafür sein?

Es stellen sich aber auch eher **organisatorische** bzw. ganz **praktische Fragen**:
- Wie viel Zeit habe ich für meine Arbeit?
- Welchen Umfang soll meine Arbeit haben?
- Ist die notwendige Literatur vorhanden und zugänglich?
- Ist die Literatur für mich verständlich? (Stichwort fremdsprachige Literatur)

## 5.3 Anforderungen an ein Thema

Jede wissenschaftliche Arbeit ist die Antwort auf eine offene Frage, die entweder überhaupt noch nicht oder noch nicht in dieser Form gestellt wurde (vgl. dazu auch Kap. 6). Das Problem soll gelöst, die Spannung aufgelöst oder die Unklarheit beseitigt werden.

Ein brauchbares Thema für eine wissenschaftliche Arbeit muss somit folgenden Anforderungen entsprechen (vgl. Dahinden/Sturzenegger/Neuroni, 2013: 57; Ebster/Stalzer, 2017: 21f.; Eco, 2010: 40ff.):

- Die Untersuchung behandelt einen erkennbaren Gegenstand, der so genau umrissen ist, dass er auch für Dritte erkennbar ist (= Forschungsgegenstand).
- Die Untersuchung muss über diesen Gegenstand Dinge sagen, die noch nicht gesagt worden sind (neue Aussagen zu einem Thema), oder sie muss Dinge, die schon gesagt worden sind, aus einem neuen Blickwinkel betrachten und schon gestellte Fragen anders beantworten (neue Zusammenstellung oder neue Betrachtung des Themas).
- Ein kompilatorisches Werk („zusammentragen, was andere geschrieben haben") hat nur Sinn, wenn es ein solches in dieser Zusammenstellung noch nicht gibt, es muss also eine neue Perspektive entwickelt werden. Wenn Themen mit eigenen Gedanken, Argumentationen, Kommentaren, Gegenüberstellungen erarbeitet werden, kann auch durch die Montage von vorhandenem Material ein neuer Text entstehen. Die bloße Montage von fremden Textteilen erfüllt diesen Anspruch jedoch nicht.
- Die Untersuchung muss für andere von Nutzen sein, sie muss zu dem, was schon bekannt ist, etwas hinzufügen.
- Die Untersuchung muss jene Angaben enthalten, die es ermöglichen, nachzuprüfen, ob ihre Hypothesen falsch oder richtig sind, damit eine weitere wissenschaftliche Beschäftigung mit dem Thema möglich ist.

## 5.4 Tipps zur Themenfindung

Ein Thema sollte ... (vgl. bspw. Dahinden/Sturzenegger/Neuroni, 2013: 55f.)

- nicht gänzlich unbekannt sein:
  Es gibt sonst häufig Probleme mit der Fokussierung und es ist eine lange Einarbeitungszeit zu berücksichtigen, damit Wichtiges von

Unwichtigem getrennt und die Literatur korrekt beurteilt werden kann.

- nicht zu groß sein:
  Sonst erlaubt es keine klare und deutliche Auseinandersetzung, weil man sich viel zu viel vorgenommen hat, was man nicht bewältigen kann.
- interessant sein:
  Sonst ist eine längere Beschäftigung damit sehr unerfreulich. Bei heftiger Abneigung gegen ein Thema ist von der Bearbeitung abzuraten.
- nicht zu persönlich sein:
  Sachverhalte müssen nüchtern, unbefangen und unparteiisch dargestellt werden können, zu große eigene Betroffenheit von einem Thema ist meist sehr hinderlich. Betroffenheit von einem Thema ist klar zu unterscheiden von Interesse für ein Thema!
- nicht zu ehrgeizig sein:
  Die Ziele sind realistisch einzuschätzen; man darf sich selbst und den Text nicht überfordern.
- in der vorgesehenen Zeit zu bewältigen sein:
  Irgendwann möchte (oder muss) man ja auch fertig werden …
- nach Allgemeingültigkeit streben:
  Die Beschäftigung mit Einzelfällen ohne zumindest den Versuch zu machen, eine gewisse Verallgemeinerung zu erzielen, reicht nicht aus. Es genügt also nicht, Einzelfälle zu beschreiben, sehr wohl können Einzelfälle aber als Beispiele für allgemeine Ausführungen herangezogen werden bzw. kann ein Problem anhand eines Einzelfalls grundsätzlich bearbeitet werden.
- theoriegeleitet sein:
  Jedes Thema muss von bereits vorhandenen Überlegungen ausgehen, Wissenschaft baut auf vorhandenem Wissen auf. Keine wissenschaftliche Arbeit kann im „theoretisch luftleeren Raum" entstehen.

Die Themenfindung ist kein einmaliger, sondern ein iterativer Prozess. So kann sich das Thema während der Bearbeitung aufgrund des Literaturstudiums durchaus verändern und verschieben (aber nicht mehr zu jedem beliebigen Zeitpunkt während der weiteren Bearbeitung). Dies ist nicht negativ, sondern ein üblicher Prozess im Rahmen der Themenfindung.

## 5.5 Tipps zur Eingrenzung des Themas

Das Eingrenzen des Themas ist ein zentraler und besonders wichtiger Teil beim Erstellen einer wissenschaftlichen Arbeit. Um spätere Probleme und Unklarheiten zu vermeiden, sollte diesem Schritt ausreichend Zeit gewidmet und er sollte keinesfalls unterschätzt werden. Erst die angemessene Eingrenzung eines Themas ermöglicht es, ein Thema wissenschaftlich und arbeitstechnisch zu bewältigen.

Bevor man sich für einen konkreten Aspekt eines Themenbereiches entscheidet, sollte man versuchen, alle interessierenden Aspekte herauszufiltern, um sich dann für jenen zu entscheiden, der intensiv bearbeitet werden soll. Dazu bieten sich Methoden wie Brainstorming, Mind-Mapping oder Clustering an.

Ausgangspunkt für die Themenfindung kann bspw. die Lasswell-Formel sein. Jeder einzelne Aspekt dieser Formel bietet Möglichkeiten für die Themenfindung: „Who says what in which channel to whom with what effect?" (siehe Kap. 3.3)

Dabei ist allerdings zu berücksichtigen, dass sich eben nicht alle kommunikationswissenschaftlich relevanten Forschungsinteressen in diesem Modell unterbringen lassen: So ist bspw. die Frage nach dem Warum nicht gestellt, d.h., dass Motive und Interessen der am Kommunikationsprozess Beteiligten keine Berücksichtigung finden. Gerade diese fehlenden Aspekte in der Lasswell-Formel bieten aber weitere Ausgangspunkte für die Themengenerierung.

Bonfadelli/Jarren/Siegert (2010: 12f.) haben grundsätzliche Problembereiche im Fach der Publizistik- und Kommunikationswissenschaft aufgestellt, die die Grundlage für die Formulierung von konkreten Fragen bilden können:

- Medien und Gesellschaft:
  Die politischen und rechtlichen Rahmenbedingungen, innerhalb derer sich Massenkommunikation abspielt, sowie die ökonomischen Voraussetzungen und die medientechnologische Basis
- Medienforschung:
  Die Organisationen des Mediensystems und Strukturen im Mediensystem und deren Entwicklung
- Kommunikatorforschung (Journalismus, PR und Werbung):
  Die Prozesse der Produktion von Medienbotschaften
- Aussagenforschung:
  Die durch Massenmedien in Form von manifesten und latenten Aussagen produzierten Medienrealitäten

- Publikumsforschung:
  Die Publika der Massenmedien, ihre Strukturen und Muster der Mediennutzung und die dahinter stehenden Wünsche und Erwartungen
- Wirkungsforschung:
  Die individuellen und sozialen, intendierten und zufälligen, kurz- wie langfristigen, sozial erwünschten, aber auch schädlichen Effekte der Massenmedien auf Wissen, Einstellungen, Emotionen und Verhaltensweisen

Eine gute Methode, um das Thema auf den Punkt zu bringen, ist, so viele Fragen wie möglich an das Thema zu stellen. Wenn sich die Fragen nicht auf ein bzw. einige wenige Fragenkomplexe konzentrieren lassen, ist das Thema wahrscheinlich zu groß gewählt.

Mögliche Strategien zur Themeneingrenzung sind beispielsweise: eine spezielle Perspektive einnehmen, einen begrenzten Zeitraum betrachten, einen ausgewählten Aspekt untersuchen, einen Überblick geben, eine begrenzte Anzahl von Theorien oder Positionen vergleichen, eine bestimmte Altersgruppe wählen, auf einen speziellen Bildungshintergrund oder einen geographischen Raum fokussieren.

Bei der Festlegung auf ein Thema bzw. auf einen Aspekt eines Themenbereichs muss man sich immer dessen bewusst sein, dass ein Thema niemals bis in die kleinste Verästelung erschöpfend behandelt werden kann. Einer der größten Fehler bei der Themenwahl ist die Festlegung auf ein viel zu großes Thema. Es kommt also darauf an, sich auf eine/einige wenige wichtige Fragestellungen zu konzentrieren.

## 5.6 Zielformulierung bzw. Erkenntnisinteresse[7]

Ausgehend vom Problem und im Rahmen des gewählten Themas muss nun das konkrete Ziel der Arbeit (Forschungsziel) bzw. das Erkenntnisinteresse herauskristallisiert und festgeschrieben werden. Ähnlich einem Scheinwerfer, der einen bestimmten Gegenstand anleuchtet, wird das Ziel eingegrenzt. Die zentrale Frage bei der Festlegung des Zieles lautet: „Was will ich mit meiner wissenschaftlichen Arbeit herausfinden?"

---

7  Die Begriffe „Ziel der Arbeit" und „Erkenntnisinteresse" werden hier synonym verwendet.

> Essentiell für eine sinnvolle und zeitgerechte Erarbeitung eines Themas ist eine konkrete, präzise Zielformulierung.

Für jede Arbeit ist die Formulierung eines klaren Zieles bzw. eines Erkenntnisinteresses notwendig, dieses Ziel soll am Ende der Arbeit erreicht werden. Im Grunde soll natürlich das Problem gelöst werden, wobei das Problem ja schon auf eine wissenschaftliche Basis gebracht wurde. Es ist aber notwendig – und auch sehr hilfreich –, das Ziel der Arbeit ganz genau festzuhalten. So kann jede Leserin sofort erkennen, was mit der Arbeit geleistet werden soll, und für den Verfasser ist es deshalb notwendig, das Ziel zu definieren, um genau darauf fokussieren zu können. Schließlich werden alle Arbeitsschritte auf dieses Ziel hin ausgerichtet, das Erkenntnisinteresse steht im Mittelpunkt der Arbeit.

Besonders zu beachten ist, dass es sich um eine kommunikationswissenschaftliche Problemsicht handelt, und nicht um eine rein soziologische, politologische, psychologische, wirtschaftswissenschaftliche etc.

> Das Ziel einer Arbeit muss mit wenigen Sätzen so formuliert werden können, dass ein Dritter klar erkennen kann, worum es in dieser Arbeit gehen wird. Wenn das Ziel nicht mit wenigen Sätzen formuliert werden kann, dann ist es noch zu unklar.

Die Zielformulierung fungiert als „roter Faden" durch die Arbeit, alle Kapitel, Erklärungen und Darstellungen müssen auf die Zielerreichung ausgerichtet sein und helfen, das Ziel (besser) zu erreichen. **Das Ziel, die Forschungsfragen und Hypothesen einer wissenschaftlichen Arbeit müssen konsistent sein und dürfen sich nicht widersprechen.**

Nützlich für die Definition des Zieles bzw. Erkenntnisinteresses sind folgende Fragen:
- Was soll mit der Arbeit herausgefunden werden? Was ist das Ziel der Arbeit?
- Welche neue Erkenntnis interessiert mich?

Folgende Kriterien müssen für die Zielformulierung beachtet werden:
- Untersuchungsgegenstand und Ausschnitt der sozialen Wirklichkeit:
  Was und in welchem Umfang soll untersucht werden?

- Untersuchungszeitraum und Untersuchungsschauplatz:
  Welche (Zeit-)Räume betrifft mein Interesse?
- Untersuchungstiefe und Untersuchungsebene:
  Wie genau und auf welcher Ebene soll untersucht werden?
- Interdisziplinarität:
  Gibt es andere wissenschaftliche Disziplinen, die sich mit dem Thema beschäftigen?
- Untersuchungsbasis:
  Welche anderen Studien gibt es zu diesem Thema? Auf welchen Theorien baut die Studie auf?

Am Anfang einer wissenschaftlichen Arbeit sind diese Fragen zu der Problemstellung anzudenken und abzuklären. Es ist bspw. erst dann sinnvoll, Forschungsfragen zu entwickeln, wenn klar ist, welche Vorarbeiten zu diesem Thema vorliegen. Wer diese wichtige Phase einfach überspringt, landet meist in einer unbefriedigenden Wiederholung von bereits da gewesenem Material oder endet im „wissenschaftlichen Nirwana" des „aber *das* könnte ich eigentlich auch noch untersuchen".

## 5.7  Forschungsstand

Teil jeder wissenschaftlichen Arbeit ist der sog. Forschungsstand. Man stellt dabei den interessierenden Forschungsgegenstand dar, und zwar alles, was man zu diesem Problem bis heute weiß. Man präsentiert hier die schon vorliegenden wissenschaftlichen Ergebnisse zum konkreten Problem bzw. Ziel. Dabei müssen die momentan vorherrschende wissenschaftliche Ansicht dargeboten, die aktuelle Debatte rund um diesen Forschungsgegenstand berücksichtigt und Kritikpunkte an den Ansätzen aufgezeigt werden. Ein (kurzer!) historischer Abriss über die Entwicklung des Forschungsgegenstandes ist wünschenswert und manchmal sehr nützlich, der Schwerpunkt der Darstellung muss aber auf dem aktuellen Stand der Forschung liegen. Allen Lesern wird damit klar, auf welcher wissenschaftlichen Basis eine Arbeit an- und aufsetzt.

Der Forschungsstand stellt quasi das Fundament der bisherigen Forschungsergebnisse zum interessierenden Thema dar. Auf diesem Fundament aufbauend arbeitet man weiter – man legt in der Wissenschaft immer offen, auf welcher Basis man arbeitet. Da jede wissenschaftliche Arbeit auf dem vorhandenen Wissen bzw. den bisherigen Erkenntnissen aufbaut, braucht auch jede Arbeit einen Forschungsstand.

Die Darstellung eines Forschungsstandes bedeutet immer (!) eine intensive Literaturrecherche und: viel Lesen! Gerade das Studium der Publizistik- und Kommunikationswissenschaft ist ein besonders literaturintensives Studium. Nur aufgrund der gesichteten und gelesenen Literatur kann der aktuelle Forschungsstand wiedergegeben werden. Hierbei ist es von Vorteil, die Quellen schon während der Recherche zu dokumentieren, um später darauf zurückgreifen zu können. Des Weiteren ist es von großer Wichtigkeit, auch aktuelle Fachzeitschriften in die Recherche miteinzubeziehen und vor englischer Literatur nicht zurückzuschrecken. (Die Beherrschung der englischen Sprache ist eine Voraussetzung für das Studium der Publizistik- und Kommunikationswissenschaft.)

Keinesfalls ist es ausreichend, den Forschungsstand anhand von Fundstellen im Internet nachzuzeichnen, in der Kommunikationswissenschaft dominieren die „klassischen" Medien Buch bzw. Fachzeitschrift (die mittlerweile aber natürlich im Internet zu finden sind). „Googeln" ist für eine Themenfindung nicht schlecht, u.a. weil man das Interesse Dritter an diesem Thema so leicht eruieren kann. Als Literaturrecherche ist „googeln" aber unzulänglich und bei Weitem nicht ausreichend.

Die Literaturrecherche bzw. das Einarbeiten in ein Thema, das schließlich zur Darstellung des Forschungsstandes führt, folgt üblicherweise folgendem Ablauf:

1. Einen ersten Überblick verschaffen:
   Hier muss man (ev. zum ersten Mal) in ein Thema eintauchen, man muss sich mit den entsprechenden Fachbegriffen vertraut machen, die Entwicklung des Themas verstehen und wichtige Positionen bzw. Definitionen kennenlernen.

   Dazu dienen zunächst Lexika, Handbücher und Nachschlagewerke: dtv-Lexikon zur Massenkommunikation, Fischer-Lexikon zur Publizistik etc. bieten einen ersten Überblick. In den Bibliotheken sind Lexika und Handbücher u. Ä. meist für alle Bibliotheksbenützerinnen zugänglich (in Freihandaufstellung).

   „Standardwerke", üblicherweise also allgemeine Einführungswerke, aber auch jene zu einem speziellen Schwerpunkt, helfen dabei, sich in das Thema einzuarbeiten. Empfehlenswert sind insbesondere Roland Burkarts *Kommunikationswissenschaft* (2002), die Reihe *Studienbücher zur Publizistik- und Kommunikationswissenschaft* sowie Bibliographien.

2. Gezielte Einarbeitung in die spezielle Thematik:
   Nach einem ersten Überblick muss man sich vertieft mit dem gewählten Thema auseinandersetzen. Hier geht es darum, heraus-zufinden, welche Autorinnen bereits zu diesem Thema geschrieben haben, welche Positionen sie vertreten, ob sich diese Ansichten widersprechen etc. und welche Forschungsschwerpunkte inner-halb des Themas gesetzt werden.

   Bei aktuellen Themen ist die Recherche in möglichst aktuellen Fachzeitschriften unbedingt nötig, da zu „jungen" Themen übli-cherweise nur wenige Werke vorhanden sind und diese aktuellen Phänomene zunächst in Fachzeitschriften erörtert werden. Bei der Literaturrecherche in Fachzeitschriften beginnt man bei den jüngs-ten Ausgaben und geht schrittweise einige Jahrgänge zurück, um sich einen Überblick über die aktuelle Forschungslage zu verschaf-fen. Wichtige Literaturhinweise enthalten insbesondere Quellen-verzeichnisse und Anmerkungsteile in den diversen Aufsätzen.

   Neben den Fachzeitschriften muss man aber auch weitere aktu-elle Literatur recherchieren. Ansatzpunkte bieten hier die Neuzu-gänge von Fachbibliotheken. Rezensionen und Buchbesprechun-gen in div. Fachzeitschriften und eigenen Rezensionszeitschriften (bspw. Communication Abstracts) widmen sich ebenfalls Neuer-scheinungen, einige Fachzeitschriften bieten Literaturdienste zu Schwerpunkten, bspw. in „Media Perspektiven".

   Sehr lohnend ist das Vorgehen nach dem „Schneeball-Verfah-ren" (auch „Methode der konzentrischen Kreise" oder „Lawinen-System" genannt): Die Literaturlisten und Anmerkungsteile von Büchern, Zeitschriften- und Sammelbandaufsätzen können als Literaturtipps genutzt und weiterverfolgt werden. Auch in Diplom- und Masterarbeiten bzw. Dissertationen kann in den Quellenver-zeichnissen nach passenden Literaturhinweisen gesucht werden; die entsprechende Literatur muss dann aber im Original besorgt werden.

3. Ordnen und Systematisieren der recherchierten Literatur:
   Schließlich muss die Literatur für die weitere Verwendung aufbe-reitet werden. Dabei ist es wichtig, Prioritäten zu setzen: Die recher-chierte Literatur muss nach ihrer Wichtigkeit für die eigene Arbeit eingeschätzt und selektiert werden.

# 6 Forschungsfragen

Die Forschungsfragen sind jene Fragen, die auf das konkrete Problem bzw. das Erkenntnisinteresse zielen und damit maßgeblich für die ganze Arbeit sind. Die Arbeit in der Wissenschaft setzt voraus, dass man (kritische) Fragen stellt und nicht das Vorhandene immer wieder reproduziert, sondern hinterfragt – Sozialwissenschaft lebt vom In-Frage-Stellen vorgefundener Tatbestände.

Forschungsfragen sind die zentralen Fragen, die im Verlauf der wissenschaftlichen Arbeit erarbeitet – und beantwortet – werden. Sie werden auf Basis der gelesenen Literatur erstellt und sind somit theoriegeleitet.

Forschungsfragen sind die Grundlage einer jeden wissenschaftlichen Arbeit, sie leiten die gesamte Forschung. Für ihre Erarbeitung muss große Sorgfalt und ausreichend Zeit aufgewendet werden. Sie legen fest, womit sich die Arbeit beschäftigen wird und womit nicht. Sie zeigen zudem an, ob zusätzlich zum Literaturstudium eine empirische Erhebung durchgeführt werden muss, und dienen auch als Ausgangsfragen für die Erstellung des methodischen Instrumentariums. Wichtig ist, dass die Geltungsbedingungen erläutert werden. Es wird also definiert, unter welchen Rahmenbedingungen bzw. Einschränkungen eine Forschungsfrage untersucht werden soll (bspw. räumliche und zeitliche Geltungsbedingungen, Beschränkungen hinsichtlich des Alters etc.).

Forschungsfragen gibt es sowohl beim quantitativen/deduktiven als auch beim qualitativen/induktiven Vorgehen. Sie präzisieren das gewählte Thema und sind damit für jede Form von wissenschaftlichem Arbeiten notwendig, wichtig und nützlich. Beim qualitativen Arbeiten werden die Forschungsfragen auch häufig als „forschungsleitende Fragen" bezeichnet. Die Funktion ist aber dieselbe: Die forschungsleitende Frage fragt nach etwas Neuem und ist Ausgangspunkt für die weitere Beschäftigung.

Wenn sich für ein Thema keine wissenschaftliche Forschungsfrage finden lässt oder „künstlich" erscheint, so muss man sich fragen, ob das gewählte Thema wirklich für eine wissenschaftliche Arbeit geeignet ist. Mit dem Schreiben der Arbeit kann erst begonnen werden, wenn eine präzise Frageformulierung vorliegt, sonst kann es leicht passieren, dass am Thema vorbei gearbeitet, die falsche Literatur gelesen, die falschen Daten erhoben werden.

Forschungsfragen konkretisieren das Thema und müssen im Laufe der Arbeit, vor allem durch Literaturrecherche und eigene empirische Untersuchungen, beantwortet werden. Deshalb sollten für eine wissenschaftliche Arbeit nur wenige Fragen gestellt werden, da eine große Anzahl an Fragen die Gefahr des Ausuferns birgt.

Wie viele Forschungsfragen für eine Arbeit „richtig" sind, lässt sich pauschal nicht beantworten. Es kommt immer auf den Umfang und die Tiefe des gewählten Themas an. Eines lässt sich aber mit Sicherheit sagen: Es braucht mindestens eine Forschungsfrage für jede Arbeit.

## 6.1  Anforderungen an Forschungsfragen

Für die Erstellung von Forschungsfragen gibt es einige wesentliche Anforderungen:
- Forschungsfragen fragen nach etwas Neuem.
- Forschungsfragen sind theoriegeleitet.
- Forschungsfragen fragen üblicherweise nach dem Zusammenhang von Variablen.

Dass nach etwas „Neuem" gefragt wird, ist durchaus eine hohe Anforderung – aber genau das ist Wissenschaft: Es soll etwas Neues geschaffen werden. Grundsätzlich zielt die Bearbeitung von wissenschaftlichen Problemen auf die Erweiterung des vorhandenen Wissens, indem Tatsachen gesammelt und beschrieben, kritisch dargestellt, begründet, gedeutet sowie in Zusammenhang mit oder in kritische Gegenüberstellung zu bestehenden Ansichten gebracht werden. Aus diesen Problemstellungen ergeben sich dann die konkreten Forschungsfragen, die eben nach einem neuen Zusammenhang, einer neuen Sichtweise oder einem neuen Aspekt fragen.

Diese Frage nach etwas Neuem muss aber auch ein wenig eingeschränkt werden: „Neu" bedeutet hier nicht eine neue Theorie o. Ä., sondern es genügt, einen neuen Aspekt zu bereits bestehendem Wissen hinzuzufügen, also bspw. bereits vorhandene Aussagen mit einer neuen Methode oder einem neuen Zugang zu bestätigen oder ausgehend von einer Studie eine neue Zielgruppe zu untersuchen, eine andere Altersgruppe zu wählen etc. Das ist sogar ein ganz typischer Vorgang in den Sozialwissenschaften: Auf Basis von vorhandenen Studien wird gefragt, wie diese Fragestellung in einem anderen Kontext oder mit anderen Rahmenbedingungen beantwortet werden muss. Das steht in der Tradition der Forschungslogik Poppers, nämlich zu versuchen, Situationen zu finden, in denen die gefundene Problemlösung gerade nicht funktioniert, damit wir unsere vorläufigen (aus der Literatur stammenden) Hypothesen verändern bzw. verfeinern können.

Des Weiteren steigt der Anspruch an Studierende bzw. Wissenschaftler mit Fortschreiten des Studiums oder der wissenschaftlichen Karriere: So kann es zu Beginn eines Studiums, in den ersten Semestern, nicht von Studierenden verlangt werden, dass sie völlig neue Aspekte in die Wissenschaft einbringen, wohingegen dies sehr wohl der Anspruch bei einer Dissertation oder gar einer Habilitation ist.

Eines gilt aber ab dem ersten Semester: Wenn die Antwort auf eine Forschungsfrage mit ganz genau denselben Rahmenbedingungen, denselben soziodemographischen Ansprüchen etc. schon in der Literatur zu finden ist, dann kann diese Fragestellung nicht weiter bearbeitet werden. Denn schließlich braucht es für die Bearbeitung dieser Frage keine weitere Forschung, sondern bloß die (korrekt gekennzeichnete) Übernahme der vorliegenden Studienergebnisse.

Die bloße Wiedergabe von bereits veröffentlichten Ergebnissen erfordert keine eigenständige Forschung – und diese ist in jedem Stadium des Studiums oder der wissenschaftlichen Karriere gefordert, wenngleich natürlich abgestuft nach dem Vorwissen und den Anforderungen an die jeweilige Arbeit.

Forschungsfragen sind zudem stets theoriegeleitet. Sie entstehen nicht im „luftleeren Raum", sondern bauen auf einem wissenschaftlichen Fundament – dem aktuellen Forschungsstand – auf und schließen an vorhergegangene Untersuchungen und theoretische Ansätze an. Die Anforderungen, nach etwas Neuem zu fragen und die Forschungsfrage auf einer theoretischen Basis zu erstellen, gehen damit Hand in Hand. Schließlich fragen die Forschungsfragen (üblicherweise) nach dem Zusammenhang von (mindestens) zwei Variablen, also von zwei Merkmalen, die bei der Bearbeitung des Problems interessieren.

> Für die Erstellung der Forschungsfragen muss man viel lesen. Nur so kann man herausfinden, ob es sich bei einer Frage um eine Frage nach etwas Neuem handelt.

## 6.2 Häufige Fehler bei der Erstellung von Forschungsfragen

Was eine Forschungsfrage ist, welchen Zweck sie hat und welche Anforderungen sie erfüllen muss, ist einleuchtend und im Prinzip recht klar. Dennoch ist das Erstellen von Forschungsfragen kein einfacher Prozess, sondern eine der größeren intellektuellen Herausforderungen beim Verfassen einer wissenschaftlichen Arbeit. Man kann sie auch als Kern der Arbeit bezeichnen.

Die Erstellung der ersten Forschungsfragen im Laufe eines Studierenden-Lebens kann recht schwierig sein, sie erfordert – wie so Vieles beim wissenschaftlichen Arbeiten – Übung und Anleitung. Hilfreich ist es, die erstellten Forschungsfragen im Hinblick auf folgende Aussagen „abzutesten", die auf Basis von häufig wiederkehrenden Fehlern erstellt wurden:

* Es wird kein Problem der Publizistik- und Kommunikationswissenschaft hinterfragt.

   Die Forschungsfragen müssen aus der Perspektive der PKW (und nicht aus jener der Soziologie, Psychologie, Wirtschaftswissenschaften, Geschichte etc.) gestellt werden, d.h., es muss sich um Forschungsfragen aus der PKW handeln.

   Zwar ist die PKW eine Integrativwissenschaft, sie bedient sich also unterschiedlicher Theorieansätze und Methoden, die aus anderen Disziplinen entnommen werden, doch müssen bei den Forschungsfragen die kommunikativen Aspekte im Vordergrund stehen. Es genügt dabei bei Weitem nicht, jedes beliebige Thema durch den Zusatz „… im Spiegel der Medien" zu einem kommunikationswissenschaftlichen Thema zu „adeln".

* Zur Forschungsfrage gibt es bereits eine Fülle an eindeutigen wissenschaftlichen Erkenntnissen.

   Wenn genau die erstellte Forschungsfrage in der Literatur schon beantwortet wird, dann kann sie nicht weiter bearbeitet werden. Das Problem ist schon gelöst – es fehlt also der Aspekt des Neuen. Diesen Fehler kann man nur durch ausführliches Literaturstudium vermeiden. Dies macht wiederum deutlich, wie wichtig das eingehende vorherige Literaturstudium ist!

* Die Forschungsfrage ist missverständlich oder unvollständig formuliert.

   Jede Forschungsfrage muss für sich genommen verständlich sein. Sie darf zudem keine Begriffe beinhalten, die falsch verstanden werden können. Auch die „Geltungsbedingungen" der Forschungsfrage müssen genannt werden – entweder explizit in der Forschungsfrage oder einmal vorab für alle Forschungsfragen.

- Die Frage zielt auf eine Ja-/Nein-Antwort ab.

Forschungsfragen sind als offene Fragen zu formulieren. Daher gilt die Grundregel, dass eine Forschungsfrage so gestellt wird, dass sie ausführlicher als nur mit Ja oder Nein beantwortet werden muss. Der Erkenntnisgewinn würde sonst gegen Null gehen, da es bei Ja-/Nein-Fragen wohl nichts Neues zu entdecken gibt. Wenn bei einer Forschungsfrage bspw. gefragt wird, wie sich der Zusammenhang von Variablen darstellt, dann kann ein solcher Zusammenhang nicht mit Ja oder Nein beantwortet werden.

- Es wird eine Definition hinterfragt.

Definitionen sind wichtig und notwendig für eine wissenschaftliche Arbeit, sie fragen aber nicht nach etwas Neuem, sondern nach etwas schon Vorhandenem. Ausnahmen wären hier Definitionen, die neue und noch nicht hinreichend definierte Phänomene betreffen. Bevor man aber behauptet, es würde sich um eine solche noch nicht hinreichend elaborierte und etablierte Definition handeln, braucht es eine sehr sorgfältige Recherche, ob nicht doch schon eine anerkannte Definition existiert.

- Die Forschungsfrage zielt auf ein Messergebnis (bspw. eine Anzahl).

Häufig wird nach Messergebnissen gefragt (bspw. nach der Nutzungsdauer von Medien), die bereits in öffentlich zugänglichen Studien verfügbar sind, bspw. in der Media-Analyse, der Österreichischen Web-Analyse ÖWA etc. Hierbei handelt es sich wiederum um bereits bekannte Daten, also um Recherchefragen und nicht um Forschungsfragen. Zudem zeigt ein schlichtes Messergebnis keinen Zusammenhang von Variablen und darum geht es in den allermeisten Forschungsvorhaben. Anders verhält es sich, wenn etwas gemessen werden soll, das es noch nicht gibt.

Im Verlauf einer Untersuchung muss dennoch häufig nach solchen bereits veröffentlichten Daten gefragt werden, weil es für den weiteren Zusammenhang notwendig ist. In diesem Fall interessieren diese Daten aber im Zusammenhang mit einer anderen Variable und nicht alleinstehend, darum müssen sie natürlich erhoben werden.

So interessiert häufig die Nutzung von Medien im Zusammenhang mit anderen Aspekten. Nun gibt es natürlich zahlreiche Studien über die Nutzung von Medien durch verschiedene Bevölkerungsgruppen. Diese können aber nicht für die konkrete Fragestellung verwendet werden, da sie nicht mit den eigenen Daten vermischt werden dürfen.

- Die Forschungsfrage ist eine Feststellung.

    Eine Feststellung ist eben keine Frage. Das heißt, Forschungsfragen müssen tatsächlich als Fragesätze formuliert werden.

- Es werden mehrere Forschungsfragen für eine Hypothese aufgestellt.

    Es sei vorweggenommen: Hypothesen sind die vermuteten Antworten auf die Forschungsfragen, sie geben an, wie der ganz konkrete Zusammenhang der Variablen aussieht, nach denen in der Forschungsfrage gefragt wird. Nun kann eine derartige Aussage nicht die Antwort auf mehrere Forschungsfragen sein. Umgekehrt kann es durchaus manchmal sein, dass es für eine (umfangreichere) Forschungsfrage mehrere Hypothesen gibt.

- Es handelt sich um nicht wissenschaftlich zu beantwortende Fragen.

    Dazu gehören vornehmlich ethische und ästhetische Fragen sowie Fragen, die sich unserer Wahrnehmung entziehen.

## 6.3 Andere Arten von Fragen in einer wissenschaftlichen Arbeit

Noch ein wichtiger Hinweis: Häufig stellen sich – gerade zu Beginn des Arbeitsprozesses – zahlreiche Fragen rund um das Thema, die bspw. auf die historische Entwicklung, Begriffsdefinitionen etc. abzielen. Solche Fragen sind keine Forschungsfragen, sondern stellen den Rahmen für die Arbeit – und die konkrete Forschungsfrage – dar. Sie sind somit eher als **Recherche- oder Vorfragen** zu betrachten, die durch intensives Literaturstudium zu beantworten sind, bevor die Forschungsfrage aufgestellt werden kann.

Gerade, wenn man sich am Beginn der Einarbeitung in ein neues Thema befindet, stellen sich viele solcher Recherchefragen. Vieles davon wird auch für einen selbst neu sein. Fragen nach diesen Aspekten sind dennoch keine Forschungsfragen, da sie nur „persönlich neu" sind, aber nicht neu für die Wissenschaft. Das Neue bezieht sich also immer auf den Stand der Wissenschaft, aber nicht auf das persönliche Wissensniveau. Noch einmal sei erwähnt: Eine ausführliche Literaturrecherche ist unumgänglich, um herauszufinden, ob etwas nur für den Forscher neu ist oder auch für die Wissenschaft.

# 7 Hypothesen

Eine Hypothese ist die „vermutete Antwort auf eine Forschungsfrage". Sie ist eine unbewiesene, aber von inhaltlichen Widersprüchen freie Annahme, ein „wissenschaftlicher Satz, der als zutreffend angenommen wird und aus dem theoretische Überlegungen abgeleitet werden können. Im Gegensatz zu einem Axiom muss die Hypothese zum Ende einer Argumentation entweder verifiziert [besser: vorläufig bestätigt; Anm. d. Verf.] oder falsifiziert werden. Eine Hypothese wird durch Argumente gestützt – bspw. durch erhobenes Datenmaterial –, bis sie schließlich als bewiesen gelten kann oder durch die Argumente widerlegt wird." (Bünting/Bitterlich/Pospiech, 2000: 126)

Beim quantitativen Arbeiten basieren die Hypothesen auf Erkenntnissen aus der Literatur und sind nicht bloß intuitive Vermutungen. Ob diese Vermutungen zutreffend sind, wird durch eine eigene empirische Untersuchung geprüft. Mit den Hypothesen werden die Forschungsfragen beantwortet. Dieses Vorgehen nennt man **hypothesenprüfendes Arbeiten**.

Beim qualitativen Arbeiten werden die Hypothesen nicht gleich im Anschluss an die Forschungsfragen bzw. forschungsleitenden Fragen erstellt, sondern nach der Durchführung der empirischen Untersuchung. Nach der Formulierung der Forschungsfragen liegen in diesem Falle nicht genügend Untersuchungen vor, um schon Hypothesen formulieren zu können. Da aber Hypothesen immer auf Basis von (empirischen) Erkenntnissen aufgestellt werden müssen, wird die eigene empirische Untersuchung durchgeführt, um eben (genug) empirische Erkenntnisse zu haben, um erst einmal Hypothesen zu erstellen und nicht, um diese schon zu prüfen. Dieses Vorgehen nennt man **hypothesengenerierendes Arbeiten**.

Es werden also bei beiden wissenschaftlichen Zugängen Hypothesen aufgestellt, aber zu einem anderen Zeitpunkt in der Arbeit und auf Basis von anderen Daten.

Die Hypothese muss grundsätzlich zur Forschungsfrage passen, sie muss die Forschungsfrage also ganz konkret beantworten und nicht nur „irgendwie dazu passen". In den Forschungsfragen sind die Variablen ja schon entweder explizit angeführt oder zumindest implizit angelegt, es wird (üblicherweise) nach dem Zusammenhang dieser Variablen gefragt. Erstrebenswert ist es, in der Hypothese die Art des Zusammenhangs darzulegen (bzw. zunächst einmal –theoretisch basiert – zu vermuten und meist später zu überprüfen). Man sollte sich bei einer Hypothese für die Art des Zusammenhangs entscheiden, also angeben, wie die Variablen genau zusammenhängen. (Bloß anzugeben, *dass* es einen Zusammenhang gibt, ist in manchen Fällen durchaus möglich und auch sinnvoll, birgt aber häufig die Gefahr, dass die Hypothesen „beliebig" werden und nur irgendeinen Zusammenhang behaupten.) Ziel ist demnach nicht nur zu sagen, *dass* sie zusammenhängen, sondern auch zu sagen, *wie* sie ganz konkret zusammenhängen.

Es handelt sich bei einer Hypothese also um
- die Vermutung über einen bestimmten Sachverhalt,
- eine Aussage über einen bestimmten Sachverhalt, der empirisch falsifizierbar ist,
- eine Vermutung über die Beziehung von zwei oder mehreren Variablen zueinander (Merkmalszusammenhänge).

Es ist nun notwendig, klar darauf hinzuweisen, dass diese „Vermutung" auf logischen Ableitungen aus bereits vorhandenem Material (Literatur, Studien etc.) gründet und nicht auf intuitiven Vermutungen des Forschers ohne vorheriges Studium der Quellen. Eine Hypothese drückt eine wohlbegründete Vermutung aus. Sie muss also grundsätzlich möglich bzw. denkbar sein, „es muss auch gesagt werden, dass ein bestimmter theoretischer Hintergrund existiert, der genau diese Annahme stützt. Bei der Ausarbeitung einer Hypothese muss also stets auch der theoretische Zusammenhang benannt werden, der zur Klärung des Problems herangezogen werden soll." (Häder, 2015: 39) Der Forschungsstand mit seinen aktuellen Studien sowie das ganze Repertoire an wissenschaftlichen Ansätzen lassen die Hypothesen zumindest theoretisch möglich und wahrscheinlich erscheinen. So können bspw. die Ergebnisse, die bei einer Studie in Deutschland erhoben wurden, als Grundlage für die Vermutung herangezogen werden, dass sie in Österreich aufgrund einer ähnlichen Zusammensetzung und einem ähnlichen Hintergrund der untersuchten Bevölkerungsgruppe ähnlich aussehen werden. Oder es gibt in der Literatur einen bestimmten Zusammenhang von Variablen für Männer und es lassen sich (wiederum in der Literatur) Gründe dafür finden, dass sich der Zusammenhang der Variablen für Frauen genauso gestaltet – oder gerade anders.

Bei den genannten Beispielen dienen Studien als Ausgangspunkt für die Formulierung der und für die Begründung für die Hypothesen. Es können aber auch bspw. Erkenntnisse aus der Wirkungs- oder Diffusionsforschung für die Begründung herangezogen werden.

**Achtung:**
Die Begründung für den Zusammenhang der Variablen wird in der Hypothese nicht angegeben.

Häder fasst das Zusammenspiel von theoretischer Basis und darauf begründeten und begründbaren Vermutungen sehr treffend zusammen. Unter Hypothesen werden demnach „wissenschaftlich begründete Vermutungen über einen Tatbestand oder über einen Zusammenhang von mindestens zwei Merkmalen verstanden. Sie enthalten sowohl bestätigtes Wissen als auch noch unbestätigte Vermutungen. Hypothesen sollen mithilfe der Empirie überprüft werden. Sie dienen damit der Weiterentwicklung des Wissens. Das gesicherte Wissen sorgt sowohl für eine widerspruchsfreie Formulierung der in den Hypothesen enthaltenen Vermutungen als auch für eine Einordnung dieser Vermutung in ein theoretisches Gebäude. Die Prüfung der Hypothese beginnt damit bereits bei deren Formulierung." (Häder, 2015: 33)

Für den konkreten Forschungsprozess bedeutet das, dass man erst möglichst „abgesichert", also auf Basis von Theorien oder Studien Hypothesen aufstellt. Danach versucht man, genaue diese Hypothesen durch wissenschaftliche Forschung zu widerlegen. Das klingt zunächst etwas seltsam, aber wenn das schon Vorhandene immer weiter bestätigt wird, können keine neuen Erkenntnisse entstehen, sondern immer nur weitere Bestätigungen.

## 7.1 Überprüfung einer Hypothese

Durch die Formulierung von Hypothesen wird die Forschungsfrage in konkrete, überprüfbare Behauptungen zerlegt. Diese Hypothesen sind durch wissenschaftliche (empirische) Daten widerlegbar/falsifizierbar oder auch belegbar/(und vorläufig) verifizierbar.

Das Arbeiten mit Hypothesen lässt sich (wie eingangs schon erwähnt) in zwei große Vorgehensweisen teilen: Bei der **hypothesen-**

**generierenden Forschung** schließt man ausgehend von empirisch erhobenen Daten auf theoretische Zusammenhänge (induktiv). Dies entspricht dem „Prinzip der Offenheit" der qualitativen Forschung. Bei der **hypothesenprüfenden Vorgehensweise** werden von theoretischen Systemen abgeleitete Variablen in der Realität (empirisch) überprüft (deduktiv). Phänomene werden messbar gemacht und gezählt. Für alle Positionen gilt, dass Theorie und Empirie ineinandergreifen sollen, d.h. ohne einander nicht bestehen können.

Die Überprüfung von Hypothesen kann zu einer vorläufigen Bestätigung (auch Verifikation, Verifizierung) oder zu einer Widerlegung (Falsifikation, Falsifizierung) führen.

**Falsifizierung**
Eine Hypothese gilt als falsifiziert (widerlegt), wenn die Hypothesenprüfung zu einem negativen Ergebnis kommt. Die Hypothese muss dann entweder verworfen, neu formuliert oder modifiziert werden.

Das ist persönlich vielleicht unerfreulich oder unbefriedigend, dafür umso wertvoller für die Wissenschaft, denn offensichtlich ist die Vermutung, die man theoriebasiert ja entwickeln konnte, nicht zutreffend und muss weiter untersucht werden. Nur so kann die Wissenschaft vorangetrieben werden.

**Vorläufige Bestätigung (auch Verifizierung)**
Eine Hypothese gilt als vorläufig verifiziert (belegt/bestätigt), wenn sie der Hypothesenprüfung standhält. Sie gilt aber als nur vorläufig verifiziert, da es immer Möglichkeiten der Falsifikation gibt.

Das Testen von Hypothesen erfolgt im Bereich der schließenden und induktiven Statistik und beruht auf Wahrscheinlichkeitsrechnungen, d.h., sozialwissenschaftliche Hypothesen sind als wahrscheinlichkeitstheoretische Aussagen formuliert.

Eine Hypothese kann also akzeptiert werden, wenn die Daten die Hypothesen mit einer großen Wahrscheinlichkeit stützen. Sie muss verworfen werden, wenn die Daten mit hoher Wahrscheinlichkeit gegen die Hypothese sprechen.

## 7.2 Arten von Hypothesen

Grundsätzlich unterscheidet man deterministische und probabilistische Hypothesen. **Deterministische Hypothesen** sind absolute Gesetze über Zusammenhänge, man findet sie häufig in den Naturwissenschaften, bspw. physikalische Gesetze. **Probabilistische Hypothesen** sind Wahrscheinlichkeitshypothesen. Die Merkmalswerte treten mit einer gewissen Wahrscheinlichkeit auf. In den Sozialwissenschaften findet man beinahe ausschließlich probabilistische Hypothesen.

Hinsichtlich der Art des Zusammenhangs von Variablen unterscheidet man verschiedene Arten von Hypothesen:

**Ungerichtete Hypothesen** behaupten einen Zusammenhang zwischen zwei oder mehreren Variablen, welcher Zusammenhang das ist bzw. wie er aussieht, wird aber nicht näher ausgeführt.

*Beispiel:*   Es gibt einen Zusammenhang zwischen der Quantität der geleisteten Öffentlichkeitsarbeit und den zur Verfügung stehenden finanziellen Mitteln.

**Gerichtete Hypothesen**, denen grundsätzlich der Vorzug zu geben ist, behaupten nicht nur den grundsätzlichen Zusammenhang, sondern geben auch die *Art* des Zusammenhangs an. Dabei können kausale und relationale Hypothesen unterschieden werden:

**Kausale Hypothesen** beschreiben den Zusammenhang zwischen zwei oder mehreren Variablen als Grund-Folge- bzw. Ursache-Wirkungs-Beziehung. Die Abhängigkeit der Variablen ist geklärt, die Folge (Dann-Teil) ist von der Bedingung (Wenn-Teil) abhängig, Ursache und Wirkung sind bestimmt.

> Wichtig ist dabei immer, die Frage der Kausalität bzw. der Richtung des Zusammenhangs zu beachten. Es ist also genau zu prüfen, was die Ursache und was die Wirkung ist. Nicht immer gibt es hier nur eine Möglichkeit, häufig kann die vermeintliche Folge auch der Grund sein.

Bei kausalen Hypothesen werden die Variablen (also Ursache und Wirkung bzw. Grund und Folge) mit dem logischen Operator wenn-dann verbunden. Man nennt sie deshalb auch „Wenn-Dann-Hypothesen".

Es gilt:    wenn A, dann B
            wenn A, dann wird B erwartet

*Beispiel:*   Wenn Jugendliche regelmäßig Filme mit Gewaltdarstellungen sehen, dann steigt deren Aggressionsneigung.

Bei kausalen Hypothesen kann man des Weiteren unterscheiden:

- **reversible und irreversible Beziehungen**
  wenn A, dann B und umgekehrt
  wenn A, dann B, aber nicht umgekehrt
- **notwendige Beziehung**
  wenn A, dann und nur dann gilt B
- **hinreichende Beziehung:**
  wenn A gilt, gilt immer auch B
  (vgl. dazu Friedrichs, 1990: 105)

Bei **relationalen Hypothesen** wird eine definierte Stärke, eine bestimmte Intensität des Zusammenhangs angenommen. Die Kausalität der Variablen bzw. die Richtung der Kausalität wird hier vorweg angenommen. Bei relationalen Hypothesen werden die Variablen (also Ursache und Wirkung bzw. Grund und Folge) mit dem logischen Operator je-desto verbunden. Man nennt sie deshalb auch „Je-Desto-Hypothesen".

Es gilt:     je mehr A, desto mehr B
Oder:        je mehr A, desto weniger B

*Beispiel:*  Je mehr deutschsprachige Medien Migranten nutzen, desto besser sind ihre Deutschkenntnisse.

**Achtung:**
Nicht alle Hypothesen müssen zwingend als Wenn-Dann- bzw. Je-Desto-Sätze formuliert werden. Auch normale Aussagesätze können Hypothesen sein, sofern der Zusammenhang von zwei Variablen dargestellt wird. Es ist jedoch der Verwendung der logischen Operatoren, also der Verknüpfungen der Variablen durch Wenn-Dann- bzw. Je-Desto-Formulierungen, der Vorzug zu geben.

Hinsichtlich der Anzahl der Variablen unterscheidet man zwei Arten von Hypothesen: monokausale und multikausale Hypothesen. Bei **monokausalen Hypothesen** entsteht die Ausprägung bzw. das Vorhandensein der abhängigen Variable durch die Wirkung einer unabhängigen Variable. Bei **multikausalen Hypothesen** wird die abhängige Variable durch zwei oder mehrere unabhängige Variablen beeinflusst. Die Bedingung hierfür ist, dass alle Variablen empirisch überprüfbar sein müssen.

Grundsätzlich muss auch immer die Möglichkeit mitgedacht werden, dass es einen in der Hypothese formulierten Zusammenhang überhaupt nicht gibt, d.h., dass es im Grunde keine kausale Abhängigkeit von A und B gibt. Dieses immer mitzudenkende „Gegenstück" zum unterstellten Zusammenhang ist in der sog. Nullhypothese zu formulieren:

Die **Nullhypothese** (H0) besagt, dass es keinen systematischen Zusammenhang zwischen den beiden Variablen gibt. Eine **Alternativhypothese** (H1) – also die vermutete Antwort auf die Forschungsfrage – behauptet, dass ein empirisch „positives" Resultat, also ein systematischer Zusammenhang zwischen den Variablen, erwartet wird. Hierbei handelt es sich um die aufgestellte Hypothese, bei der man die Art des Zusammenhangs konkret angibt.

Besteht bei der Hypothesenprüfung kein Zusammenhang, wird die Alternativhypothese verworfen (falsifiziert) und die Nullhypothese vorläufig beibehalten.

## 7.3  Variablen und Ausprägungen

Es wurde bisher nun schon häufig von Variablen gesprochen. Sie haben für Forschungsfragen und insbesondere für die Hypothesen eine zentrale Bedeutung. Die Variablen sind jene Merkmale, deren Zusammenhang interessiert, nach denen in den Forschungsfragen gefragt wird und für die ein bestimmter Zusammenhang in den Hypothesen angenommen wird.

Mit Hypothesen werden Vermutungen über den Zusammenhang von Variablen (A und B) angestellt. Man unterscheidet dabei **abhängige** und **unabhängige Variablen**. Es gibt einen Stehsatz, der den Zusammenhang dieser Variablen beschreibt: „Die abhängige Variable ist von der unabhängigen abhängig und verändert sich, wenn man die unabhängige Variable verändert."

Etwas vereinfacht ausgedrückt: Die Bedingung bzw. der Grund für einen Zusammenhang von Merkmalen ist die unabhängige Variable, die Folge ist die abhängige Variable. Man könnte auch sagen, die unabhängige Variable ist die Ursache, die abhängige Variable ist die Wirkung.

Dieser Zugang zeigt auch das Problem der Kausalität sehr gut auf – man muss immer genau hinterfragen: Was ist die Ursache, was ist die Wirkung? In vielen Fällen ist das recht eindeutig, in anderen wiederum sind beide Richtungen denkbar und möglich.

Im „Wenn-Teil" einer kausalen Hypothese steckt die Bedingung und somit die unabhängige Variable. Im „Dann-Teil" dieser Hypothese liegt die Folge und somit die abhängige Variable.

**Achtung:**
Nicht der gesamte „Wenn-Teil" bzw. „Dann-Teil" der Hypothese ist jeweils die Variable.

In der Hypothese wird üblicherweise nicht die Variable, sondern eine Ausprägung genannt – manchmal auch beides. Der Grund dafür ist klar: Es muss in der Hypothese ja ganz genau angegeben werden, wie der Zusammenhang der Variablen aussieht. Dieser kann nur mit den Ausprägungen formuliert werden, sonst wäre es nicht konkret genug.

Nun überlässt man aber in der Wissenschaft nichts dem Zufall, sondern will ganz genau, kontrolliert und wiederholbar untersuchen, welche Auswirkungen die unabhängige Variable auf die abhängige Variable hat.

Aus diesem Grund muss man die unabhängige Variable (also die Ursache) kontrolliert und systematisch verändern können, das bedeutet: Als Forscher verändert man die Variable bzw. wählt verschiedene Ausprägungen der Variable (= der Ursache) aus und beobachtet, wie sich dabei die abhängige Variable (= die Wirkung) verändert. Dabei lassen sich Unterschiede bei der abhängigen Variable erkennen.

Eine systematische Veränderung bedeutet, dass der Forscher gezielt verschiedene Aspekte der Variable auswählen kann. Das heißt auch, dass man diese Variable „beherrscht", es also möglich ist, eine solche Auswahl gezielt zu verändern. Das kann bspw. das Variieren der Altersgruppe oder der Bildungsschicht sein, das Geschlecht, verschiedene Nationalitäten, verschiedene Medien. Bei all diesen Dingen (und vielen anderen) kann man als Forscher selbst entscheiden, welche Auswahl man trifft – also für welche Ausprägungen man sich entscheidet.

Systematische Veränderungen der unabhängigen Variable haben beobachtbare Veränderungen bei der abhängigen Variable zur Folge. Die unabhängige Variable muss gezielt verändert werden können, während die Veränderungen der abhängigen Variable eine Folge dieser gezielten Veränderung sind, auf die die Forscherin keinen Einfluss nimmt. Auf die abhängige Variable hat der Forscher keinen „beherrschenden" Einfluss, vielmehr untersucht er ja gerade diese Auswirkung. Voraussetzung ist, dass man die Variable bzw. deren unterschiedliches Auftreten beobachten und messen kann.

Die systematische Veränderung der unabhängigen Variable zur Beobachtung der Veränderung der abhängigen Variable lässt sich durch die **Ausprägungen** der Variable gut erklären: Die systematische Veränderung der unabhängigen Variable bedeutet die gezielte Auswahl von verschiedenen Ausprägungen.

Eine Variable hat (üblicherweise) mindestens zwei Ausprägungen, also Varianten oder Erscheinungsmöglichkeiten der Variable. Die Variable ist also ein „Überbegriff" für die Menge der Ausprägungen eines Merkmals. Bei einer Studie überprüft man nun, ob es Unterschiede in der Wirkung gibt, wenn man den Ausgangspunkt verändert, wenn man also verschiedene Ausprägungen der Variable heranzieht, um die unterschiedlichen Auswirkungen auf die abhängige Variable zu untersuchen. Dies lässt sich am besten anhand eines Beispiels erklären:

*Beispiel:*    Die Hypothese lautet: „41–50-jährige Männer sehen häufiger Sportsendungen im Privat-Fernsehen als 61–70-jährige Männer."

Die *unabhängige Variable* ist hier das „Alter der Männer" und hat die beiden Ausprägungen 41–50 Jahre bzw. 61–70 Jahre. Als Forscherin untersucht man hier also zwei Altersgruppen und prüft, ob der TV-Konsum von Fernsehsendungen je nach Alter unterschiedlich ist. Die Auswahl dieser Altersgruppen ist die oben beschriebene systematische Veränderung der unabhängigen Variable. Die Veränderung liegt in der Hand der Forscherin, sie kann sie steuern, indem sie sich für bestimmte Altersgruppen entscheidet.

Die *abhängige Variable* ist der „TV-Konsum von Sportsendungen im Privat-Fernsehen". Die Ausprägungen dieser Variable ergeben sich nicht so einfach wie bei der unabhängigen Variable bzw. können sie unterschiedlich definiert werden. Die Ausprägungen könnten sein: das unterschiedliche Ausmaß der Sportsendungen im Privat-Fernsehen, also die Anzahl der Sendungen oder die Nutzungsdauer. Es könnte aber auch bedeuten, dass die Männer mehr Sportsendungen im Privat-Fernsehen ansehen als im öffentlich-rechtlichen Fernsehen.

Dieses Beispiel zeigt einerseits den Unterschied zwischen Variablen und Ausprägungen. Andererseits zeigt es aber auch, dass die Hypothese etwas unpräzise formuliert ist, wenn die abhängige Variable in zweifacher Hinsicht gedeutet werden kann.

Sofern die Variable so gemeint war, dass es um die Sportsendungen im Privat-Fernsehen bzw. im öffentlich-rechtlichen Fernsehen geht, sieht man auch, dass in der Hypothese nur eine Ausprägung der

Variable genannt wird: nämlich die Ausprägung „Sportsendungen im Privat-TV". Das „Gegenstück" dazu, die „Sportsendungen im öffentlich-rechtlichen Fernsehen", wird nicht erwähnt, muss aber bei der Untersuchung unbedingt berücksichtigt werden, da die Hypothese sonst nicht überprüft werden kann.

Für die Überprüfung der Hypothese muss nun eruiert werden, wie viele Sportsendungen die 41–50-jährigen Männer im Privat-Fernsehen bzw. im öffentlich-rechtlichen Fernsehen verfolgen und wie viele Sportsendungen die 61–70-jährigen Männer im Privat-Fernsehen bzw. im öffentlich-rechtlichen Fernsehen sehen. Man befragt also beide Altersgruppen nach beiden Möglichkeiten hinsichtlich der TV-Sender, sich Sportsendungen anzusehen. Aus der Gegenüberstellung dieser vier Ergebnisse zeigt sich dann, welche Altersgruppe grundsätzlich mehr Sportsendungen sieht und welche Altersgruppe mehr Sportsendungen im Privat-Fernsehen sieht. Mit diesen Ergebnissen lässt sich die Hypothese nun bestätigen oder falsifizieren.

Neben den unabhängigen und den abhängigen Variablen gibt es noch weitere Variablen: **Moderatorvariablen** sind Variablen, die den Einfluss einer unabhängigen auf die abhängige Variable verändern. **Mediatorvariablen** liegen vor, wenn eine abhängige Variable nicht direkt von der unabhängigen Variable, sondern vermittelt durch eine dritte Variable beeinflusst wird; die dritte Variable wirkt also auf die abhängige Variable ein.

Insbesondere für die spätere Operationalisierung ist die Unterscheidung in latente und manifeste Variablen wichtig: Eine **manifeste Variable** liegt vor, wenn die Variable direkt beobachtbar ist; eine **latente Variable** kann hingegen nicht direkt beobachtet werden. Latente Variablen sind nicht direkt empirisch zugänglich und messbar, für diese Variablen müssen im Zuge der Operationalisierung geeignete Merkmalsausprägungen gefunden werden (vgl. Döring/Bortz, 2016: 5ff.).

Die **Kovariation von Variablen** sagt etwas darüber aus, welcher Zusammenhang zwischen ihnen besteht. Angegeben wird dieser Zusammenhang mittels des Korrelationskoeffizienten. Dieser liegt zwischen –1 und +1, was anzeigt, dass es sowohl negative (je größer …, desto weniger …; je kleiner …, desto mehr …) als auch positive Zusammenhänge (je größer …, desto mehr…; je kleiner…, desto weniger …) gibt. 1 steht dabei für eine perfekte Korrelation. Korrelationen ab 0,2 sind nur wenig aussagekräftig.

**Achtung:**
Zu beachten ist stets, dass durch Korrelationen nicht die Richtung der Kausalität bestimmt werden kann! Es kann also nicht mit Gewissheit gesagt werden, dass Variable A Variable B bestimmt, genauso gut könnte es auch umgekehrt sein oder eine dritte vermittelnde Variable für den Zusammenhang verantwortlich sein.

## 7.4 Operationalisierung

Operationalisieren bedeutet das „Messbar-Machen" der Variablen bzw. der Ausprägungen. Um Daten sammeln zu können, müssen Phänomene und Begriffe messbar gemacht werden. Die Operationalisierung von Variablen beschreibt möglichst präzise die Art und Weise, mit der ein theoretisches Konstrukt (= die Variable bzw. deren Ausprägungen) gemessen werden soll.

### 7.4.1 Operationalisierung als „Übersetzungsvorgang"

Die Operationalisierung ist ein **Übersetzungsvorgang**, wobei die definierten Begriffe in empirisch messbare Größen umgesetzt werden. Die Operationalisierung stellt die Verbindung zwischen der begrifflichen Ebene und der Beobachtungsebene dar, sie ist die „Schaffung der Voraussetzungen für die empirische Erhebung komplexer und/oder latenter Sachverhalte" (Häder, 2015: 45).

Die zu operationalisierenden Variablen können anhand verschiedener, für die Fragestellung wichtiger Merkmale, der sog. **Indikatoren**, beschrieben werden. Die Indikatoren werden häufig auch Merkmalsausprägungen genannt, müssen aber von den Ausprägungen der Variablen klar unterschieden werden. Welche Indikatoren gewählt werden, hängt mit der Fragestellung zusammen.

Eine sinnvolle Operationalisierung anhand von angemessenen Indikatoren oder Merkmalsausprägungen ist eine zentrale, kreative Tätigkeit, die inhaltliche und methodische Kenntnisse – und Übung! – erfordert. In den Sozialwissenschaften interessieren nämlich eben häufig latente Merkmale, die nicht unmittelbar beobachtbar sind (bspw. Studienmotivation, Gewaltbereitschaft, politisches Interesse …). Man braucht deshalb Regeln, „die angeben, wie die jeweils behaupteten Sachverhalte empirisch gemessen werden können" (Häder, 2015: 46).

**Achtung:**
Der Vorgang der Operationalisierung kann eine recht herausfordernde Angelegenheit sein. Aber auch hier gilt – wie in den meisten Bereichen der Wissenschaft –, dass man nicht alles selbst „erfinden" muss. So ist es im Zuge der Operationalisierung sehr nützlich und wichtig, zu recherchieren, wie andere Forscher denselben Begriff messbar gemacht haben.

Häufig finden sich in vorhandenen Studien sehr gute Hinweise, wenn nicht sogar ganze Batterien an Indikatoren, die man (mit einer korrekten Quellenangabe versehen) verwenden kann. Natürlich muss in jedem Falle geprüft werden, ob die Kontexte, die Vorgehensweise etc. vergleichbar sind, ob also tatsächlich dasselbe gemessen wird. Aber sehr häufig lassen sich zumindest sehr brauchbare Hinweise finden.

Es geht bei der Operationalisierung immer darum, eine Möglichkeit zu finden, die interessierende Variable zu erfassen bzw. eine „Maßeinheit" dafür zu finden. Manche Variablen sind einfach zu messen, andere recht schwierig. Die Möglichkeit der Messung ist bei manchen Variablen bzw. Ausprägungen sofort erkennbar, weil sie die Maßeinheit quasi „in sich" tragen oder es eine recht einfache Möglichkeit gibt, die Variablen/Ausprägungen direkt zu messen oder zu erkennen. Dies trifft vor allem für manifeste Variablen zu.

Einfach zu messen sind bspw. das Alter von Personen, der Umfang der Berichterstattung über ein Thema in einer Zeitung oder die Art, über Online-Kommunikationstools mit Freunden in Kontakt zu bleiben.

*Beispiele:* Das Alter von Menschen misst man üblicherweise in Jahren, Monate sind ungebräuchlich und wohl auch unpraktisch.

Der Umfang der Berichterstattung über ein Thema in einer Zeitung kann durch die Anzahl und die Größe der Artikel, die Zeilenanzahl, das Vorhandensein von Bildern oder Grafiken etc. gemessen werden. Hier muss man sich entscheiden, welche Aspekte am meisten Sinn machen. Die Variable „Umfang der Berichterstattung" ist zwar nicht unmittelbar messbar, aber es lassen sich leicht Hinweise finden, mit denen man auf diese Variable schließen kann. Dieser Vorgang des Suchens von Hinweisen auf eine Variable ist im Kern schon die Operationalisierung.

Bei der Untersuchung der Art, über Online-Kommunikationstools mit Freunden in Kontakt zu bleiben, wird es bei der Messbar-Machung vor allem darum gehen, alle in Frage kommenden Online-Kommunikationstools zu erfassen.

Auch wenn die Messmöglichkeit in diesen Beispielen jeweils auf der Hand liegt, muss man sich dennoch Gedanken darüber machen, wie die Variable konkret gemessen wird, denn manchmal gibt es mehrere Möglichkeiten. Es gilt, die jeweils sinnvollste bzw. passendste auszuwählen, nicht immer gibt es nur „die eine richtige" Möglichkeit.

Andere, insbesondere latente Variablen wiederum sind schwieriger messbar zu machen als die gerade angeführten Beispiele, die ja recht einfache, klare Begriffe betreffen.

> Je komplexer eine Variable bzw. das dahinterstehende theoretische Konstrukt ist, umso aufwändiger und herausfordernder ist die Operationalisierung.

In Fällen von komplexen Konstrukten wie bspw. Werthaltungen bedeutet die Operationalisierung, die Konstrukte so weit in kleine Einheiten zu zerlegen, bis man diese Einheiten direkt beobachten bzw. messen und zählen kann.

### 7.4.2  Indikatoren

Diese kleinen, letztlich messbaren Einheiten nennt man **Indikatoren**. Es sind jene Hinweise, die auf das Vorliegen des Konstrukts schließen lassen. Sie weisen (in ihrer Gesamtheit) auf die Variablen/Ausprägungen hin und bilden (in ihrer Gesamtheit) diese theoretischen Konstrukte ab. Indikatoren sind beobachtbare (bzw. messbare) Sachverhalte, von denen auf das Vorliegen eines komplexeren Sachverhalts (der oft nicht direkt messbar ist) geschlossen werden kann.

> Sehr hilfreiche Fragen beim Auffinden der Indikatoren sind: Woran erkenne ich, dass die interessierende Ausprägung vorhanden ist? An welchen Merkmalen stelle ich fest, dass bspw. „politisches Interesse" vorliegt?

Um einen Begriff messbar zu machen, müssen also beobachtbare bzw. messbare Sachverhalte (Indikatoren) gefunden werden, die den Begriff hinreichend charakterisieren. Indikatoren werden deshalb auch aus der Theorie (oder aus theoretischen Ansätzen) abgeleitet.

Häufig werden diese Indikatoren in mehreren Schritten erstellt. Wichtig ist hierbei eine genaue Definition, die dem Konstrukt zugrunde liegt. Das Vorgehen kann dabei in unterschiedlich vielen Schritten erfolgen:

- In einem ersten Schritt wird der Begriff durch relevante Merkmale definiert; der Begriff PR bspw. durch die Merkmale „Information", „Offenheit", „Wahrheit".
- In einem zweiten Schritt wird versucht, diese Merkmale in empirisch messbare Größen zu übersetzen, d.h., es werden Indikatoren gesucht, die auf die einzelnen Merkmale hinweisen. Ein Satz/Artikel gilt bspw. dann als informativ, wenn keine wertenden (persuasiven) Aussagen gemacht werden.
- Mehrere Merkmale können zu einer Dimension zusammengefasst werden. Ein Begriff wird also über mehrere Stufen hinweg durch geeignete Indikatoren operationalisiert.

*Abb. 6: Ableitung von Indikatoren*

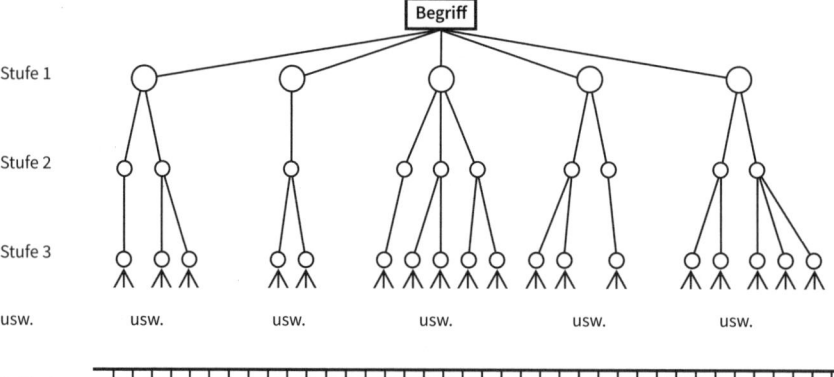

*Quelle: Eigene Darstellung.*

Damit es nicht zu ungenauen Verwendungen von Begriffen – und damit in der Folge schlimmstenfalls zu einer falschen Operationalisierung – kommt, ist eine präzise Beschreibung und Definition notwendig. Bei Definitionen handelt es sich um „jene Konventionen oder um Vereinbarungen, die dazu dienen, den Sinn der verwendeten Begriffe aufzuzeigen und so zu garantieren, dass die Begriffe für alle Nutzer einheitlich verständlich werden" (Häder, 2015: 27).

> Eine Definition ist nicht gleichbedeutend mit der Operationalisierung, obwohl eine gute Definition für die Operationalisierung sehr hilfreich ist.
> Eine Operationalisierung ist auch nicht gleichbedeutend mit der Methodenwahl: Die Operationalisierung fragt nach dem „was gemessen wird", die Methodenauswahl nach dem „wie gemessen wird".

Je mehr Indikatoren für einen Begriff herangezogen werden können, desto höher ist die Sicherheit, dass auch tatsächlich das zu untersuchende Merkmal gemessen wird und nicht ein anderes Phänomen. Bspw. kann das Lesen einer Zeitung ein Indikator für Interesse an gesellschaftlichen Vorgängen, aber auch ein Indikator für Langeweile bzw. Zeitvertreib sein. Somit reicht der Indikator „Lesen einer Zeitung" nicht als Operationalisierung für die Variable „Interesse an gesellschaftlichen Vorgängen".

### 7.4.3  Anforderungen an Indikatoren/Merkmalsausprägungen

- Indikatoren müssen eindeutig definiert sein, d.h., sie dürfen selbst nicht mehrere Interpretationen zulassen.
- Indikatoren müssen im Sinn der wissenschaftlichen Definition präzise sein.
- Indikatoren müssen empirisch messbar sein. (Wenn die Indikatoren mit keiner Methode erfassbar sind, können sie auch nicht untersucht werden.)
- Indikatoren sind dann umso verlässlicher, wenn sie aus der Theorie oder aus empirischen Regelmäßigkeiten abgeleitet werden. (Unterschiedliche Untersuchungsergebnisse bei gleichlautenden Forschungsfragen können unter Umständen auf unterschiedliche Indikatorenbildung zurückzuführen sein.)
- Die Auswahl der Indikatoren ist zu begründen.

**Achtung:**
Eng mit der Operationalisierung hängt die Frage zusammen, wie man diese Indikatoren erhebt. Das ist eine Frage der methodischen Umsetzung, also welche Methode man für die Erhebung der Indikatoren einsetzt.
Die Operationalisierung ist nicht identisch mit der Methodenwahl, aber eine gute Operationalisierung ist für die methodische Umsetzung unabdingbar notwendig und enorm hilfreich, sowohl für eine Befragung als auch für eine Inhaltsanalyse.

## 7.5 Skalen

Skalen sind verschiedene Möglichkeiten, Variablen bzw. ihre Ausprägungen zu gestalten. Skalen können auch als die Überführung von empirischen Relativen in numerische Relative bezeichnet werden. Dabei geht es immer darum, wie die verschiedenen Messpunkte zueinander angeordnet sind.

Es können verschiedene Skalenniveaus unterschieden werden: Bei den **diskreten** (oder diskontinuierlichen) **Skalen** gibt es Nominalskalen und Ordinalskalen. Die **metrischen** (oder stetigen oder kontinuierlichen) **Skalen** bestehen aus Intervall-Skalen und Ratio-Skalen. Schließlich gibt es gerade in den Sozialwissenschaften häufig **quasi-metrische Skalen**. Bei metrischen Variablen gibt es innerhalb eines Intervalls unendlich viele Merkmalsausprägungen, während eine diskrete Variable in einem (begrenzten) Intervall nur endlich viele Ausprägungen hat.

Bei einer **Nominalskala** werden die Merkmale auf der Skala so klassifiziert, dass gleiche Ausprägungen Gleiches, ungleiche Ausprägungen Ungleiches bedeuten. Die Merkmale bzw. Ausprägungen einer nominalen Skalierung ergeben sich aus dem Merkmal selbst, sie sind aus sich heraus klar unterscheidbar.

Es gilt:        $A \neq B \neq C$

Dichotome (binäre) Variablen weisen genau zwei Ausprägungen auf (ja/nein oder männlich/weiblich oder vorhanden/nicht vorhanden), polytome Variablen sind mehrfach abgestuft (Geburtsland ist entweder Österreich oder Italien oder Frankreich).

*Beispiele:* Geschlecht, Wohnort etc.

Auch bei einer **Ordinalskala** schließen sich die Ausprägungen wechselseitig aus, allerdings lassen sich die Messwerte in eine sachlogische Rangordnung bringen, es entsteht eine Rangskala.

*Beispiele:* Dauer des TV-Konsums pro Tag: 0 h, 1–2 h, 3–4 h etc.

**Metrische Skalen** können jeden beliebigen Wert annehmen. Die Abstände/Intervalle zwischen diesen Werten (Intervall-Skalen) bzw. das Verhältnis zueinander (Ratio-Skalen) müssen immer gleich groß sein (= stetig). Bei metrisch skalierten Ausprägungen gibt es einen natürlichen 0-Punkt.

*Beispiele:* cm-Angaben, Alter, Einkommen etc.

Bei **quasi-metrischen Skalen** wird das gleiche Intervall „konstruiert", es ist nicht „natürlich gegeben". Es gibt auch keinen 0-Punkt.

*Beispiel:* Wahrnehmung der Berichterstattung als

| | | |
|---|---|---|
| unausgewogen | o o o o o | ausgewogen |
| verständlich | o o o o o | unverständlich |
| kritisch | o o o o o | unkritisch |

In den Sozialwissenschaften sind quasi-metrische Skalen recht häufig anzutreffen. Quasi-metrische Skalen eignen sich gut, um emotionale Zustände zu beschreiben, den Grad der Zustimmung oder Ablehnung zu Aussagen zu erheben oder die Einschätzung von Befragten zu einer bestimmten Sache zu eruieren.

Manchmal ist es einem mehr oder weniger freigestellt, sich zu entscheiden, welche Abstufungen die Ausprägungen einer Variable haben sollen. Solche Möglichkeiten der Ausprägungen könnten bspw. lauten „vorhanden – nicht vorhanden" oder „viel – mittel – wenig vorhanden" etc. Man muss jedoch genau darauf achten, welche Ausprägung man wählt, denn dementsprechend ergeben sich andere Detailaussagen. Wählt man die Abstufungen der Ausprägungen selbst, muss man jedoch prüfen, welche Ausprägungen Sinn machen und das Erkenntnisinteresse am besten fassen bzw. welche Ausprägungen verwendet werden können, ohne bspw. die Befragten zu überfordern. Tabelle 6 zeigt, dass verschiedene Variablen Ausprägungen auf verschiedenen Skalen haben können.

**Achtung:**
Die Wahl der Skala ist vor allem für den Grad der Aussagekraft der Ergebnisse und für die Verfahren der statistischen Auswertung der Daten relevant.

*Tab. 6: Übersicht Skalen*

| Variable | Ausprägungen auf einer Nominalskala | Ausprägungen auf einer Ordinalskala | Ausprägungen auf einer metrischen Skala | Ausprägungen auf einer quasi-metrischen Skala |
|---|---|---|---|---|
| Geschlecht | Männlich Weiblich | | | |
| Einschätzung von Politikern | Sympathisch Unsympathisch | 1. Rang 2. Rang 3. Rang | | Messung auf einer Einstufung der Sympathie von 1 bis 5 oder -4 bis +4 |
| Einkommen | 0 Euro < 1.500 Euro ≥ 1.500 Euro | 0–999 Euro 1.000–1.999 Euro 2.000–2.999 Euro 3.000–3.999 Euro Ab 4.000 Euro | Genaue Angabe des Einkommens | |

*Quelle: Eigene Darstellung.*

## 7.6 Kriterien für die Erstellung von Hypothesen

Bei der Erstellung der Hypothesen sollte man sich an folgenden Kriterien orientieren (vgl. Atteslander, 2000: 45f.):
- Eine Hypothese ist eine Aussage, keine Frage, kein Befehl.
- Die Hypothese enthält mindestens zwei semantisch gehaltvolle Begriffe.
- Die Begriffe sind durch einen logischen Operator verbunden (wenn-dann, je-desto).
  Eine Hypothese muss nicht zwingend mit diesen logischen Operatoren formuliert werden, diese müssen jedoch der Hypothese implizit zugrunde liegen. Um Fehlern vorzubeugen, empfiehlt es sich daher, diese Operatoren zu verwenden.

- Die Aussage darf keine Tautologie enthalten, d.h., die aufeinander bezogenen Begriffe dürfen sich semantisch nicht gleichen oder gegenseitig definieren („Jeder Schimmel ist weiß.").
- Aussagen, die immer wahr sind, sind keine Hypothesen („Nach dem Sommer kommt der Herbst.").
- Die Aussage muss widerspruchsfrei sein – der eine Begriff schließt den anderen semantisch nicht aus.
- Es handelt sich um Annahmen über reale Sachverhalte.
- In der Aussage werden implizit oder explizit die empirischen Geltungsbedingungen aufgezählt.
- Die Begriffe können operationalisiert werden, d.h., die Begriffe werden messbar gemacht.
- Die Aussage ist falsifizierbar, d.h., das Gegenteil der Annahme ist möglich.
- Eine Hypothese ist durch Erfahrungsdaten widerlegbar.
- Eine Hypothese darf kein Werturteil enthalten.

# 8 Methoden der empirischen Sozialforschung

„Methoden stellen Systeme von Handlungsanweisungen und Regeln dar, um bestimmte Erkenntnisse realisieren zu können, beziehungsweise um bestimmte Resultate zu erzielen oder um Informationen zu sammeln. Methoden dienen damit stets der Erreichung eines bestimmten Ziels […] Da […] solche Methoden nicht a priori an ganz bestimmte Inhalte gebunden sind, handelt es sich zumeist um formale Regeln." (Häder, 2015: 13)

Unter Methoden können somit also detaillierte Regelsysteme verstanden werden, mit denen man die verschiedensten sozialen Realitäten untersuchen kann. Die Methoden der empirischen Sozialforschung werden dafür eingesetzt, um die in den Hypothesen formulierten Annahmen über die Zusammenhänge von Variablen „mit der Wirklichkeit zu konfrontieren" (Häder, 2015: 20). Durch die Operationalisierung wird eine Fragestellung empirisch bearbeitbar.

Jene Teildisziplin der Wissenschaftstheorie, die sich mit dem spezifischen, einer Disziplin oder Disziplinengruppe zugehörigen Werkzeugkasten (= Instrumentarium) befasst, nennt man Methodik oder Methodenlehre. Die **Methodenlehre** erklärt Nutzen und Funktionieren sowie die Kriterien der Anwendung konkreter Instrumente (Techniken) zur Datenerhebung und ist somit spezifischer als die Methodologie. Die **Methodologie** ist die Lehre von den Methoden, sie fragt bspw., ob die gewählten Methoden geeignet und angemessen sind, um den gewünschten Zweck zu erreichen (vgl. Häder, 2015: 14).

Im Gegensatz zu naturwissenschaftlichen Forschungsmethoden müssen jene der Sozialwissenschaft immer wieder neu entwickelt und an das jeweilige gesellschaftliche Problem oder Phänomen bzw. die technischen Möglichkeiten angepasst werden.

## 8.1  Sozialwissenschaftliche Methoden

Das Wort „Methode" kommt vom griechischen Wort *metá hodós* (der Weg zu etwas hin). Die Forschungsmethode ist das Forschungswerkzeug, mit dem im geregelten Verfahren ein bestimmtes Ziel verfolgt wird.

In der empirischen Sozialwissenschaft werden unterschiedliche Methoden eingesetzt, um das Ziel, fundierte und überprüfte Aussagen über soziale Tatbestände tätigen zu können, zu erreichen. Ausgehend vom Untersuchungsobjekt wird soziale Wirklichkeit untersucht, dabei unterscheidet man folgende Methoden:

- Befragung
- Inhaltsanalyse
- Beobachtung
- Experiment

*Abb. 7: Die Methoden der empirischen Sozialforschung*

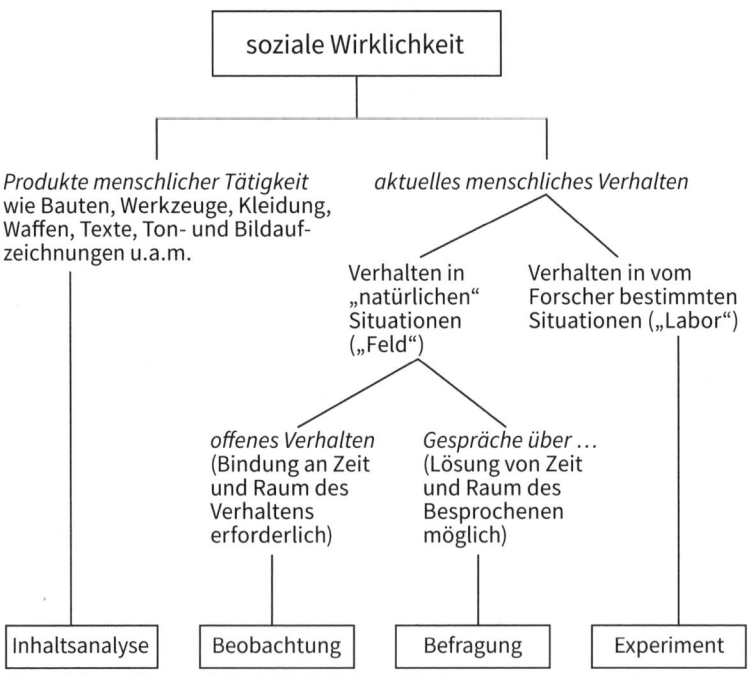

*Quelle: Atteslander, 2000: 72.*

Mittels Befragung lassen sich Meinungen und Einstellungen, mittels Inhaltsanalyse Medieninhalte, mittels Beobachtung das Verhalten empirisch ermitteln und mittels Experiment lassen sich kontrolliert Situationen und Reaktionen beobachten.

Die Methoden der empirischen Sozialforschung werden in der Folge nur sehr oberflächlich und überblicksmäßig skizziert. Die genaue Kenntnis der Methoden, also der Möglichkeiten, wie man soziale Realitäten untersucht, ist aber eine Grundvoraussetzung für das empirische wissenschaftliche Arbeiten. Eine intensive Auseinandersetzung mit den Methoden ist somit unbedingt nötig.

### 8.1.1 Befragung

Allgemein gesprochen hat die Befragung das Ziel, gesellschaftlich relevante Aussagen über Merkmalsträger zu machen. Merkmalsträger sind hier Menschen, welche zu einem bestimmten forschungsrelevanten Thema befragt werden.

Mittels einer Befragung werden Aussagen von Menschen erhoben. Alle Menschen, die man untersuchen möchte, bilden dabei die sog. Grundgesamtheit. Da man diese üblicherweise nicht komplett befragen kann, werden in der Regel Stichproben gezogen.

Grundsätzlich werden in der sozialwissenschaftlichen Methodenliteratur verschiedene Formen von Befragungstechniken bzw. Interview-Arten unterschieden. Dabei hängt die Wahl der Befragungsart immer vom Erkenntnisinteresse ab und es steht umgekehrt nie die Methodenwahl im Vordergrund. Die unterschiedlichen Befragungsarten unterscheiden sich nach dem Grad der Standardisierung, d.h., ob es sich um ein offenes, teilstandardisiertes oder standardisiertes Interview handelt. Jede Befragungsart hat ihre Vor- und auch Nachteile. Entscheidend ist immer die Zielsetzung des Interviews.

Bei **offenen Befragungen** gibt der Interviewer nur ein Thema bzw. wenige ungerichtete Fragen vor. Bei einer **standardisierten Befragung** werden die Fragen und Antwortmöglichkeiten durch ein Fragebogendesign festgelegt. Das Einsatzgebiet von standardisierten Befragungen kann dadurch charakterisiert werden, dass es dem statistischen Vergleich von Befragten bzw. Befragtengruppen (wie bspw. von Studierenden an der Universität Wien oder Publizistik-Studierenden) dienen kann, indem durch die strenge Form des Instruments (Fragebogen) die Erhebung durchgeführt wird. Durch die Standardisierung des Fragebogens kann einerseits der Einfluss des Interviewers auf das Ergebnis reduziert, andererseits kann dadurch die Güte der erhobenen Daten erhöht werden. Gleichzeitig können durch dieses Vorgehen große Personengruppen effektiv befragt werden. Ein Nachteil von quantitativen Fragebögen ist, dass die Befragten nicht nachfragen können, sondern einfach nur den vorliegenden Fragebogen ausfüllen. Das bedeutet, dass die Forscherinnen sich im Vorfeld sehr gut überlegen müssen, wie sie die Fragestellungen formulieren, um das, was sie – ausgehend von ihrem Forschungsinteresse – herausfinden wollen, erfassen zu können.

Wenn man etwa nach „politischen Einstellungen" fragen möchte, dann fragt man bspw. nach der Parteien- und Kandidatenpräferenz, nach der Zustimmung zu vorgegebenen politischen Präferenzen oder nach der politischen Selbsteinschätzung auf einer Skala. Standardisierte Befragungen können statistisch mit Datenverarbeitungsprogrammen ausgewertet werden. Die Interviews können dabei f2f: face to face durch persönliche Interviews (PAPI = Paper Assisted Personal Interviews oder CAPI = Computer Assisted Personal Interviews – persönlich mit Notebook) durchgeführt werden. Oder auch via CATI = Computer Assisted Telephone Interviews, was bedeutet, dass die Befragung telefonisch – die interviewende Person sitzt am Computer – vorgenommen wird. Eine immer beliebtere Form der Befragung – allerdings mit vielen Schwächen – ist CAWI-Online = Computer Assisted Web Interviews, die Befragten sind hierbei „Selbstausfüller" und füllen im Internet am Befragten-Computer den Fragebogen aus.

Bei den **qualitativen Befragungen** gibt es unterschiedliche Formen, die eingesetzt werden können. Die Möglichkeiten reichen dabei von einem Leitfadeninterview bis zum narrativen Interview, bei dem es keinen Gesprächsleitfaden mehr gibt. Auch hier ist es wichtig, dass sich die Forscher im Vorfeld überlegen, was sie herausfinden wollen. Der Vorteil von qualitativen Interviews ist, dass der Forscher nachfragen kann, wenn er etwas nicht verstanden hat, und dadurch mehr in die Tiefe gehen kann.

Im Zentrum des Interesses steht, dass man verstehen möchte, was die Interviewten beschäftigt und bewegt. Die qualitativen Interviews nehmen sehr viel Zeit in Anspruch und ganz entscheidend ist es, dass bei der Auswertung und Interpretation der Ergebnisse immer die Ausführungen der Interviewten an die theoretischen Überlegungen der Forscher rückgebunden werden.

### 8.1.2 Inhaltsanalyse

Nach Früh (2017: 29) ist die Inhaltsanalyse eine empirische Methode zur systematischen, intersubjektiv nachvollziehbaren Beschreibung inhaltlicher und formaler Merkmale von Mitteilungen. Bei diesen Mitteilungen kann es sich sowohl um geschriebenen Text, audiovisuelle Mitteilungen jeglicher Art sowie Bilder etc. handeln.

Die Inhaltsanalyse gilt, im Gegensatz zur Befragung, zur (teilnehmenden) Beobachtung und zum Experiment, als nicht-reaktives (= non-reaktives) Verfahren, was bedeutet, dass sich der Untersuchungsgegenstand nicht verändert, egal, wann und wie oft man ihn untersucht. Um das vorliegende Material (bspw. Zeitungsberichte, Hörfunkbeiträge, TV-Nachrichtenbeiträge, Online-Kommentare) analysieren zu können, muss zuvor ein **Kategorienschema** entwickelt werden.

Das bedeutet, dass ausgehend von den Forschungsfragen und Hypothesen überlegt wird, was wie „übersetzt" werden kann. Dieses Kategorienschema orientiert sich daran, was herausgefunden werden soll. Die Kategorien benennen dabei alle formalen und inhaltlichen Merkmale, nach denen im Untersuchungsmaterial Ausschau gehalten werden soll. Die Summe aller verwendeten Kategorien und Ausprägungen ergeben das Kategoriensystem oder Kategorienschema. Durch die Operationalisierung werden die Begriffe messbar gemacht, d.h., die Forscherinnen überlegen sich – ausgehend von der intensiven Auseinandersetzung mit den theoretischen Zugängen, die für die Arbeit verwendet werden, und den Forschungsarbeiten, die es zu dem Themenbereich gibt –, wie Messungen für einen bestimmten Begriff vorgenommen werden können.

Wenn man bspw. wissen möchte, wie die Artikeltendenz – dies wäre in dem konkreten Fall eine Kategorie – in der Berichterstattung über Flüchtlinge in den Printmedien aussieht, dann muss man u.a. danach fragen, ob diese positiv, negativ oder neutral ist. Dazu muss festgelegt werden, was unter positiv, negativ und neutral verstanden wird. Das dafür entwickelte Codebuch repräsentiert das operationalisierte inhaltsanalytische Verfahren. Das **Codebuch**, d.h. eigentlich das „überführte" Kategorienschema, kann man sich als ein Fischernetz vorstellen, je engmaschiger, desto mehr kann „eingefangen" werden. Das heißt, je präziser und anspruchsvoller ein Kategorienschema und dann das Codebuch entwickelt worden sind, desto mehr kann darüber ausgesagt werden, was im Text behandelt wird.

Grundsätzlich kann man deduktive (quantitative) und induktive (qualitative) Inhaltsanalysen unterscheiden: Bei einer deduktiven/ quantitativen Inhaltsanalyse werden die Kategorien, nach denen die Texte „durchsucht" werden, im Vorhinein festgelegt. Man sieht bei den Ergebnissen, wie häufig die vorher definierten (formalen oder inhaltlichen) Kategorien vorkommen. Bei einer induktiven/qualitativen

Inhaltsanalyse werden nicht vorab Kategorien definiert, nach denen man im Text sucht, sondern man versucht, aus dem Material heraus neue Themen, Aspekte, Motive, Gründe etc. zu finden, von denen man vorher nicht wusste, dass sie im Text vorkommen. Häufig gibt es hier wohl ein Grundgerüst an Kategorien, die aber bei der Bearbeitung der Texte erweitert werden. Grundsätzlich geht es darum, dass Texte systematisch analysiert und wiederum an theoretische Vorüberlegungen rückgebunden werden.

### 8.1.3  Beobachtung

Nicht jede Art des Beobachtens darf automatisch als wissenschaftliche Methode angesehen werden. Laut Jahoda, Deutsch und Cook (1965, zit. nach: Schnell/Hill/Esser, 2005: 390) ist die wissenschaftliche Komponente der Datenerhebung mittels Beobachtung dann gesichert, wenn diese

- einem bestimmten Forschungszweck dient,
- systematisch geplant und nicht dem Zufall überlassen wird,
- systematisch aufgezeichnet und auf allgemeine Urteile bezogen wird, nicht aber eine Sammlung von Merkwürdigkeiten darstellt und
- wiederholten Prüfungen und Kontrollen hinsichtlich der Gültigkeit, Zuverlässigkeit und Genauigkeit unterworfen wird.

Diese Auflistung dokumentiert sehr deutlich, dass die wissenschaftliche Methode der Beobachtung der systematischen Erfassung, Aufzeichnung und Kategorisierung des Verhaltens von Menschen in bestimmten Situationen nach zuvor formulierten Kriterien dient. Dabei können verschiedene Beobachtungsarten und Situationen unterschieden werden:

- teilnehmende und nicht teilnehmende Beobachtung
- offene und verdeckte Beobachtung
- unterschiedliche Grade der Strukturierung der Beobachtung
- Beobachtung in natürlichen Umgebungen oder in einem Labor

Wenn die Beobachter mit den beobachteten Personen in Interaktion treten, spricht man von einer teilnehmenden Beobachtung; tun sie das nicht, von einer nicht-teilnehmenden Beobachtung. Bei einer teilnehmenden Beobachtung ist der Forscher selbst Teil dessen, was er beobachtet, dies kann zu Verzerrungen führen, da der Forscher durch die Einbeziehung in das Setting nicht alles notieren kann. Bei einer nicht teilnehmenden Beobachtung muss der Forscher erklären, warum er sich in der Beobachtungssituation befindet.

Je nachdem, ob die beobachteten Personen Kenntnis vom Beobachtungsvorgang haben, spricht man von der offenen bzw. verdeckten Beobachtung.

Ist die Beobachtung gut geplant und unterliegt sie einem vorab festgelegten Beobachtungsschema, spricht man von einer strukturierten Beobachtung. Ist dies nicht der Fall, von einer unstrukturierten Beobachtung. Die Beobachtungsmethode kann angewandt werden, wenn man bspw. etwas über das Verhalten von Menschen herausfinden möchte, das sich nicht so leicht verbalisieren lässt, allerdings können deren Motive, Einstellungen und Absichten durch die Beobachtung nicht erfasst werden. Problematisch ist außerdem, dass das Beobachtete auch missinterpretiert werden kann (Stichwort: Einfluss selektiver Wahrnehmung).

### 8.1.4 Experiment

Bei wissenschaftlichen Experimenten handelt es sich um Untersuchungsanordnungen, mit denen Kausalzusammenhänge (Kausalhypothesen) überprüft werden sollen. Experimente untersuchen den Einfluss einer unabhängigen Variable (bspw. Horrorfilme) auf die zu messende abhängige Variable (bspw. Angst). Die Methode des Experiments wurde aus der Psychologie in die Kommunikationswissenschaft importiert und vor allem in der psychologischen und sozialpsychologischen Forschung eingesetzt. In der Kommunikationswissenschaft wird diese Methode vor allem im Feld der Rezeptions- und Medienwirkungsforschung eingesetzt. Prinzipiell unterscheidet man zwischen Labor- und Feldexperimenten:

**Laborexperimente** zeichnen sich in erster Linie durch die Manipulation der unabhängigen Variable und eine starke Kontrolle der Versuchssituation (= Kontrolle bzw. Ausschalten von Störvariablen [= intervenierende Variablen bzw. Drittvariablen]) aus. **Feldexperimente** haben den Vorteil, dass sie am Ort des Geschehens stattfinden und so keine künstlichen Erhebungssituationen schaffen.

Für ein Experiment müssen mindestens zwei Gruppen vorhanden sein, eine Versuchs- und eine Kontrollgruppe, die zufällig gebildet werden. In der Versuchsanordnung werden die Versuchsbedingungen für beide Gruppen völlig gleich gehalten, nur die unabhängige Variable wird dabei verändert. Dadurch ist es möglich, den Einfluss der unabhängigen Variable – die auch als „Stimulus" oder „Treatment" bezeichnet werden kann (Manipulation) – zu untersuchen. Erforscht werden soll, ob der Stimulus eine mögliche Wirkung auf die Versuchsperson hat. Die Kontrolle von experimentellen Anordnungen ist sehr wichtig, da störende Einflüsse – etwa zwischen den Versuchsgruppen – verhindert werden sollen. Denn entscheidend ist, dass die Wirkung bzw. Wirkungen nur auf den eingesetzten Stimulus zurückgeführt werden kann bzw. können. Durch die systematische Variation von Stimuli sollen die auftretenden Effekte gemessen und mögliche Störungen durch Drittvariablen verhindert werden.

Experimente zu planen und durchzuführen ist sehr zeitaufwändig und erfordert hohe Forscherkompetenzen. Problematisch sind auch Experimente, bei denen die Probanden über das eigentliche Ziel des Experiments getäuscht werden oder ethisch bedenklichen Stimuli (bspw. Pornos) ausgesetzt werden. Im diesem Kontext stellen sich auch forscherethische Fragen.

## 8.2 Methodenwahl

Ganz grundsätzlich ist die Wahl der Methode abhängig von Erkenntnisinteresse und Fragestellung. Bei der Entscheidung über die Wahl der passenden Methode ist es essentiell, die **Angemessenheit der Methoden** als Bezugspunkt zu nehmen. Es muss also jeweils die passende Methode für die Beantwortung der Forschungsfrage bzw. die Überprüfung der Hypothesen gewählt werden. Meist kommt aufgrund des Ziels bzw. der Fragestellung ohnehin nur eine Methode in Betracht.

Schwieriger ist meist die Frage zu beantworten, welches konkrete Instrument man einsetzt, also bspw. welche Form einer Befragung, und wie das Untersuchungsdesign genau aussieht.

> **Achtung:**
> Die Methoden der empirischen Sozialforschung sind abschließend festgelegt, es sind dies Befragung, Inhaltsanalyse, Beobachtung und Experiment.
> Innerhalb dieser Methoden gibt es aber verschiedene Möglichkeiten, wie man bspw. eine Befragung durchführt: online oder telefonisch, mit einem Fragebogen oder einem Leitfaden etc. Ein Fragebogen ist aber nicht „die Methode", sondern „ein mögliches Instrument der Methode Befragung".

Somit gibt es keine allgemein gültige, immer sicher anwendbare Methode, sondern die Methodenwahl ist immer von der Fragestellung, dem Erkenntnisinteresse und dem Stand der Forschung – also dem vorliegenden Problem und Phänomen – abhängig! (Die Wahl der Methode für ein Forschungsprojekt hat auch nichts mit besonderen Vorlieben des Forschers für eine Methode zu tun.)

Quantitative und qualitative Ansätze konkurrieren dabei nicht miteinander, sondern ergänzen einander. Jede Herangehensweise liefert unterschiedliche Arten von Informationen und muss für das Forschungsvorhaben passend sein (vgl. Flick, 2016: 53 sowie Wilson, 1982).

Besonders wichtig ist es, genau zu wissen, welche Methode was leisten, für welche Forschungsfragen sie also eingesetzt werden kann. Damit ist es notwendig, sich zumindest einmal mit jeder Methode gründlich zu beschäftigen – schließlich hängt die Wahl der Methode für eine wissenschaftliche Arbeit immer vom Ziel und der Fragestellung der Arbeit ab und nicht davon, welche Methode die Forscherin besonders gern mag oder besonders gut beherrscht.

Methodische Umsetzungen sind immer die Wege zur Erreichung des im Rahmen der Arbeit gewählten Zieles, aber nur ausgesprochen selten selbst das Ziel der Arbeit. (Ziel der Arbeit ist die Beschäftigung mit einer Methode nur dann, wenn es bspw. um die Weiterentwicklung einer Methode oder die Gegenüberstellung von verschiedenen Methoden geht.)

## 8.3  Untersuchungsdesign

Ein zentrales Element jeder empirischen Untersuchung ist das Untersuchungsdesign (auch: Untersuchungsart, Untersuchungsplan, Forschungsdesign, Studiendesign, „research design") mit dem ein konzeptioneller Bezugsrahmen für die empirische Arbeit geschaffen wird. In diesem werden die Rahmenbedingungen und Grundlagen für die Untersuchung offen und transparent dargelegt. Das Untersuchungsdesign kann auch als Fahrplan für die geplante empirische Arbeit angesehen werden, ein methodischer Steckbrief, der das Erhebungsinstrument und die Planung für den Gesamtforschungsprozess enthält.

Ein Untersuchungsdesign umfasst alle relevanten Angaben, die es braucht, um die Anlage der Untersuchung beurteilen und sie ggf. wiederholen zu können. Dies sind insbesondere folgende Elemente:

- Untersuchungsaufbau
- Angabe bzw. Offenlegung des Untersuchungsinstruments (wird im Anhang dargestellt)
- Grundgesamtheit
- Stichprobe: Größe der Stichprobe, Art der Stichprobenziehung
- Untersuchungszeitraum

Es gibt nicht „ein" Untersuchungsdesign, sondern unterschiedliche Möglichkeiten, wie dieses gestaltet werden kann. Um ein Untersuchungsdesign konzipieren zu können, müssen zuvor Entscheidungen getroffen werden, die dokumentieren, dass das geplante Vorgehen intersubjektiv nachvollziehbar ist. Nach Döring/Bortz (2016: 183) können neun Klassifikationskriterien für Untersuchungsdesigns bestimmt werden:

1. *Wissenschaftstheoretischer Zugang der Studie:* Wird eine quantitative oder qualitative Studie oder eine Mixed-Methods-Studie durchgeführt?
2. *Erkenntnisziel der Studie:* Handelt es sich um eine grundlagenwissenschaftliche oder anwendungsorientierte Studie?
3. *Gegenstand der Untersuchung:* Wird eine empirische Studie, eine Methoden- oder Theoriestudie umgesetzt?
4. *Datengrundlage bei empirischen Studien:* Wird eine Primär-, Sekundär- und Metaanalyse vorgenommen?
5. *Erkenntnisinteresse bei empirischen Studien:* Liegt eine explorative (gegenstandsbeschreibende/theoriebildende), eine deskriptive (populationsbeschreibende) oder eine explanative (hypothesenprüfende) Studie vor?
6. *Bildung und Behandlung von Untersuchungsgruppen bei explanativen (hypothesenprüfenden) Studien:* Wird eine experimentelle, quasi-experimentelle oder nicht-experimentelle Studie vorgenommen?
7. *Untersuchungsort bei empirischen Studien:* Liegt eine Labor- oder eine Feldstudie vor?
8. *Anzahl der Untersuchungszeitpunkte bei empirischen Studien:* Wird eine experimentelle Studie mit und ohne Messwiederholungen bzw. eine nicht-experimentelle Studie mit und ohne Messwiederholungen (bspw. Querschnitt-, Trend- oder Längsschnittstudie) durchgeführt?
9. *Anzahl der Untersuchungsobjekte bei empirischen Studien:* Wurde eine Gruppenstudie (Stichprobenstudie, Vollerhebung) oder eine Einzelfallstudie gemacht?

Um ein Beispiel für ein Untersuchungsdesign zu nennen, soll die Studie „Das journalistische Feld in Deutschland. Ein theoretischer und empirischer Beitrag zur Journalismusforschung" (vgl. Meyen, 2009) herangezogen werden. Im Untersuchungsdesign wird zunächst begründet, warum Leitfadeninterviews mit Journalistinnen durchgeführt wurden und wovon ausgegangen worden ist, und im darauf folgenden Kapitel wird die Auswahl der Befragten thematisiert, wie das Auswahlverfahren ausgesehen hat und welche Reichweite die Befunde haben. Darauf folgt die Beschreibung der Rekrutierung, des Gesprächsablaufs und der Auswertung.

Untersuchungsdesigns sind immer auf die jeweilige Fragestellung anzupassen und die Wahl des Untersuchungsdesigns gibt darüber Auskunft, welche Aussagekraft die wissenschaftlichen Befunde schlussendlich haben (vgl. Döring/Bortz, 2016: 182).

# 9 Der Umgang mit wissenschaftlichen Quellen

Der Umgang mit wissenschaftlichen Quellen – also vor allem Publikationen jeder Art – gehört zum „Handwerkszeug" des wissenschaftlichen Arbeitens. Jeder Studierende tut gut daran, sich diese Techniken einmal so anzueignen, dass man sie „im Schlaf" beherrscht, denn sie sind die Grundlage jeder wissenschaftlichen Arbeit, die Beherrschung dieser Kenntnisse wird in höheren Semestern vorausgesetzt.

## 9.1 Quellen

### 9.1.1 Eigene vs. fremde Quellen

Wissenschaftliche Quellen können unterschiedliche Ursprünge aufweisen. Man unterscheidet daher wissenschaftliche Quellen zunächst nach ihrem Ursprung:

**Eigene Quellen** sind Inhalte und Daten, die der Forscher selbst erhoben hat:
- Interviews mit Experten
- Beobachtungen
- Experimente
- Befragungen

**Fremde Quellen** hingegen stammen von anderen Forschern. Dabei unterscheidet man:
- Primärquellen – „Quellen aus erster Hand"
  alle Quellen, die im Original vorhanden sind, die man „quasi in der Hand gehalten hat" und die nicht bloß als Zitate vorliegen
- Sekundärquellen – „Quellen aus zweiter Hand"
  wörtliche sowie sinngemäße Zitate des Originals in anderen Texten, Zusammenfassungen; basieren auf Primärquellen

- Tertiärquellen – „Quellen aus dritter Hand"
  Zitate aus Publikationen, die ihrerseits auf Zitate des Originals aufbauen

Dabei gilt:
- Alle Quellen einer Arbeit müssen einwandfrei nachvollziehbar, überprüfbar und auffindbar sein!
- Die Primärquelle ist prinzipiell immer anderen Quellen vorzuziehen.
  Wenn es auch nach einer ausführlichen Recherche nicht gelingt, das Original ausfindig zu machen, können ausnahmsweise (!) auch Zitate aus Sekundärquellen verwendet werden. Das Problem bei der Verwendung von Sekundär- (und noch viel mehr von Tertiärquellen) ist, dass nicht sichergestellt ist, dass das Zitat korrekt und im richtigen Zusammenhang wiedergegeben ist. Bei der Übernahme von derartigen Zitaten besteht die Gefahr, dass sich falsche Zusammenhänge oder Interpretationen fortsetzen.
- Tertiärquellen sollten grundsätzlich strikt vermieden werden.
- Eigene Untersuchungen stellen Primärquellen dar – aber nur dann, wenn die daraus gewonnenen Erkenntnisse auch mit wissenschaftlichen Methoden erhoben wurden.

**Achtung:**
Experteninterviews sind ein „Ersatz" für verschriftlichte Quellen und werden wie Primärquellen behandelt. Sie werden dann eingesetzt, wenn es zum gewählten Thema keine/kaum Literatur gibt (bspw. weil das Thema so neu ist), wenn die Literatur schon alt/veraltet ist, wenn Aussagen aus der Literatur mit Aussagen der Praxis verglichen werden sollen.
Experteninterviews dienen *nicht* als Ersatz für das Literaturstudium! Vor der Durchführung eines Experteninterviews ist die Literatur sorgfältig zu studieren.
Experteninterviews werden zwar mit den Instrumenten einer Befragung durchgeführt (üblicherweise Leitfadeninterviews) und „sehen damit ein bisschen wie sozialwissenschaftliche Untersuchungen aus", sie haben aber eine andere Funktion: Experteninterviews sollen nicht die soziale Realität abbilden, sondern sie fungieren als eine weitere Informationsquelle.

## 9.1.2    Selbständige vs. unselbständige Quellen

Eine weitere Einteilungsmöglichkeit von Quellen unterscheidet selbständige und unselbständige Literatur. Diese Differenzierung ist für die Literatursuche sehr wichtig, denn je nachdem, um welchen Literaturtyp es sich handelt, muss in jeweils anderen Quellen danach gesucht werden.

### Selbständige Literatur

Als selbständige Literatur werden in der Regel Druckwerke bezeichnet, die als eigenständige Publikation erscheinen, also nicht Teil eines anderen, übergeordneten Werkes sind. Selbständige Literatur stellt auch physisch eine eigene Medieneinheit dar, oft in Form eines Buches. Beispiele für selbständige Literatur sind:

- Monographien
- Sammelbände
- Hochschulschriften (Diplom-, Magister- und Masterarbeiten sowie Dissertationen)
- Fachzeitschriften

Der meistgenutzte Weg, um selbständige Literatur zu finden, ist die Recherche in Bibliothekskatalogen. Diese erfassen den gesamten online-katalogisierten Bestand einer (oder mehrerer) Bibliotheken an selbständiger Literatur, wobei es für Zeitungen und Zeitschriften oft spezielle Teilkataloge gibt.

### Unselbständige Literatur

Im Gegensatz zur selbständigen handelt es sich bei unselbständiger Literatur um Texte, die als Teil eines übergeordneten Druckwerks erschienen sind und auch physisch keine eigenständige Medieneinheit darstellen. Typische Beispiele für unselbständige Literatur sind:

- Aufsätze in Fachzeitschriften
- Aufsätze in Sammelbänden
- Artikel in Referenzwerken

Die Suche nach unselbständiger Literatur gestaltet sich in der Regel aufwändiger als die Recherche nach selbständig erschienenen Büchern, weil sie im Gegensatz zu Letzteren *nicht* in Bibliothekskatalogen erfasst ist. Die Suche in Bibliothekskatalogen hilft hier also nicht weiter. Man muss stattdessen wissenschaftliche Datenbanken konsultieren, die darauf spezialisiert sind, unselbständige Literatur aus einem bestimmten Fachgebiet zu verzeichnen. Einige Hinweise zum Umgang mit Datenbanken befinden sich im Anhang B dieses Buches.

Sehr gut sichtbar wird der Unterschied in der Suche nach selbständiger und unselbständiger Literatur bei wissenschaftlichen Zeitschriften. Eine wissenschaftliche Zeitschrift findet man, da es sich bei einer Zeitschrift um selbständige Literatur handelt, ohne größere Probleme im Online-Katalog einer Bibliothek. Wenn man bspw. im Katalog einer Universitätsbibliothek nach der Zeitschrift „Publizistik. Vierteljahreshefte für Kommunikationsforschung" sucht, findet man den entsprechenden Eintrag. Wenn man hingegen wissen will, welche Artikel in der Zeitschrift erschienen sind, kann der Bibliothekskatalog nicht weiterhelfen. Da es sich bei einzelnen Artikeln um unselbständige Literatur handelt, werden diese im Bibliothekskatalog nicht verzeichnet. Da Fachzeitschriften mittlerweile aber zumeist auch als Online-Ressource vorhanden sind, können die einzelnen Beiträge hier eruiert werden.

### „Graue Literatur"

Hierbei handelt es sich um nicht allgemein zugängliche Literatur wie Diplom- und Magister-/Masterarbeiten, Tagungsberichte, Arbeitspapiere etc. Es sind Veröffentlichungen, die außerhalb des Verlagswesens und des regulären Buchhandels erscheinen. Diese Literatur wird nur im Eigenverlag (meist in vergleichsweise kleiner Stückzahl) publiziert.

Im Bereich der Wissenschaften zählen vor allem Forschungsberichte und Tagungsberichte zur grauen Literatur. Zwar ist die Suche und Beschaffung von Forschungs- und Tagungsberichten aufwändiger als bei regulärer wissenschaftlicher Literatur, dafür sind darin meist die aktuellsten Forschungsergebnisse enthalten. Artikel in Fachzeitschriften und vor allem Bücher bedürfen eines umfangreichen, zeitaufwändigen Vorbereitungsprozesses, ehe sie veröffentlicht werden, der Vorbereitungsprozess von grauer Literatur ist zumeist kürzer.

Wo findet man graue Literatur? Einzelne wissenschaftliche Datenbanken erschließen zumindest einen Teil der veröffentlichten Tagungs- und Forschungsberichte, auch im Internet (bspw. auf Homepages von Forschern, Forschungseinrichtungen oder Veranstaltungen) können sich Hinweise auf Forschungs- und Tagungsberichte finden. Oft ist für den Bezug der Literatur eine Kontaktaufnahme mit den betreffenden Forscherinnen bzw. Institutionen notwendig.

### „Ungedrucktes"

Üblicherweise darf nur aus veröffentlichten (meist gedruckten) Quellen zitiert werden. Unter Umständen ist es aber möglich und vielleicht bei einigen Themen sogar notwendig, dass auch unveröffentlichte Unterlagen verwendet werden. Dies muss in einer Anmerkung oder Fußnote ausdrücklich festgehalten werden, bspw.: „Persönlicher Brief an den Verfasser vom Datum", „Mündliche Mitteilung von Name, Funktion, Datum".

### 9.1.3 Arten wissenschaftlicher Literatur

**Monographien und Sammelbände**
Bücher sind sicherlich die bekannteste Form wissenschaftlicher Literatur und stellen eine wichtige Quelle jeder wissenschaftlichen Arbeit dar, wobei Monographien und Sammelbände zu unterscheiden sind.

*Monographien* sind Bücher, die von einer Autorin oder mehreren Autoren verfasst werden und auf ein spezifisches Untersuchungsfeld bzw. eine bestimmte Fragestellung fokussiert sind. Es handelt sich um ein durchgängiges Werk zu einem bestimmten Thema.

*Sammelbände* umfassen Aufsätze bzw. Beiträge mehrerer Autoren, wobei jeder Autor nur für den jeweils eigenen Artikel verantwortlich ist. In der Regel haben Sammelbände ein gemeinsames Rahmenthema und die einzelnen Autoren bringen ihre jeweiligen Überlegungen bzw. Forschungsergebnisse zum Rahmenthema ein. Die Gesamtverantwortung und konzeptionelle Gestaltung liegt in den Händen der Herausgeber des Sammelbandes.

**Referenzwerke**
Referenzwerke – auch als Nachschlagewerke bezeichnet – dienen im Gegensatz zur Monographie und zum Sammelband *nicht* der Darstellung eines spezifischen Untersuchungsfeldes oder Themas. Referenzwerke erheben stattdessen den Anspruch, das Wissen überblicksartig zusammenzufassen. Referenzwerke beinhalten Einträge zu unterschiedlichen Begriffen und Themen, wobei die Einträge alphabetisch, systematisch oder chronologisch geordnet sind.

Bei der Verwendung von Referenzwerken ist zu beachten: Im Prozess des Verfassens einer wissenschaftlichen Arbeit stellen Referenzwerke meist den Einstiegspunkt für die Recherche zu einem Thema dar. Sie erlauben das gezielte Nachschlagen einzelner Begriffe und geben der Leserin einen ersten Überblick zu einem Thema. Details zu einer spezifischen Fragestellung finden sich in den Nachschlagewerken meist nicht, bestenfalls sind weiterführende Literaturhinweise enthalten.

In der Regel findet nur gesichertes Wissen Eingang in Referenzwerke, neue (wissenschaftliche) Erkenntnisse bzw. Entwicklungen werden erst mit einer gewissen Zeitverzögerung in die Werke aufgenommen. Deshalb sind Nachschlagewerke weniger geeignet, Neuentwicklungen bzw. aktuelle (wissenschaftliche) Diskussionen zu recherchieren. Generell sollte das enthaltene Wissen – insbesondere bei älteren Ausgaben – hinsichtlich seiner Aktualität geprüft werden.

Das bedeutet: Referenzwerke sind ein wichtiges Hilfsmittel bei der Einarbeitung in ein Thema bzw. der Begriffsklärung. Allerdings dürfen Referenzwerke nicht die einzige Quelle wissenschaftlicher Arbeiten sein, in der Regel muss eine weiterführende Literaturrecherche folgen. Es ist nur in begründeten Ausnahmefällen sinnvoll, in wissenschaftlichen Arbeiten aus Referenzwerken zu zitieren.

Die einzelnen Typen von Referenzwerken im Detail:

*Enzyklopädien*
Enzyklopädien sind die umfassendste Form der Referenzwerke. Sie erheben den Anspruch, das gesamte zu einem bestimmten Zeitpunkt verfügbare (wissenschaftliche) Wissen überblicksartig darzustellen.

Das wohl bekannteste historische Beispiel einer Enzyklopädie (im heutigen Sinn) ist die von Jean-Baptiste le Rond d'Alembert und Denis Diderot herausgegebene französischsprachige *Encyclopédie ou Dictionnaire raisonné des sciences, des arts et des métiers* – ein „Kind" der Aufklärung, das ab etwa 1750 in zahlreichen Bänden erschienen ist.

Abseits dieses historischen Beispiels erscheinen auch heute noch sehr umfangreiche enzyklopädische Nachschlagewerke: Die bekannteste Enzyklopädie des deutschsprachigen Raums ist die *Brockhaus Enzyklopädie*. Im englischsprachigen Raum ist die *Encyclopaedia Britannica* sehr bekannt, zuletzt 2010 in 32 Bänden erschienen, seit 2012 erscheint sie nur noch digital.

Während Enzyklopädien früher ausschließlich in Buchform veröffentlicht wurden, erscheinen heutzutage alle gängigen Enzyklopädien auch auf CD-Rom oder DVD bzw. sind online verfügbar. Auf die Online-Einträge kann allerdings nur gegen Gebühr zugegriffen werden.

Die wohl bekannteste kostenlos zugängliche Online-Enzyklopädie ist Wikipedia. Im Gegensatz zu den oben genannten Enzyklopädien ist diese nicht nur frei im Netz zugänglich, sondern kann grundsätzlich auch von jedem mitgestaltet werden. Dies ist Chance und Risiko zugleich! Da die wissenschaftliche Qualität und der Umfang der Beiträge nicht immer zufriedenstellend sind, sollte Wikipedia in wissenschaftlichen Arbeiten nicht zitiert werden. Falls Wikipedia doch verwendet wird,[8] sollte Wikipedia niemals die einzige Quelle sein, sondern es muss auch weitere wissenschaftliche Literatur verwendet werden.

## (Fach-)Lexika und Wörterbücher

Ein weiterer Typ von Referenzwerken sind Lexika. Diese erheben im Vergleich zu Enzyklopädien nicht den Anspruch, das gesamte verfügbare Wissen zu verzeichnen, sondern beschränken sich auf einen (mehr oder weniger großen) Ausschnitt des Wissens. Für Lexika, die sich gezielt einem bestimmten Fachbereich widmen, wird oft auch der Begriff Fachlexika verwendet.

Im Gegensatz zu Lexika enthalten Wörterbücher streng genommen ausschließlich Informationen zu einer oder mehreren Sprachen (bspw. Fremdwörterbücher, etymologische Wörterbücher, Wörterbücher zur Rechtschreibung). Allerdings werden die Begriffe „Lexikon" und „Wörterbuch" oft synonym verwendet und bezeichnen ganz allgemein ein Nachschlagewerk zu einem bestimmten Fachgebiet. Die Einträge in Lexika und Wörterbüchern sind in der Regel alphabetisch geordnet und auf kürzere Erklärungen beschränkt. Fachlexika enthalten meist auch weiterführende Literaturhinweise.

Die bekanntesten deutschsprachigen Wörterbücher (im engeren Sinn) sind die Publikationen des Duden-Verlags, etwa der nicht zuletzt infolge der jüngsten Rechtschreibreformen immer wieder gern konsultierte Duden *Die deutsche Rechtschreibung*. Das offizielle Nachschlagewerk zu den Rechtschreibregelungen in Österreich ist das *Österreichische Wörterbuch*.

Abseits von Fragen der Rechtschreibung empfiehlt es sich gerade am Beginn des Studiums, unbekannte Begriffe in einem Fremdwörterbuch oder auch in einem etymologischen Wörterbuch (erklärt die Herkunft von Begriffen) nachzuschlagen. Lexika sind zu den unterschiedlichsten weiter oder enger gefassten wissenschaftlichen und weniger wissenschaftlichen Themengebieten verfügbar. Ein umfassender Überblick ist daher unmöglich.

Beispiele für fachspezifische Lexika der Publizistik- und Kommunikationswissenschaft sind:

---

8    Achtung: Manche Lehrveranstaltungsleiter untersagen die Verwendung von Wikipedia in ihren Seminaren und Lehrveranstaltungen völlig!

Bentele, Günter/Brosius, Hans-Bernd/Jarren, Otfried (Hrsg.) (2013): Lexikon Kommunikations- und Medienwissenschaft. 2., überarb. und erw. Auflage. Wiesbaden: VS Verlag.
Noelle-Neumann, Elisabeth/Wilke, Jürgen/Schulz, Winfried (Hrsg.) (2009): Fischer Lexikon Publizistik, Massenkommunikation. Vollständig überarb. und erg. Auflage. Frankfurt am Main: Fischer-Taschenbuch-Verlag.
Schanze, Helmut (Hrsg.) (2002): Metzler Lexikon Medientheorie, Medienwissenschaft. Ansätze – Personen – Grundbegriffe. Stuttgart/Weimar: Metzler.

*Hand(wörter)bücher*
Handbücher sind ebenfalls Referenzwerke zu einem bestimmten wissenschaftlichen Fachgebiet, allerdings umfassen diese auch längere Einträge zu einzelnen Aspekten des jeweiligen Fachgebietes. Des Weiteren sind die Einträge nicht alphabetisch, sondern thematisch oder chronologisch geordnet, und es finden sich in aller Regel weiterführende Literaturhinweise zu den einzelnen Einträgen.

Wie schon die Grenze zwischen Lexika und Wörterbüchern ist auch die Grenzziehung zwischen diesen beiden und den Handbüchern nicht immer eindeutig bzw. werden die Begriffe nicht immer exakt voneinander unterschieden. Darüber hinaus gibt es mit den sog. „Handwörterbüchern" auch eine Mischform aus Lexikon und Handbuch (längere Beiträge, die alphabetisch geordnet sind).

Ausgewählte Handbücher zur Publizistik- und Kommunikationswissenschaft sind:
Bentele, Günter/Brosius, Hans-Bernd/Jarren, Otfried (Hrsg.) (2003): Öffentliche Kommunikation. Handbuch Kommunikations- und Medienwissenschaft. Wiesbaden: Westdeutscher Verlag.
Pürer, Heinz (2014): Publizistik- und Kommunikationswissenschaft. Ein Handbuch. 2., völlig überarb. und erw. Auflage. Konstanz: UVK.
Weischenberg, Siegfried/Kleinsteuber, Hans J./Pörksen, Bernhard (Hrsg.) (2018): Handbuch Journalismus und Medien. Köln: Halem.

Des Weiteren existiert eine Vielzahl an Handbüchern, die sich unterschiedlichen Aspekten der praktischen journalistischen Arbeit widmen. In diesem Zusammenhang seien zwei bekannte Reihen erwähnt:
Reihe Praktischer Journalismus (erschien bei UVK; jetzt im Herbert von Halem Verlag)

Reihe Journalistische Praxis (erschien zunächst bei List bis 2005, dann im Econ-Verlag und seit 2013 bei Springer VS)

*Bibliographien*
Bibliographien sammeln im Gegensatz zu den bisher vorgestellten Referenzwerken nicht Begriffserklärungen oder themenspezifische Artikel, sondern Literaturhinweise. Bibliographien geben Auskunft über Literatur, die zu einem bestimmten Fachgebiet oder in einem bestimmten Land erschienen ist, oder über die von einem bestimmten Autor verfasste Literatur. Bibliographien sind demnach Bücher über Bücher. Die Literaturnachweise sind darin systematisch, alphabetisch und/oder chronologisch geordnet.

Für die Literaturrecherche sind vor allem zwei Typen von Bibliographien relevant: **Nationalbibliographien** werden meist von den jeweiligen Nationalbibliotheken erstellt und verzeichnen die gesamte in einem bestimmten Staat oder Sprachraum publizierte Literatur. **Fachbibliographien** verzeichnen die in einer bestimmten Disziplin oder zu einem bestimmten Fachgebiet erschienene Literatur.

*Lehr- und Studienbücher*
Lehrbücher dienen dazu, die Grundlagen eines Faches bzw. Themenfeldes einfach und verständlich zu erklären. Sie erlauben es, den Einstieg in ein bestimmtes Thema bzw. einen bestimmten Fachbereich zu finden, und vermitteln einen Überblick (was gerade für Studienanfängerinnen sehr hilfreich sein kann). In ihrer Zielsetzung ähneln Lehrbücher den Handbüchern, allerdings bestehen Lehrbücher nicht aus einzelnen Beiträgen, sondern sind im Stil einer Monographie verfasst. Die Inhalte werden stärker didaktisch aufbereitet, manchmal sind auch Lehrmaterialen enthalten. Einführende Darstellungen finden sich darüber hinaus in den sog. Studienbüchern. Diese können – ähnlich den Lehrbüchern – im Stil einer Monographie verfasst sein, sie können aber auch eine Sammlung (und Kommentierung) grundlegender Texte zu einem Fachgebiet beinhalten.

Auch für Lehr- und Studienbücher gilt, dass sie in aller Regel nur den gesicherten Wissensstand zu einem Fachbereich/Thema zusammenfassen und aktuelle Entwicklungen und Diskussionen nur am Rande berücksichtigen (können). Aufgrund der Ähnlichkeit in der Ausrichtung (Einführung bzw. Überblick) ist die Abgrenzung zwischen Studien-, Lehr- und Handbüchern sowie sonstigen Referenzwerken nicht immer eindeutig. Manches Lexikon oder Handbuch erscheint da schon mal mit dem Zusatz „Studienbuch" und findet sich darüber hinaus in einer Lehrbuch-Reihe.

Oft liefern auch Monographien, die nicht explizit als Studien- oder Lehrbuch bezeichnet sind, Einführungen zu unterschiedlichsten Themen. Entsprechende Werke sind meist an Schlagwörtern wie „Einführung", „Basics", „Basiswissen", „Grundlagen", „Grundkurs", „Grundlagentexte", „Orientierung", „Kursbuch" etc. zu erkennen.

*Periodika*

Neben den verschiedenen Büchern haben Periodika in der wissenschaftlichen Literatur einen sehr hohen Stellenwert. Die Bezeichnung leitet sich vom regelmäßigen – eben periodischen – Erscheinungsintervall dieser Publikationen her. Grob lassen sich unterscheiden:

**Wissenschaftliche Fachzeitschriften**, in denen mehrmals im Jahr (oft vierteljährlich) Beiträge zu wissenschaftlichen Themen publiziert werden. Die einzelnen Zeitschriften unterscheiden sich in ihrer inhaltlichen und regionalen Ausrichtung – sie sind auf ein bestimmtes Fachgebiet und zumeist auch auf einen bestimmten Sprachraum spezialisiert.

Die Vorteile wissenschaftlicher Fachzeitschriften liegen auf der Hand, deren Lektüre lohnt sich mehrfach: Wissenschaftliche Fachzeitschriften erlauben einen besseren Einblick in die aktuelle wissenschaftliche Forschung als Bücher, denn aktuelle Forschungsergebnisse werden oft in Fachzeitschriften publiziert, noch bevor sie in Buchform erscheinen.

Außerdem werden Forschungsergebnisse nicht immer in Buchform veröffentlicht – daher erlauben Fachzeitschriften auch einen umfassenderen Einblick in den wissenschaftlichen Erkenntnisstand. Darüber hinaus achten renommierte Fachzeitschriften mithilfe eigener Beurteilungsverfahren (sog. peer reviews) auf die Qualität der veröffentlichten Beiträge. Jedenfalls sollten Fachzeitschriften bei der Suche nach wissenschaftlicher Literatur immer ausreichend Berücksichtigung finden. Ein Überblick über die wichtigsten kommunikationswissenschaftlichen Fachzeitschriften befindet sich im Anhang A dieses Buches.

Neben Fachzeitschriften gelten auch **Jahrbücher** als Periodika. Als Beispiel sei das *Jahrbuch für Kommunikationsgeschichte* genannt, das jährlich aktuelle Ergebnisse kommunikationshistorischer Forschung publiziert.

Auch **Tagungs- und Forschungsberichte** (englisch: proceedings) können zu den Periodika gezählt werden, sofern sie in regelmäßigen Intervallen erscheinen.

„Normale" **(Tages-)Zeitungen und Magazine** – dazu zählen auch populärwissenschaftliche Magazine – sind zwar Periodika, nicht jedoch wissenschaftliche Fachliteratur, da sie an ein breiteres Publikum gerichtet sind, sich an ein anderes Zielpublikum richten und nicht mit wissenschaftlichen Methoden arbeiten, sondern mit journalistischen. Solche Periodika verfolgen andere Ziele und folgen anderen Regeln als wissenschaftliche Fachzeitschriften. Daher können derartige Periodika nur ausgesprochen eingeschränkt als Quelle wissenschaftlicher Arbeiten dienen. Davon unberührt ist die Tatsache, dass gerade populäre Zeitungen, Zeitschriften und Magazine sehr oft Gegenstand wissenschaftlicher Untersuchungen sind.

*Hochschulschriften*
Dabei handelt es sich um Arbeiten, die zur Erlangung eines akademischen Abschlusses verfasst wurden. Zu den Hochschulschriften zählen Diplom- und Magisterarbeiten, Dissertationen und Habilitationsschriften. Im Gegensatz zu Monographien und Sammelbänden werden Diplomarbeiten und Dissertationen meist nicht über einen Verlag publiziert (außer besonders gelungene Arbeiten) und sind daher auch nicht über den Buchhandel erhältlich. Aber sie werden in wissenschaftlichen Bibliotheken gesammelt und sind über die Kataloge der Bibliotheken zu finden (in Österreich findet sich eine Hochschulschrift zumindest an jener Universität, an der die Arbeit eingereicht wurde).

### 9.1.4  Internetquellen

Quellen aus dem Internet werden (nach quellenkritischer Betrachtung) grundsätzlich genauso behandelt wie gedruckte Werke. So weisen auch im Internet jene Quellen, die man für eine wissenschaftliche Arbeit verwenden kann, die Autorinnen, den Titel und ein Erscheinungsdatum auf und werden idealerweise im Rahmen einer bekannten Fachzeitschrift oder einer anderen anerkannten Institution publiziert. Sie halten damit einer quellenkritischen Betrachtung (siehe Kap. 9.2) stand.

Zahlreiche (internationale) Fachzeitschriften veröffentlichen alle Beiträge mittlerweile auch oder sogar ausschließlich im Internet. Solche Beiträge können natürlich bedenkenlos verwendet werden. Es ist aber darauf zu achten, die genauen bibliographischen Angaben der Fachzeitschrift anzugeben (idealerweise inkl. DOI, siehe Kap. 9.7.4) und nicht ausschließlich die URL.

**Achtung:**
Beiträge aus dem Internet, die keine dieser bibliographischen Daten aufweisen, deren Verfasser nicht eruierbar ist, die keiner vertrauenswürdigen Institution zuzuordnen sind und bei denen kein Erscheinungsdatum angegeben ist, sollten (sicherheitshalber) nicht als wissenschaftliche Quelle verwendet werden.

Aufgrund der Erscheinungsart von Internetpublikationen (nicht gedruckt, sondern nur im WWW vorhanden und somit häufig „flüchtig") verlangen aber viele Quellen eine besondere Betrachtung: Es kann vorkommen, dass Quellen nicht mehr auffindbar sind (sofern sie nicht mit einem DOI bzw. einem Permanent Link versehen sind), weil sie gelöscht, geändert oder an andere Stellen verschoben wurden. Dies erschwert ein Nachschlagen und Nachprüfen.

Deshalb sollten Internetquellen im Sinne der Wiederholbarkeit gesichert werden durch Speichern der Inhalte, Ausdrucke etc. Zudem wird üblicherweise das Datum des Abrufs (der Konsultation der Internet-Seite) am Ende der Quelle in runden oder eckigen Klammern angeführt; damit ist zumindest angegeben, zu welchem Zeitpunkt die Information in dieser Form online verfügbar war.

Internetquellen werden häufig separat im Literaturverzeichnis angegeben und ebenfalls alphabetisch geordnet.

## 9.2 Quellenkritik

### 9.2.1 Zitierfähige vs. zitierwürdige Quellen

Nicht alle Quellen sind wissenschaftliche Quellen bzw. für wissenschaftliche Arbeiten verwendbar – und dann sind auch nicht alle Quellen bzw. Inhalte „gut" und gehaltvoll. Grundsätzlich ist zwischen zitierfähig und zitierwürdig zu unterscheiden:

**Zitierfähige Quellen** weisen alle nötigen Angaben für eine sachgerechte Zitation auf. Nur solche Quellen sind grundsätzlich im Rahmen von wissenschaftlichen Arbeiten verwendbar, graue Literatur gilt nur als eingeschränkt zitierfähig. **Zitierwürdige Quellen** halten zudem einer quellenkritischen Prüfung stand und können in wissenschaftlichen Arbeiten verwendet werden. Zitierfähige und zitierwürdige wissenschaftlich brauchbare Quellen sind für jedermann zugänglich, auffindbar, überprüfbar und entsprechen wissenschaftlichen Qualitätskriterien.

Woran erkennt man eine wissenschaftlich brauchbare, zitierwürdige Quelle? Der Bekanntheitsgrad des Autors muss nicht immer ausschlaggebend dafür sein, ob es sich um wissenschaftliche Quellen handelt. Zitierwürdige Quellen bzw. niveauvolle wissenschaftliche Arbeiten weisen folgende Indizien (wissenschaftliche Qualitätskriterien) auf:

- Die Zitierweise anderer Quellen ist korrekt.
- Die Quellenangaben sind vollständig vorhanden.
- Die Argumentation ist wissenschaftlich.
- Der empirische Teil ist wissenschaftlich durchgeführt.
- Die Arbeitsweise inklusive der methodischen Umsetzung wird offengelegt.
- Der Verlag gilt als anerkannt.
- Die Quellen gelten als anerkannt.
- Wenn es sich um einen Artikel handelt, so ist er in einem Sammelband bzw. einer Fachzeitschrift enthalten, der/die von anerkannten Wissenschaftlern herausgegeben und einem Begutachtungsverfahren (peer review) unterzogen wird.

Jede Literatur ist mit Vorsicht und „fachlichem Misstrauen" (Rossig/ Prätsch, 2008: 32) zu behandeln. Verlage und Redaktionen üben zwar in hohem Maße eine qualitätssichernde Funktion aus, können aber nicht immer eine Garantie für Richtigkeit im Einzelfall geben. Besondere Vorsicht ist geboten bei Quellen, bei denen Verlage und Redaktionen als qualitätssichernde Instanzen zumeist fehlen. Diese Quellen sollten mit der gebotenen Vorsicht (Internetquellen) bzw. gar nicht (Diplom-, Magister- und Masterarbeiten) verwendet werden:

Bei Diplomarbeiten und anderen wissenschaftlichen Arbeiten ist nicht klar, ob es sich um gute oder schlechte Arbeiten handelt,[9] ihre Zitierwürdigkeit ist also fraglich.

Bei Internetquellen ist erhöhte Wachsamkeit angebracht: Sie sind zwar oft aktuell, aber es ist nicht bzw. nur schwer überprüfbar, ob die Daten wissenschaftlich korrekt erarbeitet wurden. Der Anteil an unseriösen Informationen dürfte im Internet höher sein, da der Aufwand für eine Veröffentlichung wesentlich niedriger ist (außer es handelt sich

9   Die Noten der wissenschaftlichen Abschlussarbeiten dürfen aus Datenschutzgründen nicht veröffentlicht werden.

um etwaige Volltextangebote von Fachzeitschriften o.Ä.). Somit ist bei Internetquellen mit ihrer schwankenden Informationssicherheit und unterschiedlichen Zuverlässigkeit eine zusätzliche Plausibilitätsprüfung und Absicherung notwendig.

Aber auch qualifizierte Angebote im Internet nehmen zu: Zunehmend bieten renommierte Fachverlage und öffentliche Institutionen ihre Magazine, Journale, Nachrichtendienste im Internet an. Die Vergabe internationaler Standard-Seriennummern (ISSN) auch für Online-Magazine veranschaulicht die zunehmende Bedeutung des Internets (vgl. Rossig/Prätsch, 2008: 32).

Bei nationalen und internationalen Organisationen, Universitäten, Instituten, Verlagen und Unternehmen darf angenommen werden, dass die im Internet zur Verfügung gestellten Texte den allgemeinen wissenschaftlichen Kontrollen und somit den Qualitätskriterien entsprechen. Vorsicht ist geboten bei unbekannten und privaten Websites, da im Internet ja jeder als Anbieter von Informationen auftreten kann.

Wikipedia gilt grundsätzlich als eine „ambivalente" Quelle, da die Beiträge von Usern erstellt und verändert werden. Die Artikel sind somit nicht in ein redaktionelles Gesamtkonzept eingebunden und es ist nicht immer sicher, ob die Inhalte korrekt sind. Falls Wikipedia verwendet wird, müssen die Aussagen unbedingt mit weiteren wissenschaftlichen Quellen ergänzt und kontrolliert werden.

### 9.2.2 Kriterien zur Bewertung einer guten wissenschaftlichen Arbeit

Obwohl der Ablauf einer wissenschaftlichen Arbeit in den Grundzügen vorgegeben ist, gibt es kein verbindliches, „zertifiziertes" Verfahren zur Durchführung. Somit gibt es auch kein verbindliches Verfahren zur Überprüfung, ob eine Arbeit den wissenschaftlichen Qualitätsstandards entspricht.

Grundsätzlich folgt die Darstellung der Vorgehensweise und der Ergebnisse in einem Forschungsbericht (und somit auch in jeder Proseminar-, Seminar- oder Abschlussarbeit) aber der Reihenfolge Problem (zugespitzt in Forschungsfragen und Hypothesen) – Methode – Ergebnisse (Hypothesenprüfung und Beantwortung der Forschungsfragen) und deren Diskussion. In anglo-amerikanischen Fachzeitschriften sind daher auch oftmals die (zwingenden) Zwischentitel „problem, method, findings, discussion" gebräuchlich.

Anhand dieser Elemente des Aufbaues lassen sich die Beurteilungskriterien einer Arbeit auflisten. In der Folge werden zwei mögliche (und gebräuchliche) Kriterienkataloge vorgestellt. Die Beurteilung, ob eine gute wissenschaftliche Arbeit vorliegt, erfordert Übung und Kenntnis von wissenschaftlichen Publikationen – darum gilt auch hier: Wissenschaft bedeutet, viel zu lesen.

**Zentrale Fragen zur Beurteilung der Qualität einer Arbeit**
Im „Katalog von Roberts und Rost" (vgl. Stary/Kretschmer, 2004: 82f.) werden eine Reihe von Fragen aufgestellt, die zur Beurteilung einer wissenschaftlichen Arbeit herangezogen werden können.

*Problemdarstellung*
1. Wird das interessierende Problem verständlich dargestellt?
2. Ist die gestellte Frage wichtig?
3. Wird die Antwort zu neuen wissenschaftlichen Erkenntnissen führen?
4. Ist das Problem gut expliziert und werden die Eingrenzungen des Forschungsgebietes mit angegeben?
5. Sind die verwendeten Konzepte verständlich?
6. Sind die Variablen so gut operationalisiert, dass sie ihre Relevanz für das Konzept und die Absicht der Untersuchung beinhalten?
7. Sind die formulierten Annahmen überhaupt sinnvoll (unter der Berücksichtigung der Konzepte und Variablen)?

*Methodik*
1. Sind die Hypothesen auf erwartete Unterschiede hin formuliert?
2. Könnte man die Untersuchung aufgrund der gegebenen Information exakt wiederholen?
3. Ist die interessierende Population definiert und ausführlich beschrieben?
4. Ist die Stichprobenauswahl adäquat? Angemessen? Transparent?
5. Ist das Design unter der Berücksichtigung der durch das Problem gegebenen Grenzen adäquat?
6. Sind die Messungen der unabhängigen und abhängigen Variablen angemessen?
7. Werden nützliche Zusatzdaten erhoben?
8. Kann die Untersuchung Aussagen über kausale Zusammenhänge oder Korrelationen liefern?
9. Sind unter Berücksichtigung des Designs und der Stichprobe die Ergebnisse zu verallgemeinern?

*Ergebnisse*
1. Sind die Beobachtungskategorien relevant?
2. Schließen sich die Unterkategorien für jede Variable gegenseitig aus? Erfassen sie alle interessierenden Ereignisse? Sind die Kategorien für die verschiedenen Variablen voneinander unabhängig?
3. Sind die statistischen Analysen den Daten angemessen?
4. Erreichen die beobachteten Unterschiede statistische Signifikanz?
5. Sind sie auch praktisch bedeutsam?
6. Werden die Ergebnisse verständlich und deutungsfrei dargestellt?
7. Sind alle wichtigen Daten in der Arbeit mit aufgeführt?
8. Sind alle Abbildungen und Tabellen aus sich heraus verständlich?
9. Ist der Autor bereit, seine Daten für Nachrechnungen und zusätzliche Analysen zur Verfügung zu stellen?

*Diskussion und Schlussfolgerungen*
1. Werden aus den Ergebnissen logische Schlüsse abgeleitet?
2. Hat der Autor kausale Interpretationen von Korrelationen vermieden?
3. Haben die Schlussfolgerungen irgendeinen praktischen oder wissenschaftlichen Wert?
4. Sind die Generalisierungen angemessen?
5. Werden die Grenzen der Untersuchung deutlich angesprochen?
6. Werden noch unbeantwortete Fragen betrachtet?

**Kriterien zur Bewertung eines (soziologischen) Forschungsberichtes**
Folgendes Schema aus Friedrichs (1990) gibt Hinweise auf relevante Aspekte für die Qualität von wissenschaftlichen Arbeiten (Formulierung des Problems, Beschreibung der Methode, Darstellung der Ergebnisse und Interpretation) und beschreibt die Stufen der Bewertung dieser Aspekte.

*Tab. 7: Schema zur Bewertung wissenschaftlicher Arbeiten*

| Arbeitsschritte | Mangelhaft | Substandard | Standard | Hervorragend |
|---|---|---|---|---|
| **Formulierung des Problems** | | | | |
| 1. Klarheit der Formulierung | Formulierung ist mehrdeutig, unklar, verzerrt, inkonsistent oder irrelevant für die Studie. | Problem muss aus unvollständiger oder unklarer Formulierung erschlossen werden. | Formulierung ist eindeutig und schließt präzise Beschreibung der Forschungsziele ein. | Formulierung ist eindeutig und enthält formulierte Hypothesen wie Bedingungen für ihre Prüfung. |
| 2. Bedeutsamkeit des Problems | Kein Problem ist bedeutungslos, unlösbar oder trivial. | Lösung des Problems würde für wenige Spezialisten wichtig sein. | Lösung des Problems dürfte für viele Soziologen wichtig sein. | Lösung des Problems dürfte für die meisten Soziologen wichtig sein. |
| 3. Literaturbezug | Kein Literaturbezug auf frühere Arbeiten oder nicht korrekter Literaturbezug. | Literaturbezug unvollständig oder mit Irrtümern in Zitierung oder Interpretation behaftet. | Literaturbezug ist einigermaßen vollständig. | Literaturbezug zeigt eingehend die Entwicklung des Forschungsproblems aus früheren Forschungsergebnissen. |

| Arbeitsschritte | Mangelhaft | Substandard | Standard | Hervorragend |
|---|---|---|---|---|
| **Beschreibung der Methode** | | | | |
| 4. Angemessenheit der Methode | Problem kann mit dieser Methode nicht gelöst werden. | Nur eine versuchsweise oder Teillösung kann mit dieser Methode gelöst werden. | Lösung des Problems mit dieser Methode möglich, aber ungewiss. | Problem ist definitiv mit dieser Methode zu lösen. |
| 5. Angemessenheit der Stichprobe oder des Feldes | Stichprobe ist zu klein, nicht passend, verzerrt oder hat unbekannte Verfahrensmerkmale. | Die einbezogenen Fälle sind sinnvoll, Ergebnisse können jedoch nicht übertragen werden. | Ergebnisse sind übertragbar mit Irrtümern beträchtlicher oder unbekannter Stärke. | Ergebnisse sind übertragbar mit bekannt kleinen Irrtümern, oder der gesamte Objektbereich wurde erfasst. |
| 6. Replizierbarkeit | Nicht replizierbar. | Grundsätzlich replizierbar, aber nicht in Details. | Replizierbar auch in Einzelheiten mithilfe zusätzlicher Informationen durch den/die Verfasser. | Auch in Einzelheiten replizierbar aufgrund der vorliegenden Informationen. |

| Arbeitsschritte | Mangelhaft | Substandard | Standard | Hervorragend |
|---|---|---|---|---|
| **Darstellung der Ergebnisse** | | | | |
| 7. Vollständigkeit | Relevante Resultate wurden vorenthalten oder ausgelassen. | Relevante Resultate werden zusammengefasst gegeben. | Relevante Ergebnisse werden dargestellt, teils in Einzelheiten, teils summarisch. | Relevante Ergebnisse werden in allen Einzelheiten gegeben. |
| 8. Verständlichkeit | Resultate sind unvollständig oder rätselhaft. | Verständnis der Resultate erfordert spezielles Wissen oder spezielle Fähigkeiten. | Eingehende Lektüre ist für das Verständnis notwendig. | Ergebnisse sind beim ersten sorgfältigen Lesen voll verständlich für ein durchschnittliches Mitglied der Profession. |
| 9. Ertrag | Kein Beitrag zur Lösung des Problems. | Brauchbare Hinweise oder Vorschläge zur Lösung des Problems. | Vermutliche Lösung des Problems. | Definitive Lösung des Problems. |

| Arbeitsschritte | Mangelhaft | Substandard | Standard | Hervorragend |
|---|---|---|---|---|
| **Interpretation** | | | | |
| 10. Exaktheit | Fehler in der Berechnung, Übertragung, Formulierung, Logik oder den Fakten nachweisbar. | Dem Verfahren ohnehin anhaftende, aber keine größeren Fehler nachweisbar. | Fehler aufgrund der verwendeten Verfahren unwahrscheinlich. Keine Fehler erkennbar. | In das Verfahren wurden Exaktheitsprüfungen mit positivem Ergebnis einbezogen. |
| 11. Verzerrung | Deutliche Verzerrungen in der Darstellung der Ergebnisse und der Interpretation. | Einige Verzerrungen in der Interpretation, nicht aber in der Darstellung der Ergebnisse. | Keine Verzerrungen erkennbar. | Verfahren enthielten erfolgreiche Vorsichtsmaßnahmen gegenüber Verzerrungen. |
| 12. Nützlichkeit | Nicht nützlich. | Einfluss auf künftige Arbeiten in diesem Gebiet möglich. | Einfluss auf einige künftige Arbeiten in diesem Gebiet wahrscheinlich. | Einfluss auf alle künftigen Arbeiten in diesem Gebiet wahrscheinlich. |

*Quelle: Vgl. Friedrichs 1990, S. 396f.*

## 9.3 Zitat

Wissenschaft beruht auf der Weiterentwicklung von vorhandenem Wissen. Aus diesem Grund ist es in der Wissenschaft üblich, auf diesem Fundament an Wissen aufzubauen und es weiter zu entwickeln, es zu kritisieren, zu untermauern etc. Dafür ist es notwendig, das schon vorhandene Wissen zu verwenden, in jeder Arbeit also den Forschungsstand darzustellen und dabei Literatur von anderen Autoren für die Argumentation zu verwenden etc.

Diese Verwendung von fremden Inhalten in Büchern und Artikeln, in Studien und Untersuchungen nennt man Zitieren. Dies ist in der Wissenschaft ein üblicher, notwendiger und wünschenswerter Vorgang.

Das heißt also: Man kann und darf Inhalte von fremden Autoren verwenden, aber man muss immer (!) angeben, von wem diese Inhalte stammen. Dies ist sowohl aus urheberrechtlicher Sicht als auch aus wissenschaftlicher Konvention heraus unumgänglich. Wer fremde Inhalte verwendet, ohne sie zu zitieren und mit der korrekten Quellenangabe zu versehen, begeht ein urheberrechtlich und wissenschaftlich verpöntes und sanktioniertes Verhalten: ein Plagiat.

Was ist nun ein Zitat? Bei einem **Zitat** handelt es sich um die direkte oder indirekte Übernahme eines Inhaltes (Texte, Bilder, Gedankengänge, Argumentationen etc.) von einem fremden Urheber mit der Angabe der Quelle. Laut ÖNORM A 2658 bedeutet die Angabe der Quelle die „Art der formalen Beschreibung eines Dokumentes oder eines sonstigen Werkes, die dessen unmittelbare Identifizierung und Wiederauffindung gewährleistet" (ÖNORM A 2658 Teil 1: 2).

Wo fremdes geistiges Eigentum verwendet wird, muss dies deklariert sowie kenntlich gemacht und die Quelle angegeben werden. Wenn man sich in seinem eigenen Text direkt oder indirekt auf einen fremden Text bezieht, *muss* diese fremde Quelle nachgewiesen werden – und zwar durch ein Zitat und die Angabe der entsprechenden Quelle.

Dennoch muss nicht jede Behauptung belegt werden: Allgemeinwissen sowie in einem Fach allgemein Bekanntes muss nicht durch ein Zitat gestützt werden. Die Frage, was das nun genau ist, ist allerdings alles andere als einfach oder trivial. Zudem ist es erlaubt, bei einem Motto, einem Aphorismus o.Ä. nur den Urheber, aber ohne die genaue Fundstelle, anzuführen.

Ein Zitat kann unterschiedliche Zwecke erfüllen (vgl. Bünting/Bitterlich/Pospiech, 2000: 81):

- Man beruft sich auf Texte anderer, um die eigene Position zu untermauern.

- Die Ausführungen anderer Autoren dienen als Ausgangspunkt und werden weitergeführt, miteinander verglichen, kritisiert usw.
- Verschiedene Thesen, Positionen, Erklärungsansätze werden zusammengestellt, um den Stand der Forschung auf einem bestimmten Gebiet darzustellen.

**Achtung:**
Es ist stets auf die korrekten Begriffe zu achten:
- **Zitat** = die Textstelle, die direkt oder indirekt übernommen wurde
- **Quelle** = das Buch, der Artikel etc., in dem der zitierte Text zu finden ist
- **Quellenangabe** = jene Angaben, mit denen das Zitat versehen wird, um den Rückschluss auf die vollständige Quelle im Quellenverzeichnis zu erlauben

## 9.4 Plagiat

Wer abschreibt, ohne die Quelle anzugeben, begeht Diebstahl von geistigem Eigentum nach dem Urhebergesetz. Man bezeichnet dies allgemein als Plagiat. Wissenschaftlicher Ethos verlangt, dass fremde geistige Schöpfungen und Ideen durch ein Zitat kenntlich gemacht werden, auch wenn sie bloß sinngemäß wiedergegeben werden. Das Plagiieren ist im österreichischen Universitätsgesetz bspw. als wissenschaftlich unredliches Verhalten normiert wie folgt, § 51 Abs 2 Universitätsgesetz:

*„§ 51 (2) 31. Ein Plagiat liegt eindeutig vor, wenn Texte, Inhalte oder Ideen übernommen und als eigene ausgegeben werden. Dies umfasst insbesondere die Aneignung und Verwendung von Textpassagen, Theorien, Hypothesen, Erkenntnissen oder Daten durch direkte, paraphrasierte oder übersetzte Übernahme ohne entsprechende Kenntlichmachung oder Zitierung der Quelle und der Urheberin oder des Urhebers.*

*32. Vortäuschen von wissenschaftlichen Leistungen liegt jedenfalls dann vor, wenn auf ‚Ghostwriting' zurückgegriffen wird oder wenn Daten und Ergebnisse erfunden oder gefälscht werden."*

Ein Plagiat ist die bewusste, absichtliche und unrechtmäßige Übernahme von fremdem geistigem Eigentum; die Autorin verwendet – ganz oder teilweise – fremde Werke in einem eigenen Werk, ohne die Quelle anzugeben. Dazu zählen insbesondere folgende Fälle:

- Vollplagiat: Übernahme einer (vollständigen) fremden Arbeit ohne Einverständnis des tatsächlichen Urhebers
- Zitat ohne Beleg/Teilplagiat: Übernahme von Teilen/Textausschnitten eines fremden Werkes ohne entsprechende Quellenangabe
- Übersetzungsplagiat: Übersetzung von fremdsprachigen Arbeiten (bzw. Teilen davon) und Übernahme ohne entsprechende Quellenangabe
- Selbstplagiat: Verwendung von ein und derselben Arbeit in mehreren Lehrveranstaltungen[10]
- Verbalplagiat: Übernahme einer wortwörtlichen Textpassage
- Ideenplagiat: sinngemäße Übernahme von Inhalten ohne Angabe des Urhebers

Vom Plagiat zu unterscheiden ist die **Fälschung**. Hier wird nicht aus einem bestehenden Werk „abgeschrieben", sondern es werden die Arbeit oder die Autorenschaft gefälscht, Studien oder Ergebnisse erfunden etc.

Auch das **Ghostwriting** wird oft unter den Begriff Plagiat subsumiert, bezeichnet aber eine eigene Form der Verwendung von fremden Arbeiten: Die Studierende gibt eine fremde Arbeit mit Einverständnis des tatsächlichen Urhebers als ihre eigene aus.

Sowohl Fälschungen als auch Ghostwriting zählen wie das Plagiat zum wissenschaftlichen Fehlverhalten und werden studienrechtlich sanktioniert.

## 9.5  Grundregeln für wissenschaftliches Zitieren

Das Verwenden von fremden Quellen ist erlaubt und für das wissenschaftliche Arbeiten sogar notwendig; es soll ja gerade auf bereits vor-

---

10  Dies ist ein Beispiel dafür, dass die wissenschaftliche Konvention bzw. das Studienrecht strenger ist als das Urheberrecht: Urheberrechtlich liegt kein Plagiat vor, da ja keine fremden Inhalte verwendet wurden. Studienrechtlich liegt allerdings ein wissenschaftliches Fehlverhalten vor, da mit einer Leistung zwei Leistungsnachweise erworben werden wollen – dies wird als Erschleichen einer Leistung behandelt.

handenes Wissen aufgebaut und dieses erweitert werden. Dafür müssen diese fremden Quellen verwendet werden – und das darf und soll man auch! Die fremden Quellen müssen allerdings als solche angegeben werden und dafür gibt es genaue Regeln: die Zitierregeln.

Unter „wissenschaftlichem Zitieren" versteht man,

- dass nur einzelne Passagen zitiert werden,
- dass die Zitate nicht aus dem Zusammenhang gerissen werden,
- dass die Quelle dabei angegeben wird (sog. „Quellenangabe") und
- dass diese Quelle auch als Werk im Literaturverzeichnis eingefügt wird („Quellenverzeichnis").

Es ist nicht legitim, ganze Abschnitte oder vielleicht sogar ganze Kapitel abzuschreiben, auch wenn man dabei die Quelle ordnungsgemäß angibt, es dürfen nur einzelne Stellen vom fremden Autor verwendet werden. Wie viel „einzelne Stellen" in diesem Zusammenhang bedeutet (also wie lange ein Zitat sein darf), kann nicht abschließend im Vorhinein nach Wörtern oder Zeilen bestimmt werden. Es dürfen nur kleinere Ausschnitte aus einem Werk zitiert werden, wobei der Umfang weder absolut noch im Verhältnis zum zitierten Werk zu groß sein darf. Wo genau hier die Grenze zu ziehen ist, kann nur im Einzelfall unter Berücksichtigung von Art und Umfang des zitierten Werks beurteilt werden.

Die wissenschaftliche Arbeit, die ein Zitat verwenden will, hat immer eine **Belegfunktion** zu erfüllen: Es muss also immer angegeben werden, dass die zitierten Inhalte (wortwörtliche Textzeilen und Textpassagen, aber auch Gedankengänge, Argumentationen etc.) von einer fremden Autorin übernommen sind und aus welchem Werk das Zitat stammt. Dies ist urheberrechtlich geboten und dient der wissenschaftlich notwendigen Nachvollziehbarkeit. Das bloße Auflisten ohne Bezugnahme auf die zitierte Stelle ist unzulässig. Das Zitieren und die korrekte Quellenangabe sind auch Ausdruck der wissenschaftlichen Redlichkeit.

Es reicht nicht aus, die verwendeten Quellen einmal für die gesamte Arbeit anzugeben (bspw. im Literaturverzeichnis). Im Gegenteil muss nach *jedem* (direkten oder indirekten) Zitat die entsprechende Quelle genau und korrekt angegeben werden. Quellenangaben gelten üblicherweise für einen Absatz.

### 9.5.1 Leitfaden Urheberrecht für wissenschaftliche Arbeiten von Dr. Albrecht Haller

Grundlage des Zitierens ist das Recht der freien Werknutzung. Man unterscheidet das sog. „kleine Zitat" (also nur kleine Ausschnitte, deren Umfang im Verhältnis zum ganzen genutzten Werk – etwa ein Aufsatz in einer Fachzeitschrift oder ein Buch – nicht ins Gewicht fällt) und das sog. „große Zitat" (etwa die Übernahme von ganzen Artikel- oder Buchtexten, um bspw. Inhalt, Ausdruck, Stil etc. zu analysieren; dies ist eher in den Geisteswissenschaften üblich). In der Sozialwissenschaft herrscht daher in der Regel nur das „kleine Zitat" vor. Arbeiten, die eine Textkollage weniger Artikel darstellen bzw. in denen seitenweise aus Büchern zitiert wird und dazwischen nur „verbindende Worte" zu finden sind, stellen nicht nur keine eigene wissenschaftliche Leistung dar, sondern im Grunde auch eine Rechtsverletzung. Insgesamt besonders heikel erscheint die Verwendung von Bildern und Grafiken.

Dr. Albrecht Haller, Rechtsanwalt in Wien, hat freundlicherweise die Ausarbeitung eines Leitfadens zu urheberrechtlichen Aspekten der Nutzung fremder Texte sowie zur Zulässigkeit von Bild-Nutzungen zum Abdruck in wissenschaftlichen Arbeiten für dieses Buch zur Verfügung gestellt.

Sofern aus diesem Leitfaden zitiert wird, ist Albrecht Haller als Autor zu nennen. Die korrekte bibliographische Angabe ist also:

Haller, Albrecht (2018): Leitfaden Urheberrecht für wissenschaftliche Arbeiten. In: Herczeg, Petra/Wippersberg, Julia (2018): Kommunikationswissenschaftliches Arbeiten. Eine Einführung. Wien: facultas (utb 5056), S. 145–159.

Dr. Albrecht Haller

# Urheberrechtliche Fragen rund um wissenschaftliche Arbeiten

### 1.    Urheberrechtliche Aspekte des Plagiierens fremder Texte

1.1.    Ein Textplagiat setzt voraus, dass Texte oder Textstellen einander gleichen oder ähneln. Aber nicht jede solche Übereinstimmung bedeutet ein **Plagiat im urheberrechtlichen Sinn**. Denn alternativ kommen in Betracht: eine Übereinstimmung außerhalb des

Urheberrechtes; eine (in der Praxis irrelevante) Parallelschöpfung; ein Zitat; oder der unwahrscheinliche und seltene Fall einer unbewussten Entlehnung.

1.2.  Unter urheberrechtlichem Blickwinkel setzt ein Plagiat eine **Übereinstimmung im schöpferischen**, also in jenem **Teil** des Originals voraus, der diesem das Gepräge der Einmaligkeit gibt.[1] Daher ist bei der Prüfung von Übereinstimmungen als Erstes zu klären, ob die übereinstimmenden Texte oder Textstellen urheberrechtlich geschützt sind.

1.3.  Schutzgegenstand des Urheberrechtes (im engeren Sinn[2]) ist das **Werk**. Dabei handelt es sich um eine *„eigentümliche geistige Schöpfung"* auf einem von mehreren Gebieten.[3] Die hier einschlägige Werkgattung ist die **Literatur**, die einschlägige Werkart das **Sprachwerk**.[4]

1.4.  Das Attribut *„eigentümlich"* ist ein unbestimmter Gesetzesbegriff und gewinnt erst durch die Rechtsprechung an Kontur. Die Gerichte verstehen *„eigentümlich"* im Sinne von *„individuell"*, *„originell"*.[5] Bei wissenschaftlichen Sprachwerken liegt die Originalität in der **inhaltlichen Gestaltung** (inneren Form) oder in der **Ausdrucksweise** (äußeren Form), mit anderen Worten: in Auswahl oder Anordnung des Inhaltes oder in der Formulierung.[6] In einer älteren untergerichtlichen Entscheidung ist noch detaillierter festgehalten, worauf bei einem wissenschaftlichen Sprachwerk der urheberrechtliche Schutz beruhen kann: auf der Kunst der Sprachgestaltung, der Eingebung der Phantasie, der Logik der Gliederung und Gedankenführung, der Sachkunde der Darstellung und der Leistung bei Sichtung und Auswahl des Stoffes.[7]

1.5.  Nach dem Gesetzeswortlaut genießt ein Werk nicht nur als Ganzes, sondern auch in seinen Teilen urheberrechtlichen Schutz.[8] Lehre und Rechtsprechung schränken diese Bestimmung sinnvollerweise dahin ein, dass ein **Werkteil** nur dann urheberrechtlich

---

1)  Siehe RIS-Justiz RS0076468.
2)  Also ohne die in §§ 66 ff UrhG geregelten verwandten Schutzrechte für ausübende Künstler, Veranstalter, Lichtbildhersteller und andere.
3)  Siehe die Legaldefinition des Werkes in § 1 Abs 1 UrhG.
4)  Siehe § 2 Z 1 UrhG.
5)  Siehe zB RIS-Justiz RS0076518.
6)  Siehe RIS-Justiz RS0106924.
7)  Siehe OLG Wien 24. 8. 1987, 26 Bs 374/87 – Feste Peigarten – MR 1987, 177.
8)  Siehe § 1 Abs 2 UrhG.

geschützt ist, wenn er für sich genommen die allgemeine Schutz-voraussetzung der Originalität erfüllt.[9]

1.6.   Die Rechtsprechung des OGH zum Werkbegriff zeigt, dass auch ziemlich kurze Textstellen die Schutzvoraussetzung der Originalität erfüllen können. So hat der OGH etwa der **Verszeile** „Voll Leben und voll Tod ist diese Erde" aus einem Gedicht von Jura Soyfer[10] und der **Liedzeile** „So ein Tag, so wunderschön wie heute" von Walter Rothenburg[11] Werkcharakter zugebilligt. In einer jüngeren Entscheidung hat der OGH sogar für möglich erklärt (wenn auch im Anlassfall verneint), dass ausnahmsweise ein **einzelnes Wort** urheberrechtlichen Schutz genießt, und zwar wenn es sich um eine individuell eigenartige sprachliche Wortgestaltung handelt.[12]

1.7.   Anderseits hat der OGH **mancher längeren Wortfolge** Originalität und Urheberrechtsschutz abgesprochen. Auch ein ganzer Satz mit 41 Worten ist urheberrechtlich **frei**, wenn es sich um einen Werbetext handelt, der keine individuelle Eigenart erkennen lässt, sich nach Form und Inhalt nicht von vergleichbaren Texten deutlich abhebt und keinen Stempel der persönlichen Eigenart seines Verfassers trägt.[13]

1.8.   Aber wie schon eingangs festgehalten: Eine Übereinstimmung mit einem schöpferischen Teil eines fremden Sprachwerkes bedeutet nicht automatisch eine Übernahme. Denn die Übereinstimmung könnte auch auf einer **Parallelschöpfung** beruhen. In der Praxis ist das mit an Sicherheit grenzender Wahrscheinlichkeit **auszuschließen**. Denn wenn zwei Menschen unabhängig voneinander das Gleiche schaffen, dann mangelt es dem Schaffensergebnis wohl an Individualität und Originalität. Außerdem: Je höher die Zahl und je größer der Umfang der Übereinstimmungen, desto unwahrscheinlicher ist eine Parallelschöpfung und desto wahrscheinlicher ist die Übernahme aus vorbestehenden Werken Dritter.

1.9.   Aber auch die Übernahme fremder Texte oder Textstellen ist urheberrechtlich unbedenklich, solange sie sich im Rahmen der (durch die Urheberrechts-Novelle 2015 neu gefassten) **Zitierfreiheit** hält:

---

9)   Siehe RIS-Justiz RS0076935 (teleologische Reduktion).
10)  Siehe OGH 10. 7. 1990, 4 Ob 72/90 – Das Lied von der Erde – MR 1990, 227 (*Walter*).
11)  Siehe OGH 23. 10. 1990, 4 Ob 136/90 – So ein Tag – MR 1991, 22 (*Walter*).
12)  Siehe OGH 15. 2. 2011, 4 Ob 110/10w – Musiktruch'n – MR 2011, 99.
13)  So OGH 9. 11. 2004, 4 Ob 185/04s – Dogwalker – MR 2005, 129 (*Walter*).

**§ 42f.** (1) Ein veröffentlichtes Werk darf zum Zweck des Zitats vervielfältigt, verbreitet, durch Rundfunk gesendet, der Öffentlichkeit zur Verfügung gestellt und zu öffentlichen Vorträgen, Aufführungen und Vorführungen benutzt werden, sofern die Nutzung in ihrem Umfang durch den besonderen Zweck gerechtfertigt ist. Zulässig ist dies insbesondere, wenn

1. einzelne Werke nach ihrem Erscheinen in ein die Hauptsache bildendes wissenschaftliches Werk aufgenommen werden; ein Werk der in § 2 Z 3 bezeichneten Art oder ein Werk der bildenden Künste darf nur zur Erläuterung des Inhaltes aufgenommen werden;

2. veröffentlichte Werke der bildenden Künste bei einem die Hauptsache bildenden wissenschaftlichen oder belehrenden Vortrag bloß zur Erläuterung des Inhaltes öffentlich vorgeführt und die dazu notwendigen Vervielfältigungsstücke hergestellt werden;

3. einzelne Stellen eines veröffentlichten Sprachwerkes in einem selbstständigen neuen Werk angeführt werden;

4. einzelne Stellen eines veröffentlichten Werkes der Tonkunst in einer literarischen Arbeit angeführt werden;

5. einzelne Stellen eines erschienenen Werkes in einem selbstständigen neuen Werk angeführt werden.

(2) Für die Zwecke dieser Bestimmung ist einem erschienenen Werk ein Werk gleichzuhalten, das mit Zustimmung des Urhebers der Öffentlichkeit in einer Weise zur Verfügung gestellt wurde, dass es für die Allgemeinheit zugänglich ist.

1.10.     Alle Varianten der Zitierfreiheit setzen voraus, dass die **Übernahme** aus einem fremden Werk **als solche erkennbar (!)** ist.[14] Das kann insbesondere durch Anführungszeichen, indirekte Rede oder drucktechnische Kennzeichnungen geschehen. Wenn dagegen – zum Beispiel – eine Diplomarbeit, Dissertation oder sonstige Qualifikationsschrift die Übernahme von geschützten Teilen fremder Werke nicht erkennen lässt, dann handelt es sich nicht um Zitate, sondern – je nach Verschulden – um unbewusste Entlehnungen oder um Plagiate.[15]

---

14) Siehe zB RIS-Justiz RS0076628 und RS0076648; *Walter,* Österreichisches Urheberrecht. Handbuch I [2008] Rz 1128 und 1136.
15) Siehe statt vieler RIS-Justiz RS0076628.

1.11.  Außerdem fordert die herrschende Meinung, ein Zitat müsse **Belegfunktion** haben.[16] Der Zweck eines Zitates sei verfehlt, wenn der Zitierende sich nur eigene Ausführungen ersparen und solche durch das Zitat ersetzen möchte.[17]

1.12.  Schließlich setzt ein rechtmäßiges Zitat grundsätzlich die deutliche Angabe der Quelle voraus. Die **Quellenangabe** umfasst die Urheberbezeichnung, den Werktitel und beim Zitieren aus Sprachwerken in der Regel auch die zur leichten Auffindbarkeit notwendigen weiteren Informationen.[18]

1.13.  Während der Katalog der freien Werknutzungen außer der Zitierfreiheit keinen einschlägigen Rechtfertigungsgrund enthält, lässt der OGH in seltenen Ausnahmefällen auch eine Berufung unmittelbar auf die **Äußerungsfreiheit**[19] zu. Vor diesem Hintergrund erhebt sich die Frage, ob die Übernahme von geschützten Teilen fremder Werke statt auf eine freie Werknutzung unmittelbar auf die verfassungs- und völkerrechtlich geschützte Äußerungsfreiheit gestützt werden kann. Nach dem OGH sind die vom Urheber oder Werknutzungsberechtigten verfolgten Interessen gegen jene des Äußernden abzuwägen.[20] Grundvoraussetzung jeder Rechtfertigung eines Eingriffs in Urheber- oder Leistungsschutzrechte durch das Grundrecht der freien Meinungsäußerung ist, dass die wirtschaftlichen Interessen des Urhebers nicht berührt werden und das Grundrecht ohne Eingriff in das Urheber- oder Leistungsschutzrecht nicht ausgeübt werden kann.[21] Diese Bedingung ist wohl kaum je erfüllt: Denn es ist ein Leichtes, übernommene Stellen als Übernahmen erkennbar zu machen und mit einer gesetzesgemäßen Quellenangabe zu versehen.

1.14.  Wer einen geschützten fremden Text ohne gesetzliche oder vertragliche Erlaubnis (Lizenz) in ein eigenes Werk übernimmt, der begeht entweder eine **unbewusste Entlehnung** oder ein **Plagiat**. Im Gegensatz zur unbewussten Entlehnung ist für das Plagiat charakteristisch, dass der Übernehmende **vorsätzlich** handelt. Die Prüfung von Übernahmen auf ein allfälliges Verschulden läuft

---

16) Siehe zB *Walter,* Österreichisches Urheberrecht. Handbuch I [2008] Rz 1130 und 1136.
17) Siehe insb OGH 31. 1. 1995, 4 Ob 1/95 – Friedrich-Heer-Biographie – SZ 68/26.
18) Siehe die kasuistische Regelung des § 57 Abs 2 bis 4 UrhG.
19) Siehe insb Art 10 EMRK.
20) Siehe RIS-Justiz RS0115377.
21) Siehe OGH 24. 6. 2003, 4 Ob 105/03z.

darauf hinaus, Umstände im seelischen Bereich des Übernehmers zu untersuchen. Da solche Umstände für Außenstehende – außer im Fall eines Geständnisses – schwer einsehbar sind, erlaubt die Rechtsprechung, **aus äußeren Umständen** der Tat **auf** die **subjektive Tatseite** zu **schließen**.[22] Wenn sich die subjektive Tatseite (Fahrlässigkeit oder Vorsatz) aus dem Verhalten des Täters eindeutig ergibt, sodass eine entgegenstehende Annahme wirklichkeitsfremd wäre, dann bedarf der aus den festgestellten äußeren Umständen gezogene Schluss auf die innere Tatseite in der Regel keiner weiteren Begründung.[23] Nach dem Grundsatz der freien Beweiswürdigung berechtigen nicht nur zwingende Schlüsse, sondern **auch Wahrscheinlichkeitsschlüsse** das Gericht zu Tatsachenfeststellungen.[24] So können zum Beispiel Anzahl und Umfang von Übernahmen gegen die Möglichkeit von unbewussten Entlehnungen sprechen. Und kleine Textänderungen im Vergleich zu den Vorlagen können die Absicht indizieren, Übernahmen zu verschleiern.

1.15.   Je nachdem, ob eine Urheberrechtsverletzung dem Täter subjektiv vorwerfbar ist oder nicht, hat er sie **schuldhaft oder schuldlos** begangen. Im ersten Fall wird nach dem Grad des Verschuldens zwischen (leichter und grober) Fahrlässigkeit einerseits und Vorsatz andererseits unterschieden. Der **Verschuldensgrad** hat sowohl bei der zivilrechtlichen als auch bei der strafrechtlichen Durchsetzung von Urheberrechten Bedeutung: Zwar sind die zivilrechtlichen Ansprüche des Verletzten[25] grundsätzlich von einem Verschulden unabhängig, doch setzen ausnahmsweise die Ansprüche auf Schadenersatz und auf Herausgabe des Gewinnes[26] zumindest leichte Fahrlässigkeit voraus.[27] Dagegen gewährt das Urheberstrafrecht[28] nur bei Vorsatz einen Privatanklageanspruch.[29]

22) Siehe RIS-Justiz RS0098671.
23) Siehe OGH 3. 8. 1976, 10 Os 115/76.
24) Siehe RIS-Justiz RS0098362.
25) §§ 81 ff UrhG.
26) § 87 UrhG.
27) Siehe § 87 Abs 1 UrhG.
28) §§ 91 UrhG.
29) Siehe § 91 UrhG iVm § 7 Abs 1 StGB.

2.    **Leitfaden zur Zulässigkeit von Bild-Nutzungen**

2.1.    Wer ein Bild nutzen will, sollte zunächst klären, welcher gesetzliche Schutz besteht. Im Urheberrechtsgesetz sind **drei** einschlägige **Rechte** geregelt, die **auch nebeneinander** bestehen können: das Urheberrecht an einem Werk der bildenden Künste[30] (von Zeichnung über Aquarell und Ölbild bis Photo); das verwandte Schutzrecht des Lichtbildherstellers an einem Lichtbild (Photo)[31]; und der persönlichkeitsrechtliche Schutz eines erkennbar Abgebildeten (Bildnisschutz = Recht am eigenen Bild)[32].

2.2.    Das **Urheberrecht** (im engeren Sinn) schützt solche Bilder, bei denen es sich um individuelle Ergebnisse menschlichen Schaffens handelt, die also **originell** und daher Werke der bildenden Künste sind. In Abkehr von seiner älteren Rechtsprechung, die noch „Werkhöhe" gefordert hat, lässt der Oberste Gerichtshof seit den 90er-Jahren genügen, dass ein Schaffensergebnis eine urheberrechtlich unterscheidbare Gestaltung hat. Für den Spezialfall Photographie hat der Oberste Gerichtshof (OGH) im Jahr 2001 in einer vielbeachteten Entscheidung[33] die Formel geprägt, das Kriterium der Unterscheidbarkeit sei immer schon dann erfüllt, wenn man sagen könne, ein anderer Photograph hätte das Lichtbild möglicherweise anders gestaltet.[34] Da dem österreichischen Urheberrecht ein einheitlicher Werkbegriff zugrunde liegt, gilt die zitierte Formel sinngemäß auch für andere Werkarten (zum Beispiel Zeichnungen, Aquarelle, Ölbilder, Skulpturen und Plastiken) und Werkgattungen (Literatur, Tonkunst alias Musik und Filmkunst).

2.3.    Bei Photos – nicht auch bei anderen Bildern – besteht die Besonderheit, dass auch ohne die für den Werkbegriff vorausgesetzte Originalität jedenfalls ein gesetzlicher Schutz besteht: Und zwar ist jedes Photo durch das **verwandte Schutzrecht (Leistungsschutzrecht) des Lichtbildherstellers**[35] geschützt. Für den Nutzer bedeutet das: Photos sind jedenfalls leistungsschutzrechtlich, und originelle Photos sind zusätzlich urheberrechtlich geschützt.

---

30) Siehe §§ 1 und 3 UrhG.
31) Siehe §§ 73 ff UrhG.
32) Siehe § 78 UrhG.
33) OGH 12. 9. 2001, 4 Ob 179/01d – Eurobike.
34) Siehe RIS-Justiz RS0115748.
35) Siehe §§ 73 ff UrhG.

2.4.  Ausnahmsweise sind Bildwerke und Lichtbilder unter bestimmten Umständen urheber- und leistungsschutzrechtlich frei. In der Praxis eher unbedeutend sind die beiden Fälle, dass Bilder aus fremdenrechtlichen Gründen gar nicht in den **Anwendungsbereich** des österreichischen Urheberrechtsgesetzes fallen[36] oder als zumindest vorwiegend zum amtlichen Gebrauch hergestellte **amtliche Werke** (zum Beispiel Veröffentlichungen des Bundespressedienstes oder polizeiliche Radarphotos) vom Urheberrecht freigestellt sind[37].

2.5.  Umso wichtiger ist der Fall, dass ein Bild zwar einmal geschützt war, die **Schutzdauer** aber mittlerweile **abgelaufen** ist. Denn weder das Urheberrecht an einem Werk der bildenden Künste noch das verwandte Schutzrecht an einem Lichtbild währt ewig: Das Urheberrecht endet 70 Jahre nach dem Tod des Urhebers, das Lichtbildherstellerrecht 50 Jahre nach der Aufnahme beziehungsweise (und zwar wenn das Lichtbild innerhalb dieser Frist veröffentlicht worden ist) nach der Veröffentlichung. Da die Schutzfrist jeweils mit dem auf das fristauslösende Ereignis folgenden 1. Jänner beginnt, läuft der Schutz immer mit Ende eines Jahres ab, dessen Einerstelle jener des Jahres mit dem fristauslösenden Ereignis entspricht. Zwei **Beispiele**: Der Schriftsteller und Illustrator Antoine de Saint-Exupéry ist 1944 verstorben. Das Urheberrecht am Kinderbuch „Der Kleine Prinz" einschließlich der Illustrationen ist also mit 31. Dezember 2014 erloschen. Text und Illustrationen sind seither gemeinfrei, das heißt ohne urheberrechtliche Beschränkung nutzbar. Zweites Beispiel: Das Lichtbildherstellerrecht an einem im Jahr 1969 aufgenommenen und im Folgejahr veröffentlichten Photo erlischt mit 31. Dezember 2020; falls das Photo nicht nur ein einfaches Lichtbild, sondern originell, also auch ein Lichtbildwerk ist, dann ist es auch urheberrechtlich geschützt, eben bis zum Ablauf von 70 Jahren nach dem Tod des Photographen.

2.6.  Wenn das zu nutzende Bild urheberrechtlich und/oder leistungsschutzrechtlich geschützt ist, dann erhebt sich die Frage: **Greift** die geplante Nutzung **in** eines der **Verwertungsrechte** des Urhebers oder Leistungsschutzberechtigten **ein**? Diese Frage ist meistens zu bejahen. Bei Nutzung in einem Druckwerk geht es um Ein-

---

36) Siehe §§ 94 ff UrhG.
37) Siehe § 7 UrhG.

griffe ins Vervielfältigungsrecht[38] und ins Verbreitungsrecht[39] des Rechtsinhabers, bei der klassischen Online-Nutzung (Abrufbarhalten auf einer Website) geht es ums Vervielfältigungsrecht[40] und ums Zurverfügungstellungsrecht[41]. Und selbst wenn die geplante Nutzung in kein Verwertungsrecht eingreift, ist zu prüfen, ob sie nicht eines der **Urheberpersönlichkeitsrechte** verletzt: das Recht auf Urheberschaft[42], das Recht auf Urheberbezeichnung[43] oder das Recht auf Werkschutz (Werkintegrität)[44].

2.7. Wenn die geplante Bild-Nutzung in ein Verwertungsrecht (oder Urheberpersönlichkeitsrecht) eingreift, dann bedarf sie einer **Erlaubnis**. Die Erlaubnis ist **entweder** schon dem **Gesetz** (insbesondere dem Abschnitt „Freie Werknutzungen" im Urheberrechtsgesetz) zu entnehmen **oder** durch **Vertrag** einzuholen.

2.8. Eine der wichtigsten freien Werknutzungen ist die gesetzliche Lizenz zur **Vervielfältigung zum eigenen und zum privaten Gebrauch** (wobei die gesetzliche Regelung dermaßen kasuistisch ist, dass die folgenden Ausführungen lediglich der groben Orientierung dienen können): *„Jedermann darf von einem Werk einzelne Vervielfältigungsstücke auf Papier oder einem ähnlichen Träger zum* *eigenen* *Gebrauch herstellen. […] Jede natürliche Person darf von einem Werk einzelne Vervielfältigungsstücke auf anderen […] Trägern zum* *privaten* *Gebrauch und weder für unmittelbare noch mittelbare kommerzielle Zwecke herstellen. Eine Vervielfältigung zum eigenen oder privaten Gebrauch liegt […] nicht vor, wenn sie zu dem Zweck vorgenommen wird, das Werk mit Hilfe des Vervielfältigungsstückes der Öffentlichkeit zugänglich zu machen, oder wenn hiefür eine offensichtlich rechtswidrig hergestellte oder öffentlich zugänglich gemachte Vorlage verwendet wird. Zum eigenen oder privaten Gebrauch hergestellte Vervielfältigungsstücke dürfen nicht dazu verwendet werden, das Werk damit der Öffentlichkeit zugänglich zu machen."* (§ 42 Abs 1, 4 und 5 UrhG) Auf Bestellung dürfen sogar (wenn auch zum Teil nur unentgeltlich) einzelne Vervielfältigungsstücke zum eigenen Gebrauch **eines anderen** hergestellt werden. Für den

---

38) § 15 UrhG.
39) § 16 UrhG.
40) § 15 UrhG.
41) § 18a UrhG.
42) § 19 UrhG.
43) § 20 UrhG.
44) § 21 UrhG.

Schulbereich wurde eine eigene Variante geschaffen: *„Schulen, Universitäten und andere Bildungseinrichtungen dürfen für Zwecke des Unterrichts beziehungsweise der Lehre in dem dadurch gerechtfertigten Umfang Vervielfältigungsstücke in der für eine bestimmte Schulklasse beziehungsweise Lehrveranstaltung erforderlichen Anzahl herstellen* **(Vervielfältigung zum eigenen Schulgebrauch)** *und verbreiten; dies gilt auch für Musiknoten. Auf anderen […] Trägern [als Papier und ähnlichen Trägern] ist dies aber nur zur Verfolgung nicht kommerzieller Zwecke zulässig. Die Befugnis zur Vervielfältigung zum eigenen Schulgebrauch gilt nicht für Werke, die ihrer Beschaffenheit und Bezeichnung nach zum Schul- oder Unterrichtsgebrauch bestimmt sind.“* (§ 42 Abs 6 UrhG) Die gesetzliche Lizenz zur Vervielfältigung zum eigenen und zum privaten Gebrauch gilt sinngemäß auch für den leistungsschutzrechtlichen Schutz von Photos.[45]

2.9.    Zum Ausgleich für die den Rechteinhabern durch gesetzlich erlaubte Vervielfältigungen erwachsenden wirtschaftlichen Nachteile sieht das Urheberrechtsgesetz zwei Vergütungsansprüche vor, die nur von Verwertungsgesellschaften geltend gemacht werden können: die **Speichermedien- und** die **Reprographievergütung.**[46] Zahlungspflichtig sind vor allem die ersten gewerbsmäßigen Inverkehrbringer von Speichermedien und Vervielfältigungsgeräten (Druckern, Scannern und Faxgeräten) und größere Betreiber von Vervielfältigungsgeräten. Da die Genannten die Vergütungen auf ihre Kunden überwälzen, zahlen indirekt jene, die Bilder und andere Schutzgegenstände vervielfältigen.

2.10.   Eine andere sehr wichtige freie Werknutzung ist die mit 1. Oktober 2015 neu geregelte **Zitierfreiheit:** Ein veröffentlichtes Werk darf zum Zweck des Zitates in einem diesem Zweck entsprechenden Umfang genutzt werden. Zulässig ist insbesondere: einzelne Werke nach ihrem Erscheinen in ein die Hauptsache bildendes wissenschaftliches Werk aufzunehmen **(wissenschaftliches Großzitat)**[47]; veröffentlichte Werke der bildenden Künste bei einem die Hauptsache bildenden wissenschaftlichen oder belehrenden Vortrag bloß zur Erläuterung des Inhaltes öffentlich vorzuführen und die dazu notwendigen Vervielfältigungsstücke herzustellen **(Bildzitat)**[48]; und einzelne Stellen eines erschie-

---

45) Siehe §§ 42 bis 42b iVm § 74 Abs 7 UrhG.
46) Für Details siehe § 42b UrhG.
47) Siehe § 42f Abs 1 Z 1 UrhG.
48) Siehe § 42f Abs 1 Z 2 UrhG.

nenen Werkes in einem selbständigen neuen Werk anzuführen **(Kleinzitat)**[49]. Zitate müssen als solche erkennbar sein, widrigenfalls kein Zitat, sondern ein Plagiat vorliegt. Außerdem bedürfen Zitate einer **Quellenangabe,** wobei das Urheberrecht sich – grob gesagt – mit der Angabe der Urheberbezeichnung, des Werktitels und einem die leichte Auffindbarkeit ermöglichenden Hinweis auf die Stelle der Entnahme begnügt.[50] Die Zitierfreiheit gilt sinngemäß auch für den leistungsschutzrechtlichen Schutz von Photos.[51]

2.11.  Abschließend sei aus dem Katalog der freien Werknutzungen noch die sogenannte **Freiheit des Straßenbildes** (Panoramafreiheit)[52] genannt: Sie erlaubt insbesondere die Nutzung von urheberrechtlich geschützten Bauwerken, die sich an einem öffentlichen Ort befinden (zum Beispiel des von Hans Hollein geschaffenen Haas-Hauses am Wiener Stephansplatz oder des Hundertwasser-Krawina-Hauses im dritten Bezirk), etwa in Druckwerken oder online. Allerdings erstreckt sich die freie Werknutzung nicht auf Bearbeitungen solcher Bauwerke, zum Beispiel die Nutzung der stilisierten Fassade des Hundertwasser-Krawina-Hauses auf den Etiketten von Weinflaschen.[53]

2.12.  Wenn keine freie Werknutzung deckt, was als Eingriff in eine dem Urheber oder Leistungsschutzberechtigten vorbehaltene Verwertung einer Erlaubnis bedarf, dann bleibt nur die Einholung einer **vertraglichen Erlaubnis** des Rechtsinhabers. Obwohl für Gestattungsverträge (Lizenzverträge) kein Formgebot besteht, empfiehlt sich für den Nutzer Schriftlichkeit; denn im Streitfall ist der Nutzer für das Bestehen einer Erlaubnis (Lizenz) beweispflichtig. Ob man einen ausführlichen Vertrag errichtet oder sich mit einem kurzen E-Mail-Wechsel begnügt, entscheidet man sinnvollerweise nach dem mit der Nutzung verbundenen Risiko (Höhe des drohenden Schadens mal Eintrittswahrscheinlichkeit). Inhaltlich genügt in der Regel eine nicht-ausschließliche Lizenz (Nutzungsbewilligung; eine ausschließliche Lizenz heißt Nutzungsrecht[54]), die sachlich, örtlich und zeitlich die geplante Nutzung abdeckt. Wer ein Bild in geänderter oder gar bearbeiteter Fassung nut-

49) Siehe § 42f Abs 1 Z 5 UrhG.
50) Für Details siehe § 57 Abs 2 bis 4 UrhG.
51) Siehe § 42f iVm § 74 Abs 7 UrhG.
52) § 54 Abs 1 Z 5 UrhG.
53) Siehe OGH 26. 4. 1994, 4 Ob 51/94 – Hundertwasserhaus [I].
54) Siehe § 24 Abs 1, für Lichtbilder iVm § 74 Abs 7 UrhG.

zen will, muss eine entsprechend weite Erlaubnis einholen oder sich auf solche Änderungen beschränken, die im redlichen Verkehr üblich und daher dem zur Nutzung Berechtigten schon kraft Gesetzes erlaubt sind.[55] Fast so wichtig wie die Nutzungserlaubnis selbst ist eine **Schadloshaltungsverpflichtung** des Lizenzgebers: Denn im Urheberrecht gibt es keinen gutgläubigen Erwerb vom Nichtberechtigten.[56] Wenn also der Lizenzgeber mangels eigener Berechtigung – bewusst oder unbewusst – die vom Lizenznehmer geplante Nutzung nicht rechtswirksam erlauben kann, dann würde der Lizenznehmer mangels rechtswirksamer Lizenz ein vom tatsächlich Berechtigten angestrengtes Gerichtsverfahren verlieren; in diesem Fall hilft eine Schadloshaltungsverpflichtung des Lizenzgebers dem Lizenznehmer, sich so gut wie möglich zu regressieren.

2.13. Unabhängig von der urheber- und leistungsschutzrechtlichen Klärung einer geplanten Bild-Nutzung ist bei einem Personenbildnis auch das Persönlichkeitsrecht des Abgebildeten **(Bildnisschutz alias Recht am eigenen Bild)** zu beachten: *„Bildnisse von Personen dürfen weder öffentlich ausgestellt noch auf eine andere Art, wodurch sie der Öffentlichkeit zugänglich gemacht werden, verbreitet werden, wenn dadurch berechtigte Interessen des Abgebildeten oder, falls er gestorben ist, ohne die Veröffentlichung gestattet oder angeordnet zu haben, eines nahen Angehörigen verletzt würden."* (§ 78 Abs 1 UrhG) Diese Bestimmung soll natürliche Personen gegen den Missbrauch ihrer Abbildung in der Öffentlichkeit schützen.[57]

2.14. Unter Personenbildnissen sind nicht nur Photos zu verstehen, sondern **alle Arten von zwei- oder dreidimensionalen Abbildungen,** zum Beispiel Zeichnungen, Gemälde, Masken, Reliefs und Büsten. Eine möglichst wirklichkeitsgetreue Darstellung ist nicht vorausgesetzt, sodass etwa auch Karikaturen unter die Bestimmung fallen. Die notwendige **Erkennbarkeit** muss sich nicht aus dem Bild, sondern kann sich auch aus dem Text ergeben. Sie ist übrigens nicht schon deshalb zu verneinen, weil der Abgebildete älter geworden ist und das Bild nicht mehr sein aktuelles Aussehen zeigt.[58]

---

55) Siehe § 21 Abs 1 UrhG.
56) Siehe RIS-Justiz RS0076441.
57) Siehe RIS-Justiz RS0078161 und RS0078186.
58) Siehe OGH 29. 9. 2009, 4 Ob 155/09m – Elisabeth F. II.

2.15.   Der Gesetzgeber hat den Begriff der **„berechtigten Interessen"** bewusst nicht konkretisiert, damit die Gerichte den Verhältnissen des Einzelfalles gerecht werden. Die Rechtsprechung hat dazu ein Prüfungsschema und Fallgruppen entwickelt. Nach diesem **Prüfungsschema** ist im ersten Schritt darauf abzustellen, ob Interessen des Abgebildeten bei objektiver Prüfung als schutzwürdig anzusehen sind. Ist ein schutzwürdiges Interesse zu bejahen, so ist in einem zweiten Schritt die Interessenlage auf beiden Seiten zu beurteilen, aus deren Abwägung sich ergibt, ob die Geheimhaltungsinteressen des Abgebildeten den Vorrang haben und damit zu „berechtigten Interessen" werden.[59] Dabei ist es zulässig, den Interessen von Jugendlichen, die in fatale Lebenssituationen verstrickt sind, ein besonders hohes Gewicht beizumessen.[60]

2.16.   Bei Beurteilung der Zulässigkeit von Veröffentlichungen werden – über das Personenbildnis hinaus – allfällige **Bildlegenden, Begleittexte und** der **Gesamtzusammenhang** berücksichtigt.[61] In der Praxis wird der Bildnisschutz daher häufig als Vehikel für das Vorgehen gegen missliebige Äußerungen verwendet. Umgekehrt gesagt: Wer der Veröffentlichung von Personenbildnissen höchstens einen wahren und auch sonst harmlosen Text beigibt, der minimiert sein Risiko einer Bildnisschutzverletzung.

2.17.   Lehre und Rechtsprechung haben Bildnisschutzverletzungen in Anlehnung an die Gesetzesmaterialien in **Fallgruppen** gegliedert: Bloßstellung des Abgebildeten; Preisgabe seines Privatlebens; Bildnisveröffentlichung auf eine Art, die zu Missdeutungen Anlass gibt; entwürdigende oder herabsetzende Abbildung. Eine Veröffentlichung mit Werbezweck gilt als Anlass zu Missdeutungen. Manche Bildnisschutz-Entscheidungen des Obersten Gerichtshofes entziehen sich einer klaren Zuordnung zu einer der genannten Fallgruppen. Zum Beispiel hat der OGH vor einigen Jahren entschieden, eine Arbeitnehmerin müsse sich trotz arbeitsrechtlicher Treuepflicht nicht gefallen lassen, auf der Website ihres Arbeitgebers abgebildet zu werden.[62]

2.18.   Wer sich bei der Veröffentlichung eines Personenbildnisses nicht auf die Abwägung seines Veröffentlichungsinteresses mit den schutzwürdigen Interessen des Abgebildeten einlassen will, der

---

59)  StRsp, siehe zuletzt OGH 18. 7. 2000, 4 Ob 175/00i.
60)  Siehe VfGH 24. 2. 1999, B 416/98.
61)  Siehe allgemein RIS-Justiz RS0078077.
62)  Siehe OGH 5. 10. 2000, 8 ObA 136/00h – Arbeitnehmerfoto.

sollte sich um die **Zustimmung des Abgebildeten** bemühen. Sie lässt allfällige schutzwürdige Interessen des Abgebildeten entfallen. Dabei muss aber die konkrete Veröffentlichung innerhalb der **Reichweite** der Zustimmung liegen; so deckt zum Beispiel die Zustimmung zur Veröffentlichung in medizinischen Fachzeitschriften nicht die Veröffentlichung in der „Kronen Zeitung" ab.[63] Und überhaupt: Wer bloß einen Photographen gewähren lässt, der willigt damit nicht automatisch auch in eine Veröffentlichung ein.[64]

2.19.  Übrigens sind Einwilligungen in Bildnisveröffentlichungen nach der Rechtsprechung des OGH **widerruflich**, weil durch die Gestattung einer wiederholten Veröffentlichung für alle Zukunft das Persönlichkeitsrecht des Abgebildeten einer dauernden Verwertung zugeführt würde, deren Auswirkungen auf die Interessen des Abgebildeten nicht vorhersehbar sind.[65] Daher **empfiehlt sich**, den Zustimmenden einen **Widerrufsverzicht** abgeben zu lassen. Allerdings kann im höchstpersönlichen Intimbereich sogar eine ausdrücklich als unwiderruflich bezeichnete Zustimmung widerrufen werden.[66]

2.20.  Heikel ist die Einwilligung eines **Minderjährigen**[67] in eine Bildnisveröffentlichung. Denn die Gerichte halten höchstpersönliche Rechte für mit einer gesetzlichen Vertretung unvereinbar. Daher müssen persönlichkeitsrechtliche Zustimmungserklärungen vom Minderjährigen selbst stammen, wobei aber entsprechende **Einsichts- und Urteilsfähigkeit** vorausgesetzt ist. Ob ein bestimmter Minderjähriger einsichts- und urteilsfähig ist, hat (zunächst) derjenige zu beurteilen, dem gegenüber die Einwilligung zur Veröffentlichung erklärt wird. Dabei ist zu fragen, ob der Abgebildete Reichweite und Wirkung der Veröffentlichung in Bezug auf Art und Größe des Publikums einschätzen und sein Verhalten nach dieser Einsicht ausrichten kann. Im Zweifel wird Einsichts- und Urteilsfähigkeit bei mündigen Minderjährigen – also ab Vollen-

---

63)  Siehe OGH 8. 3. 1994, 4 Ob 18/94 – Leiden für die Schönheit.

64)  Siehe § 863 ABGB.

65)  Siehe schon OGH 24. 2. 1970, 4 Ob 306/70 – Zigeunerprimas – SZ 43/45.

66)  Siehe OGH 16. 12. 2003, 4 Ob 211/03p – U-Bahn-Express – SZ 2003/169 = MR 2004, 183.

67)  Das ist eine Person, die das 18. Lebensjahr noch nicht vollendet hat (siehe § 21 Abs 2 HS 1 ABGB).

dung des 14. Lebensjahres[68] – vermutet.[69] Sie kann aber auch schon deutlich jüngeren Minderjährigen gegeben sein; dagegen könnte ein mündiger Minderjähriger (oder dessen gesetzlicher Vertreter) behaupten und beweisen, dass der mündige Minderjährige im Zeitpunkt seiner Einwilligung noch nicht einsichts- und urteilsfähig war[70].

2.21.  Das **Wesen des Bildnisschutzes** lässt sich so **zusammenfassen**: Verboten sind Veröffentlichungen, die objektiv schutzwürdige Interessen eines erkennbar Abgebildeten verletzen und weder durch dessen Einwilligung noch durch ein überwiegendes Interesse des Veröffentlichers (in der Regel: Medieninhabers) gerechtfertigt sind.

2.22.  Während es im Bildnisschutz immer um eine (zumindest unmittelbar drohende) Veröffentlichung geht, ist die **bloße Aufnahme** grundsätzlich unbedenklich. Ausnahmsweise kann sie aber – vor allem aus einem plausiblen datenschutzrechtlichen Grund[71] – unzulässig sein. In einer vielbeachteten (allerdings stark kritisierten) Entscheidung hat der OGH auch jemandem, der einen anderen photographiert und dessen Frage nach dem Zweck der Aufnahme mit dem flapsigen Hinweis „Zur Belustigung" beantwortet hat, das Photographieren dieses anderen verboten.[72]

### 9.5.2  Direkte vs. indirekte Zitate

Man unterscheidet zwei Arten von Zitaten: **Direkte Zitate** sind wortwörtlich übernommene Textpassagen, **indirekte Zitate** sind die sinngemäße Übernahme von Inhalten, bei der zwar umformuliert wird, aber der Sinn der Aussage erhalten bleibt.

In beiden Fällen muss die Quelle (= der Autor und das Werk) der Inhalte bzw. des Textes im Sinne der Überprüfbarkeit, der Wiederholbarkeit und der Auffindbarkeit ganz genau angegeben werden (= Quellenangabe). Das heißt, dass bei allen Quellenangaben (direkten und

---

68)  Siehe § 21 Abs 2 HS 2 ABGB.
69)  Siehe § 141 Abs 1 Satz 3, § 156 Abs 2 und § 173 Abs 1 ABGB.
70)  Vgl § 175 ABGB.
71)  Siehe insb die vier Fallgruppen des § 12 Abs 4 DSG.
72)  Siehe OGH 27. 2. 2013, 6 Ob 256/12h – Zur Belustigung.

indirekten) jene Seitenzahl(en) des fremden Werkes angegeben werden müssen, auf der die zitierten Passagen zu finden sind.

Es dürfen *keine* fremden Ideen, Inhalte, Texte, Aussagen, Abbildungen etc. ohne Nennung der Quelle übernommen und in der eigenen wissenschaftlichen Arbeit verwendet werden (siehe Kap. 9.4).

**Direkte (wortwörtliche) Zitate**

Bei direkten Zitaten werden Textpassagen wortwörtlich, ohne jede Veränderung übernommen. Diese Zitate müssen im Text erkennbar gemacht werden. Für die Darstellung direkter Zitate im Text gibt es genaue Vorschriften:

- Direkte Zitate werden durch ein Anführungszeichen am Beginn und am Ende gekennzeichnet: „texttexttext"
- Anführungszeichen im Originaltext werden durch einfache Anführungszeichen (‚...') ersetzt.
- Direkte Zitate können mit kursiver Schrift gekennzeichnet werden, dies ist aber nicht zwingend notwendig.
- Wenn Zitate länger als drei bis vier Zeilen sind, können sie eingerückt werden. Das Zitat hat dann auch kleineren Zeilenabstand als der Rest des Textes.
- Fremdsprachige Zitate können verwendet werden, wenn es sich um gebräuchliche Fremdsprachen handelt, insbesondere bei englischen Textstellen trifft dies zu.
- Werden einzelne Wörter im Zitat ausgelassen, muss jede Auslassung in Form von drei Punkten angezeigt werden.
- Wenn ein Wort bzw. die Wörter nicht am Beginn oder Ende des Zitates ausgelassen werden, sondern in der Mitte, können die drei Punkte auch in runde oder eckige Klammer gesetzt werden: (...) oder [...].

*Beispiel:*   „So ... erzeugen Berühmtheiten noch mehr Berühmtheiten. Sie machen, feiern und fördern sich gegenseitig."

*Oder:*   „So (...) / [...] erzeugen Berühmtheiten noch mehr Berühmtheiten. Sie machen, feiern und fördern sich gegenseitig."

- Sind im Originalzitat Druckfehler enthalten, sind diese bei direkten Zitaten nicht auszubessern, sondern durch ein Ausrufungszeichen in eckiger Klammer [!] oder durch [sic!] (lat., bedeutet: „wirklich so!") zu kennzeichnen. Dies gilt aber nicht für Wörter in der alten Rechtschreibung.
- Werden direkte Zitate vom Verfasser ergänzt, so muss dies in eckiger Klammer gekennzeichnet werden: [d. Verf.] oder [Anm. d. Verf.].

*Beispiel:*   „Bei dieser Form der Institutionalisierung [von Medien; d. Verf.] ist zu beachten, dass …"

### Indirekte (sinngemäße) Zitate

Auch bei dieser Form des Zitierens werden Gedanken eines Autors übernommen, allerdings nicht wortwörtlich, sondern in freier Übertragung (andere Formulierung, Kürzung, Zusammenfassung etc.). Diese Zitate geben zwar die Meinung bzw. eine Aussage eines Autors wieder, werden aber mit eigenen Worten formuliert. Beim Kürzen von Zitaten bzw. Neuformulieren ist immer darauf zu achten, den Sinn nicht zu verändern.

Indirekte Zitate werden im Text nicht besonders gekennzeichnet (auch wenn sie länger sind), sie werden nicht durch Anführungszeichen am Beginn und Ende hervorgehoben und haben auch keinen anderen Zeilenabstand als der restliche Text. Als Hinweis auf ein indirektes Zitat gibt man vor der Quellenangabe ein „vgl." an.

Bei indirekten Zitaten kann auf mehrere Autorinnen verwiesen werden, diese werden dann in der Quellenangabe nacheinander angeführt.

Werden fremdsprachige Texte übersetzt und neu formuliert, liegt üblicherweise ein indirektes Zitat vor.

Die direkte und indirekte Zitierweise gilt auch für Abbildungen, wie bspw. Bilder, Grafiken und Tabellen. Wird der Inhalt einer Abbildung zeichengetreu übernommen, so muss die direkte Zitierform verwendet werden (bspw. bei eingescannten oder kopierten Grafiken). Wenn etwas verändert wird bzw. die Grafik nachgebaut wird, gilt die indirekte Zitierform.

**Achtung:**
**Paraphrasieren** (also das Austauschen von Wörtern durch Synonyme bzw. die Veränderung der Satzstellung) bedeutet nicht, dass man keine Quellenangabe machen muss!

## 9.6  Zitiermethoden – formale Kriterien für die Quellenangabe zum Zitat

Das Ziel einer Quellenangabe (auch Quellenverweis oder Quellenbeleg) ist, unmissverständlich anzugeben, dass es sich um ein Zitat handelt, und auf die ausführliche bibliographische Angabe im Quellenverzeichnis hinzuweisen. Die Quellenangabe beinhaltet üblicherweise nicht die vollständige Quellenbezeichnung (diese findet man im Literaturverzeichnis).

In der Quellenangabe sind in knapper Form jene Informationen enthalten, die notwendig sind, um jedem Leser zu ermöglichen, die zitierte Stelle (das Zitat) in der angegebenen Quelle, die im Quellenverzeichnis angeführt ist, sofort aufzufinden und die Stelle selbst nachzulesen, um sie auf richtige Übernahme und den Kontext zu überprüfen usw.

Eine Quellenangabe braucht immer die drei zentralen Angaben **Autorin, Erscheinungsjahr, verwendete Seite(n)**. Diese Angaben müssen *immer* (sowohl bei direkten als auch bei direkten Zitaten) gemacht werden.

Grundsätzlich können zwei Zitiermethoden, also die Art, wie Quellenverweise vorgenommen werden, unterschieden werden: die deutsche Zitierweise oder Fußnoten-Methode und die amerikanische Zitierweise (auch Harvard-Methode genannt).

### 9.6.1 Fußnoten-Methode = deutsche Zitierweise

Die Nummer der Fußnote befindet sich als hochgestellte Zahl [1] im Text unmittelbar nach dem direkten bzw. indirekten Zitat, der Quellenverweis befindet sich am unteren Ende der Seite. Endnoten (also Quellenangaben am Ende des gesamten Textes, auf den letzten Seiten) sind aufgrund ihrer Unübersichtlichkeit zu vermeiden.

> **Achtung:**
> Ob man deutsch oder amerikanisch zitiert, ist grundsätzlich nicht entscheidend; beide Formen sind „richtig". Aber: Wenn man sich für eine Methode entschieden hat, *muss* man diese in der gesamten Arbeit verwenden. Ein Vermischen der beiden Methoden ist *nicht* zulässig.
> Häufig wird der sog. APA-Style als verpflichtender Standard vorgegeben.

Die Quellenangabe beinhaltet den Nachnamen des Autors, das Erscheinungsjahr und die Seitenangabe. Bei der deutschen Zitierweise ist es möglich, aber nicht mehr unbedingt nötig (sondern vielmehr schon eher unüblich), bei der ersten Nennung der Quelle die gesamte bibliographische Angabe mit zusätzlicher Angabe der verwendeten Seite am Schluss anzuführen. Jeder weitere Verweis kann in abgekürzter Form erfolgen. Diese Angaben findet man häufig bei älterer Literatur.

*Beispiel:*    „Das Erkenntnisobjekt ‚Kommunikation' sperrt sich allerdings gegen herkömmliches wissenschaftliches Kästchendenken."[14]

---

[14] Burkart, 2002: S. 16.

Für die Fußnoten wird üblicherweise eine kleinere Schriftgröße gewählt, manchmal auch eine andere Schrift; der Zeilenabstand ist einzeilig.

### 9.6.2 Harvard-Methode = amerikanische Zitierweise

Die Quellenangabe wird innerhalb des Fließtextes unmittelbar nach dem zitierten Text in Klammern angegeben. Die Quellenangabe beinhaltet den Nachnamen der Autorin, das Erscheinungsjahr und die Seitenangabe. Bei der Angabe der Quelle sind grundsätzlich verschiedene Interpunktionen (Verwendung und Anordnung von Beistrichen, Strichpunkten, Doppelpunkten) möglich und zulässig, allerdings keine Variationen der notwendigen Angaben (dies sind immer Autor, Erscheinungsjahr, verwendete Seite).

Bei direkten Zitaten wird das Zitat regulär mit Satzschlusszeichen und schließenden doppelten Anführungszeichen beendet. Der Quellenbeleg erfolgt daran im Anschluss. Wird der Name des Autors im Einleitesatz erwähnt, dann kann der Beleg auch vorangestellt werden. Bei indirekten Zitaten wird der Quellenverweis in den laufenden Satz integriert; hier steht das Satzschlusszeichen nach der Klammer.

*Beispiel:*    „Das Erkenntnisobjekt ‚Kommunikation' sperrt sich allerdings gegen herkömmliches wissenschaftliches Kästchendenken." (Burkart, 2002: 16)

*Oder:*    Burkart (2002: 16) betont: „Das Erkenntnisobjekt ‚Kommunikation' sperrt sich allerdings gegen herkömmliches wissenschaftliches Kästchendenken."

*Oder:*    Kommunikation als Erkenntnisobjekt lässt sich nicht in eine rigide wissenschaftliche Einteilung pressen (vgl. Burkart 2002, 16).

Es ist nicht relevant, welche Form der Interpunktion gewählt wird, die einmal gewählte Form muss aber in der gesamten Arbeit durchgängig und einheitlich beibehalten werden.

Bei Internetquellen (insbesondere bei langen URL-Angaben) ist es ausnahmsweise (!) zulässig, auch bei der amerikanischen Zitierweise die Quellenangabe in Form einer Fußnote zu geben.

Auch bei der amerikanischen Zitierweise können Fußnoten für Anmerkungen, Erläuterungen, weiterführende Hinweise etc. verwendet werden. So können Fußnoten außer der Angabe von Quellen folgende Funktionen erfüllen:

*   Fußnoten ermöglichen die Einordnung eines im Text dargelegten Sachverhalts in die Fachdiskussion. Es können widersprechende Positionen in der Fachdiskussion angeführt, weiterführende Literatur empfohlen oder historische Hintergründe angegeben werden.
*   Fußnoten können den Argumentationshintergrund verdeutlichen, indem darauf hingewiesen wird, durch welche Personen und Werke eine bestimmte Untersuchung oder Position angeregt wurde.
*   Fußnoten können dazu dienen, Feststellungen im Text durch Beispiele und zusätzliche Informationen zu ergänzen.
*   In Fußnoten können Übersetzungen von fremdsprachigen Zitaten angeführt werden.

Derartige Ausführungen sollten nur dann in den Fußnoten vorgenommen werden, wenn sie nicht zentral zum Untersuchungsgegenstand gehören. Textergänzende und -erweiternde Fußnoten sind nicht Selbstzweck.

Fußnoten sollten stets am Ende einer Seite (also tatsächlich am „Fuß der Seite") angebracht werden. Die Darstellung als „Endnoten" am Ende des Textes ist sehr leserunfreundlich und kann kaum eine texterweiternde Funktion entfalten, da nicht davon ausgegangen werden kann, dass zu diesen Endnoten „auf Verdacht" weitergeblättert wird.

### 9.6.3 APA-Style

In der wissenschaftlichen Community haben sich einige sog. Citation Styles herausgebildet, die sich als Standard für den korrekten Umgang mit Quellen etabliert haben. Die „Manuals" für diese Citation Styles zeigen sehr ausführlich und detailliert, wie mit Zitaten und Quellen umgegangen werden muss und insbesondere, wie die Quellen im Quellenverzeichnis dargestellt werden müssen. Hier gibt es bspw. keinerlei Möglichkeiten, die Interpunktion anders als im Citation Style vorgeschrieben zu verwenden.

Das Prinzip und der Anspruch des Zitierens und des Umgangs mit Quellen sind nicht anders als bisher beschrieben, die Citation Styles geben nur sehr genau vor, wie die Quellenangaben bzw. die einzelnen bibliographischen Angaben vorgenommen werden müssen.

Wichtige Citation Styles sind:
- Harvard Referencing
- MLA – Modern Language Association
- Chicago – Manual of Style
- **APA** – American Psychological Association

Der APA-Style ist mittlerweile zum Standard auch in den Sozialwissenschaften geworden. Derzeit ist die 6th Edition der American Psychological Association in Verwendung. Aufgrund der häufigen Verwendung ist es sinnvoll, sich mit diesem Citation Style auseinanderzusetzen. Ein Kurz-Manual bzw. eine Übersicht der Basics zum APA-Style finden sich unter:
https://www.scm.nomos.de/fileadmin/scm/doc/APA-6.pdf
https://owl.english.purdue.edu/owl/resource/560/02/

Weitere gute Hinweise zu den Citation Styles findet man unter:
http://www.citethisforme.com/guides
http://www.citefast.com/styleguide.php?style=apa&sec=inte

Einige der wichtigsten Vorgaben der APA-Richtlinien, 6th Edition sind:
- Quellenangaben erfolgen als Kurzbeleg (Autor, Jahr, Seite) im Fließtext.
  - Direkte Zitate mit „…“ (Burkart, 2002, S. 224).
  - Indirekte Zitate ohne „…“; das „vgl.“ ist optional: (Burkart, 2002, S. 224) bzw. (vgl. Burkart, 2002, S. 224).
    Der Punkt am Ende des Satzes erfolgt nach der Klammer: (vgl. Burkart, 2002, S. 224).
- Ein Verweis auf mehrere Autoren erfolgt in alphabetischer Reihenfolge: (Avenarius, 1995; Burkart, 2002; Zurstiege, 2007).
- Wenn der Autor im Text genannt wird: … Wie Burkart (2002, S. 224) glauben wir …
- Bei Verweisen auf Werke von zwei Autoren: (Schweiger & Schrattenecker, 2005) etc.
- Bei Verweisen auf Werke von drei und mehr Autorinnen werden beim ersten Verweis alle Autoren angegeben: (Bentele, Steinmann,

& Zerfaß, 1996), danach wird jeder weitere Verweis mit et al. abgekürzt: (Bentele et al., 1996)

- Werden zwei Autoren gleichen Familiennamens zitiert, so sind diese
  um die Initialen der Vornamen oder – wenn nötig – um die vollständig ausgeschriebenen Vornamen zu ergänzen: (M. Weber, 1976, S.
  40) und (W. Weber, 1962).
- Ausführliche, direkte Zitate (länger als drei Zeilen) sind kursiv und in
  einem größeren linken und rechten Einzug anzuführen. Der Verweis
  sollte in einer nächsten Zeile rechtsbündig angeführt sein.
- Anmerkungen bzw. Fußnoten sollen nur für inhaltliche Ergänzun-
  gen und nicht für Literaturangaben verwendet werden. Ausge-
  nommen sind hier nur solche Literaturanmerkungen, die durch die
  große Anzahl der zitierten Autorinnen oder durch die Stelle ihrer
  Zitierung den Lesefluss beeinträchtigen würden (z.B. drei Zeilen
  Autorenangaben im Text).

### 9.6.4   Beispiele für Zitate und Quellenangaben

Im Folgenden werden einige Beispiele für Zitate und die entsprechenden Quellenangaben vorgestellt. Dabei werden sowohl direkte als auch
indirekte Zitate in der deutschen und der amerikanischen Zitierweise
angeführt. Die Auflistung kann natürlich nicht vollständig sein, sie soll
nur die Prinzipien und einige typische Verwendungsmöglichkeiten aufzeigen. Es werden dabei auch verschiedene Formen der Interpunktion
gewählt.

Wie immer gilt: Wenn man sich einmal für eine Form der Zitation
und der Interpunktion entschieden hat, muss man streng dabei
bleiben. Ausnahme ist der APA-Style, hier ist die Interpunktion sehr
genau vorgeschrieben und an diese muss man sich auch halten.

Grundsätzlich werden alle Arten von Quellen möglichst gleich behandelt. Wichtig ist, dass für jeden Leser erkennbar ist, welche Quellenangabe zu welchem Zitat gehört.

So muss jede Quellenangabe – egal, ob das Zitat aus einer Monographie, einem Sammelband, einer Fachzeitschrift oder aus dem Internet
stammt – die drei zentralen Angaben beinhalten: Autor, Erscheinungsjahr, Seite. Dabei ist zumeist nicht erkennbar, um welche Art von Quelle
es sich handelt. Die Unterschiede zeigen sich dann erst im Quellenver-

zeichnis bei den vollständigen bibliographischen Angaben (siehe dazu gleich Kap. 9.7).

Direkte Zitate werden üblicherweise als einzelne Sätze übernommen:

*Beispiel:*　„Ist das PR-Management mittels Kommunikations-Controlling an die Unternehmensführung angeschlossen, sind geeignete Messgrößen und pragmatische Messverfahren verhältnismäßig einfach zu vereinbaren."[5]

---

[5] Storck 2016, S. 431.

*Oder:*　„Ist das PR-Management mittels Kommunikations-Controlling an die Unternehmensführung angeschlossen, sind geeignete Messgrößen und pragmatische Messverfahren verhältnismäßig einfach zu vereinbaren." (Storck, 2016: 431)

Bei direkten Zitaten ist es aber möglich, die wortwörtliche Übernahme mitten in einem Satz zu beginnen (sofern es grammatikalisch richtig ist) oder auch nur einzelne Wörter zu übernehmen. Die Quellenangabe erfolgt dabei unmittelbar nach Ende des Zitats, egal, wie der Satz weitergeht.

Bei der deutschen Zitierweise sieht dies folgendermaßen aus:

*Beispiel:*　Reinecke et al. fordern „die Bereitschaft des Top-Managements und des zentralen Controllings, im Sinne der Leistungstransparenz dort mit kommunikationsrelevanten Kennzahlen zu arbeiten, wo keine Ursache-Wirkungszusammenhänge zwischen Kommunikationskennzahlen und monetären Kennzahlen nachgewiesen werden können"[16].

---

[16] Reinecke et al., 2016, S. 5.

Bei der amerikanischen Zitierweise ist es möglich, die Quellenangabe zu reduzieren – wer der Autor ist, ist ja klar erkennbar.

*Beispiel:*　Reinecke et al. fordern „die Bereitschaft des Top-Managements und des zentralen Controllings, im Sinne der Leistungstransparenz dort mit kommunikationsrelevanten Kennzahlen zu arbeiten, wo keine Ursache-Wirkungszusammenhänge

zwischen Kommunikationskennzahlen und monetären Kennzahlen nachgewiesen werden können" (2016: 5).

Korrekt ist aber natürlich auch diese (vollständige) Form der Quellenangabe:

*Beispiel:*    Reinecke et al. fordern „die Bereitschaft des Top-Managements
und des zentralen Controllings, im Sinne der Leistungstransparenz dort mit kommunikationsrelevanten Kennzahlen zu
arbeiten, wo keine Ursache-Wirkungszusammenhänge zwischen Kommunikationskennzahlen und monetären Kennzahlen nachgewiesen werden können" (Reinecke et al., 2016: 5).

Manchmal braucht man auch nur einzelne Wörter aus dem Originaltext. Zitat und Quellenangabe bei der deutschen Zitierweise sehen
dann so aus:

*Beispiel:*    Dabei sehen die Autoren eine sog. „korridorale Kausalität"[8],
bei der der Zusammenhang weder technisch (als Informationsübertragung) noch mechanistisch (als immer wirksame
Beeinflussung) gesehen wird.

---

[8] Rolke/Zerfaß, 2010: S. 54.

Wenn man die amerikanische Zitierweise wählt, sieht dieser Text so
aus:

*Beispiel:*    Dabei sehen die Autoren eine sog. „korridorale Kausalität"
(Rolke/Zerfaß, 2010: 54), bei der der Zusammenhang weder
technisch (als Informationsübertragung) noch mechanistisch
(als immer wirksame Beeinflussung) gesehen wird.

Indirekte Zitate sollen Informationen zusammenfassen und mit eigenen
Worten wiedergeben. Häufig werden dann in der Quellenangabe mehrere Autoren genannt, die alle dieselbe Aussage vertreten. Dies dient
zum Vergleich, die einzelnen Autoren werden hier mit „;" getrennt. Es
zeigt sich bei dieser Quellenangabe auch, dass zwei Werke von Zerfaß
aus demselben Jahr verwendet wurden – im Quellenverzeichnis muss
bei den beiden Werken von Zerfaß aus dem Jahr 2005 ebenfalls a bzw.
b angegeben werden:

*Beispiel:*    PR-Controlling hat damit Ziele auf zwei Ebenen: Einerseits soll sichergestellt werden, dass die Kommunikation zur Zielerreichung des Unternehmens beiträgt, andererseits müssen auch die Prozesse der PR selbst einem Controlling unterliegen. Diese beiden Ebenen werden häufig als strategisches und operatives Kommunikations-Controlling bezeichnet: Das strategische Kommunikations-Controlling verfolgt dabei das Ziel, den Beitrag von Kommunikation zur Wertschöpfung des Unternehmens sichtbar zu machen, während das operative Kommunikations-Controlling die laufenden Prozesse und Ergebnisse der Kommunikationsaktivitäten erfassen und bewerten soll (vgl. Severin 2005, 10; Zerfaß 2004, 380ff.; Zerfaß 2005a, 109; Zerfaß 2005b, 208f.; Zerfaß 2008, 544ff.).

Im Quellenverzeichnis müssen die beiden Werke von Zerfaß aus 2005 folgendermaßen angeführt werden:

*Beispiel:*    Zerfaß, Ansgar (2005a): Die Corporate Communications Scorecard. In: Pfannenberg, Jörg/Zerfaß, Ansgar (Hrsg.) (2005): Wertschöpfung durch Kommunikation. Wie Unternehmen den Erfolg ihrer Kommunikation steuern und bilanzierbar machen. Frankfurt am Main: F.A.Z., S. 102–112.
Zerfaß, Ansgar (2005b): Rituale der Verifikation. Grundlagen und Grenzen des Kommunikations-Controllings. In: Rademacher, Lars (Hrsg.) (2005): Distinktion und Deutungsmacht. Studien zu Theorie und Pragmatik der Public Relations. Wiesbaden: VS, S. 183–222.

Bei Auflistungen werden die einzelnen Punkte aus dem Originaltext häufig in verkürzter Form oder in anderer Anordnung angeführt oder es wird ein längerer Text in eine Listenform gebracht. Hierbei verwendet man üblicherweise ein indirektes Zitat. Es ist zu empfehlen, die Quellenangabe hier nach einem einleitenden Satz und vor der Aufzählung einzufügen:

*Beispiel:*    Das Wirkungsstufen-Modell von DPRG/ICV nennt dabei folgende Wirkungsstufen (vgl. Rolke/Zerfaß 2010: 54ff.):
· Input
· Output
· Outcome
· Outflow

Manchmal möchte/muss man auf einen Artikel nur ganz grundsätzlich referenzieren. Dabei bezieht man sich auf den gesamten Artikel und nicht auf einzelne Aussagen. Daher entfallen hier üblicherweise die Seitenangaben.

*Beispiel:*     Besonders hervorzuheben ist hier Christopher Storck, der einen Kreislauf der strategischen Kommunikation mit besonderem Schwerpunkt auf das zentral wichtige Reputationsmanagement auf Basis des Wirkungsstufen-Modells darlegt.[12]

---

[12] Vgl. Storck 2016.

*Oder:*     Besonders hervorzuheben ist hier Christopher Storck (2016), der einen Kreislauf der strategischen Kommunikation mit besonderem Schwerpunkt auf das zentral wichtige Reputationsmanagement auf Basis des Wirkungsstufen-Modells darlegt.

Bei der folgenden Quellenangabe könnte man meinen, dass die Verfasserin vergessen hat, die Seitenangaben anzugeben. Es handelt sich aber um eine Internetquelle, bei der es keine Seitenangaben gibt – dies zeigt sich aber erst bei einem Gegencheck mit dem Quellenverzeichnis.

*Beispiel:*     Das Wirkungsstufenmodell führt die Perspektiven des Controllings, der Unternehmenskommunikation und der Stakeholder zusammen (vgl. ICV, 2009).

Quelle: ICV (2009): Wirkungsstufen-Modell. Online verfügbar unter https://www.controlling-wiki.com/de/index.php/Wirkungsstufenmodell (30.5.2018).

Gelegentlich ist es der Fall, dass man eine Quelle verwenden möchte, die zum ersten Mal vor vielen Jahren erschienen ist. Das ist bei Standardwerken wie bspw. Luhmann oder Bourdieu natürlich wichtig und richtig. Meistens hat man dann aber nicht eine Ausgabe aus dem Ersterscheinungsjahr in der Hand, sondern einen (unveränderten) Nachdruck. In diesem Falle werden zumeist beide Erscheinungsjahre angegeben – also jenes der Ersterscheinung und jenes der Ausgabe, die man verwendet hat.

Im Literaturverzeichnis sieht das so aus:

*Beispiel:*  Fox, Stephen (1997 [1984]): The Mirror Makers. A History of American Advertising and its Creators. Urbana/Chicago: University of Illinois Press.
Luhmann, Niklas (1997 [1984]): Die Wirtschaft der Gesellschaft. 3. Aufl. Frankfurt am Main: Suhrkamp.

Quellenangaben werden gemacht wie folgt:

*Beispiel:*  (vgl. Luhmann 1997 [1984]: 38)

---
[25] Fox 1997 [1984]: S. 12.

## 9.6.5  Sekundärzitate

Ein Sekundärzitat liegt dann vor, wenn ein Zitat nicht aus der Primärquelle, sondern aus einer Sekundärquelle übernommen wird – man übernimmt also eine bereits zitierte Stelle. Grundsätzlich sind Sekundärzitate („Blindzitate") zu vermeiden bzw. sollte man nur in Ausnahmefällen darauf zurückgreifen, da nicht klar ist, ob das Zitat korrekt wiedergegeben wurde, ob es aus dem Kontext gerissen wurde etc. Tertiärzitate sind strikt zu vermeiden. Jedenfalls ist es immer das Ziel, möglichst die Primärquelle zu konsultieren.

Am besten lässt sich dies an einem Beispiel illustrieren: Die Ausgangssituation – man findet ein (korrektes) Zitat in einem Werk, das man gerne verwenden möchte, kann aber die Originalquelle nicht auftreiben. Korrekterweise sollte man das Zitat dann nicht verwenden, da es nicht überprüft werden kann.
Denkbar ist aber auch ein **„verweisendes" Zitat**. Dies ist nur dann möglich, wenn die Angaben des zitierten Autors vollständig sind und funktioniert folgendermaßen:
Zurstiege zitiert Buchli. Buchlis Zitat soll verwendet werden, Buchlis Text ist aber nicht verfügbar. Zurstiege gibt im Literaturverzeichnis alle nötigen Angaben an, das Werk von Zurstiege ist verfügbar. Buchli wird also nach Zurstiege zitiert.

- Zurstiege macht in seinem Werk folgende Quellenangabe: Buchli 1962: 73
- Zurstiege verwendet das Zitat von Buchli auf Seite 20 in seinem Buch.

- Die bibliographischen Angaben von Zurstiege (= Autor der Sekundärquelle) sind:
  Zurstiege, Guido (2007): Werbeforschung. Konstanz: UVK.
- Die bibliographischen Angaben von Buchli (= Autor der Primärquelle = Autor2) sind:
  Buchli, Hanns (1962): 6000 Jahre Werbung. Geschichte der Wirtschaftswerbung und der Propaganda. Bd. 1: Altertum und Mittelalter. Berlin: de Gruyter.

Für die Angabe der Sekundär- und Primärquelle gibt es nun zwei Möglichkeiten.

**Variante 1:**
Da man die Originalquelle ja nicht verfügbar hat, muss diese innerhalb der Quellenangabe angegeben werden. Jene Quelle, in der das Zitat zu finden war, also die Primärquelle (und nur diese), ist in der üblichen Form der Quellenangabe anzuführen. Im Quellenverzeichnis scheint dann ausschließlich jene Quelle auf, die tatsächlich verwendet wurde (Sekundärquelle). Dass es sich um ein Sekundärzitat handelt, wird durch den Zusatz „zitiert nach:" bzw. „zit. nach:" angezeigt.
    Die bibliographische Angabe im Quellenverzeichnis sieht so aus – es wird nur jene (Sekundär-)Quelle angeführt, die man tatsächlich zur Verfügung hatte:

*Beispiel:*    Zurstiege, Guido (2007): Werbeforschung. Konstanz: UVK.

Zitat und Quellenangabe werden nach der deutschen Zitierweise in folgender Form dargestellt:

*Beispiel:*    „Alle werben sie mit den verschiedensten Mitteln, die Färber, die Tuchfabrikanten, die Schmiede, die Wirte, und das lebhafte Bild kommerzieller Tätigkeit ergänzen Wahlaufrufe, die überall in großen roten Buchstaben die Wände bedecken."[28]

---

[28] Buchli, Hanns (1962): 6000 Jahre Werbung. Geschichte der Wirtschaftswerbung und der Propaganda. Bd. 1: Altertum und Mittelalter. Berlin: de Gruyter, S. 73. Zitiert nach: Zurstiege, 2007: S. 20.

Wenn die amerikanische Zitierweise gewählt wurde, wird die Primärquelle mit der gesamten bibliographischen Angabe in der Fußnote angegeben. Die Sekundärquelle wird wie üblich in Klammern direkt im Fließtext angeführt.

*Beispiel:*   „Alle werben sie mit den verschiedensten Mitteln, die Fär-
          ber, die Tuchfabrikanten, die Schmiede, die Wirte, und das
          lebhafte Bild kommerzieller Tätigkeit ergänzen Wahlaufrufe,
          die überall in großen roten Buchstaben die Wände bedecken."
          (Buchli, 1962: 73[17], zit. nach: Zurstiege, 2007: 20)

----

[17] Buchli, Hanns (1962): 6000 Jahre Werbung. Geschichte der Wirt-
     schaftswerbung und der Propaganda. Bd. 1: Altertum und Mittel-
     alter. Berlin: de Gruyter, S. 73 .

**Variante 2:**
Die Originalquelle ist zwar nicht verfügbar, sie wird aber nicht in der
Quellenangabe angeführt, sondern im Literaturverzeichnis. Die Quellenangabe besteht somit quasi aus zwei Quellenangaben (während
bei Variante 1 die Quellenangabe auch die komplette bibliographische
Angabe der Originalquelle beinhaltet). Dass es sich um ein Sekundärzitat handelt, wird durch den Zusatz „zitiert nach:" bzw. „zit. nach:"
angezeigt.

Die bibliographische Angabe im Quellenverzeichnis sieht so aus:

*Beispiel:*   Buchli, Hanns (1962): 6000 Jahre Werbung. Geschichte der
          Wirtschaftswerbung und der Propaganda. Bd. 1: Altertum
          und Mittelalter. Berlin: de Gruyter. Zitiert nach: Zurstiege,
          Guido (2007): Werbeforschung. Konstanz: UVK.

Zitat und Quellenangabe sehen so aus (diesmal bei einem indirekten
Zitat):

*Beispiel:*   Alle Berufsgruppen machten Werbung mit den ihnen zur
          Verfügung stehenden Mitteln; auch Wahlwerbung wurde
          bereits betrieben.[28]

----

[28] Vgl. Buchli (1962), S. 73, zit. nach: Zurstiege (2007), S. 120.

Bei der amerikanischen Zitierweise ist es bei dieser Variante nicht
nötig, die komplette bibliographische Angabe in der Fußnote anzugeben, da sie ja im Quellenverzeichnis genannt wird. Daher werden Zitat
und Quellenangabe so dargestellt:

*Beispiel:*   Alle Berufsgruppen machten Werbung mit den ihnen zur Verfügung stehenden Mitteln; auch Wahlwerbung wurde bereits betrieben (vgl. Buchli, 1962: 73, zit. nach: Zurstiege, 2007: 20).

## 9.7  Quellenverzeichnis

Am Ende jeder Arbeit wird ein sog. Quellenverzeichnis (auch Literaturverzeichnis oder Bibliographie) erstellt. Im Quellenverzeichnis sind nur Werke enthalten, die auch im Text zitiert wurden – diese aber vollständig.

Im Literaturverzeichnis sind damit *alle* verwendeten (zitierten) Quellen (Publikationen) enthalten (bspw. Monographien, Sammelbände, Fachzeitschriften, Studien, Lexika, Hochschulschriften, Papers, Konferenzberichte etc.), egal, ob daraus Texte, Grafiken, Bilder, Tabellen verwendet wurden.

Die Quellen sind alphabetisch zu ordnen. Es wird der vollständige Name der Autorinnen aufgelistet. Der Innentitel (über der ISBN-Nummer) ist dem Einbandtitel (manchmal verändert) vorzuziehen, manchmal findet man auch sog. Zitierhinweise (Angaben, mit welchem Wortlaut das Werk zitiert werden soll).

Gelegentlich findet man eine Teilung des Quellenverzeichnisses in (natürlich nur, falls vorhanden):

*   Literaturverzeichnis (Angabe aller verwendeten gedruckten Quellen)
*   Internet- bzw. Onlinequellen (Angabe aller verwendeten Internetquellen)
*   Interviews (Angabe aller geführten Interviews)
*   Sonstige Quellen

### 9.7.1  Bibliographische Angaben von Monographien

Im Quellenverzeichnis müssen für Monographien grundsätzlich folgende Angaben gemacht werden (= bibliographische Angaben):

*   Name und Vorname des Autors
*   Titel des Werkes, ggf. Untertitel
*   Verlagsort und Verlag
*   Erscheinungsjahr
*   Ggf. Auflage (insbesondere bei erweiterten und aktualisierten Auflagen)

**Achtung:**
Die Anordnung der Daten kann in geringfügig unterschiedlicher Weise erfolgen. Unterschiede gibt es aber *nur* hinsichtlich der Anordnung bzw. der Reihenfolge der Daten oder bei der verwendeten Interpunktion (Beistrich statt Punkt o.Ä.), nicht aber hinsichtlich der geforderten Daten! Die hier verwendete Darstellungsform ist sehr gebräuchlich.

Die Daten werden im Quellenverzeichnis in dieser Form angeführt:

> Nachname, Vorname (Erscheinungsjahr): Titel. Untertitel. (x. Auflage.) Erscheinungsort(e): Verlag.

Bei mehreren Autoren sieht das so aus:

> Nachname, Vorname/Nachname, Vorname (Erscheinungsjahr): Titel. Untertitel. (x. Auflage.) Erscheinungsort(e): Verlag.

*Beispiel:*  Burkart, Roland (2002): Kommunikationswissenschaft. Grundlagen und Problemfelder. Umrisse einer interdisziplinären Sozialwissenschaft. 4. Auflage. Wien/Köln/Weimar: Böhlau.

*Oder:*  Burkart, Roland (2002[4]): Kommunikationswissenschaft. Grundlagen und Problemfelder. Umrisse einer interdisziplinären Sozialwissenschaft. Wien/Köln/Weimar: Böhlau.

> Bucher, Hans-Jürgen/Altmeppen, Klaus-Dieter (2003): Qualität im Journalismus. Grundlagen – Dimensionen – Praxismodelle. Wiesbaden: Westdeutscher Verlag.

Hat eine Quelle mehr als drei Autorinnen, werden diese zwar im Quellenverzeichnis angeführt, für die Quellenangabe reicht es aber aus, den ersten angeführten Autor mit dem Zusatz „u.a." oder „et al." anzugeben („Huber u.a., 2015: 15" bzw. „Huber et al., 2015: 15").

### 9.7.2 Bibliographische Angaben von Artikeln aus Sammelbänden

Bei Artikeln aus Sammelbänden müssen folgende Angaben gemacht werden:
- Name und Vorname des Autors
- Titel des Artikels, ggf. Untertitel
- Erscheinungsjahr des Artikels
- Bibliographische Angaben des Sammelbandes
- Seitenangabe des gesamten Artikels

Dass es sich um einen Beitrag in einem Sammelband handelt, wird durch den Zusatz „In:" angezeigt.

Die Daten werden im Quellenverzeichnis in dieser Form angeführt:

> Nachname, Vorname (Erscheinungsjahr): Titel. Untertitel. In: Nachname2, Vorname2 (Hrsg.): Titel. Untertitel. (x. Auflage.) Erscheinungsort(e): Verlag, Seitenangabe des gesamten Artikels. DOI (falls vorhanden) [zu DOI siehe Kap. 9.7.3]

*Beispiel:*    Storck, Christoph (2016): Verfahren zur Messung der PR-Wirkung. In: Esch, Franz-Rudolf/Langner, Tobias/Bruhn, Manfred (Hrsg.): Handbuch Controlling der Kommunikation. Grundlagen – Innovative Ansätze – Praktische Umsetzungen. 2. Auflage. Wiesbaden: Springer Gabler, S. 407– 432. DOI10.1007/978-3-8349-3857-2_2

Sammelbände werden auch im Quellenverzeichnis als eigenständiges Werk angeführt, in diesem Beispiel also:

*Beispiel:*    Esch, Franz-Rudolf/Langner, Tobias/Bruhn, Manfred (Hrsg.) (2016): Handbuch Controlling der Kommunikation. Grundlagen – Innovative Ansätze – Praktische Umsetzungen. 2. Auflage. Wiesbaden: Springer Gabler.

Sind mehrere Autoren vorhanden, sind im Literaturverzeichnis alle anzuführen. Die Reihenfolge richtet sich nach jener in der Quelle selbst (bspw. Innentitel).

### 9.7.3  Bibliographische Angaben von Artikeln aus Fachzeitschriften

Bei Fachzeitschriften müssen folgende Angaben gemacht werden:
* Name und Vorname der Autorin
* Titel des Artikels, ggf. Untertitel
* Erscheinungsjahr des Artikels
* Name der Fachzeitschrift, Nummer, ggf. Jahrgang, Jahr
* Seitenangabe des gesamten Artikels

**Achtung:**
Artikel in Fachzeitschriften werden auch häufig als „Paper"
bezeichnet.

Dass es sich um einen Beitrag in einer Fachzeitschrift handelt, wird
durch den Zusatz „In:" angezeigt.

Die Daten werden im Quellenverzeichnis in dieser Form angeführt:

>Nachname, Vorname (Erscheinungsjahr): Titel. Untertitel.
>In: Titel der Zeitschrift, Jahrgang (Heft), Seitenangabe des
>gesamten Beitrags. DOI (falls vorhanden)

*Beispiel:*   Arnold, Klaus/Wagner, Anna-Lena (2018): Die Leistungen
des Lokaljournalismus. Eine empirische Studie zur Qualität
der Lokalberichterstattung in Zeitungen und Onlineange-
boten. In: Publizistik, 63 (2), S. 177–206. doi.org/10.1007/
s11616-018-0422-4

*Oder:*   ARD-Forschungsdienst (2018): Gestaltung und Effektivität
von Werbung auf mobilen Geräten. In: Mediaperspektiven, 1,
S. 37–42.

Die allgemeine Bezeichnung der Fachzeitschrift wird im Quellenverzeichnis nicht als eigenständiges Werk angeführt.

Wenn der Artikel aus der Fachzeitschrift auch (oder sogar ausschließlich) im Internet veröffentlicht wird, dann kann auch die Internetadresse angegeben werden – aber nur zusätzlich zu den geforderten
bibliographischen Angaben. Die URL kann man mit dem Zusatz „auch
verfügbar unter" anführen.

Laut APA-Citation Style wird gefordert, dass bei Papers neben den Autoren, dem Erscheinungsjahr, dem Titel des Papers, der Fachzeitschrift (Journal), in der das Paper erschienen ist, dem Volume (Jahrgang), der Issue (Ausgabe) und den Seitenzahlen auch der sog. **Digital Object Identifier (DOI)** angegeben wird.

Der DOI ist eine eindeutige und unveränderliche Identifikationsnummer für digitale Objekte, die aus Buchstaben und Ziffern besteht und einen bleibenden Link zur Internet-Publikation herstellt. Wenn vor dem DOI https://doi.org/ ergänzt wird, dann kann dieser als URL verwendet werden.

Beispielsweise führt der doi: 10.1177/0193841X0002400404 zu folgendem Artikel (einfach im Browser eingeben):

> Birckmayer, J. D. & Weiss, C. H. (2000). Theory-based evaluation in practice. What do we learn? Evaluation Review, 24 (4), 407–431. doi: 10.1177/0193841X0002400404

Ganz wichtig: Nach der DOI-Angabe kommt nie ein Punkt!

Den DOI findet man üblicherweise auf der ersten Seite eines elektronischen Dokumentes (in der Nähe der Copyright-Information und auf der Landing Page des Dokuments). Wann immer es möglich ist, sollten die DOIs angeführt werden, da diese einen „sicheren" und unveränderlichen Link zur Internet-Publikation darstellen.

### 9.7.4  Bibliographische Angaben von Artikeln aus Internetquellen

Bei Internetquellen müssen folgende Angaben gemacht werden:
- Name und Vorname des Autors
- Titel des Artikels, ggf. Untertitel
- Erscheinungsdatum des Artikels
- URL
- Datum des Abrufs in runden oder eckigen Klammern

Die Daten werden im Quellenverzeichnis in dieser Form angeführt:

> Nachname, Vorname (Erscheinungsjahr): Titel. Ev. In: Zeitschrift bzw. Art der Homepage. Publikationsdatum. Vollständige URL (Datum des Abrufs der Homepage).

**Achtung:**
Sofern der DOI angegeben ist, ist die Angabe des Abrufdatums nicht mehr unbedingt nötig.

*Beispiele:*  PRVA Public Relations Verband Austria (2017): Rolle der PR. http://prva.at/berufsbild/rolle-der-pr (30.4.2017).

Koschnick, Wolfgang J. (2018): Der größte Feind der Werbung ist sie selbst. 30.5.2018. https://www.heise.de/tp/features/Der-groesste-Feind-der-Werbung-ist-sie-selbst-4058546.html (2.6.2018).

Media-Analyse: Jahresbericht 2017. In: http://media-analyse.at/table/2997 [16.5.2018].

Sind weder Autorin noch Datum angegeben, gilt die vereinfachte Zitierweise:

„Titel des Dokuments", URL [Abrufdatum].

Hier ist aber genau darauf zu achten, ob das Dokument aus wissenschaftlicher Sicht verwendet werden kann (vgl. Zitierwürdigkeit). Wenn kein Autor und keine Institution angeführt werden können, die Quelle aber dennoch vertrauenswürdig ist, dann ist die gesamte URL anzugeben. Hier ist es auch bei der amerikanischen Zitierweise ausnahmsweise (!) möglich, die Quelle in einer Fußnote anzugeben.

Die häufigste Falschangabe ist die Verwechslung eines Query-Ergebnisses (Abfrageergebnis oder Suchresultat) mit einer URL (Internetadresse).

*Beispiel:*  Brauckmann, Patrick (2010): Webmonitoring. Aneignen oder einkaufen?

*Falsch:*  http://books.google.at/books?id=5kv24-PSNocC&pg=PA50&lpg=PA50&dq=web+monitoring+definition&source=bl&ots=pyytcItiDC&sig=2ucnNvQWmM9iFifsW3BjZueVmmE&hl=de&sa=X&ei=A0BlUrClEqeY4wT12oGwCg&sqi=2&ved=0CGMQ6AEwBA#v=onepage&q=web%20monitoring%20definition&f=false (21.10.2013).

*Korrekt:*  In: Social Media Magazin, 3, S. 50–51.

Bei Internetquellen hat man idealerweise zwei Datumsangaben:

- das Erscheinungsdatum des Artikels; hier gibt es häufig sogar ein Datum mit Tages- und Monatsangabe und nicht nur das Jahr
- das Abrufdatum der Quelle im Internet

Bei Internetquellen besteht häufig ein Problem mit dem Abrufdatum: Verschwindet das Dokument aus dem Internet (es wurde gelöscht oder verschoben), dann zeigt das Abrufdatum lediglich den Zeitpunkt an, zu dem das zitierte Dokument noch erreichbar war – das Zitat ist aber nicht mehr auffindbar und damit wertlos. Das Abruf-, Zugriffs- oder Downloaddatum allein schützt nicht vor einem Falschzitat.

Im Zweifelsfall ist das zitierte Dokument daher ganz oder in Teilen lokal abzuspeichern und der elektronischen Fassung der Arbeit im Anhang beizufügen. Das Archivieren erfolgt durch lokales Abspeichern der HTML-Seite, durch Anlegen eines Screenshots oder durch die Nutzung eines entsprechenden nichtkommerziellen Online-Dienstes (http://www.webcitation.org), wo die archivierte Seite dann mit einer URL zitiert werden kann.

Jede Publikation im Web sollte ein Publikationsdatum und eine Autorenangabe enthalten. Fehlt der Autorenname, dann wird das herausgebende Medium bzw. die übergeordnete Website angegeben (für Webseiten-Betreiber besteht Impressumspflicht). Für Einzeldateien finden sich diese Angaben unter Umständen nur im Impressum der Website oder im Source-Code der HTML-Datei (Meta-Daten). Wird die Online-Ausgabe eines früher gedruckten Textes zitiert, dann gilt das Datum der Druckfassung.

**Achtung:**
Wenn es sich um Beiträge handelt, die in Fachzeitschriften erschienen sind und die (auch) im Internet veröffentlicht werden, gelten grundsätzlich die Regeln zu den bibliographischen Angaben von Beiträgen in Fachzeitschriften, die um die Internetadresse ergänzt werden.

Grundsätzlich können folgende Quellen im Internet unterschieden werden:

- Website (Domain) mit der URL, bspw. http://www.univie.ac.at
- Subdomain, bspw. http://publizistik.univie.ac.at/
- HTML-Datei, http://ufind.univie.ac.at/de/vvz.html
- dynamische Web-Inhalte (aus Foren, Wikis, Weblogs)

- andere Dateiformate, die im Internet abgelegt wurden (PDFs, Word-Dokumente, Scans)
- Online-Enzyklopädien (Wikipedia)
- multimediale Inhalte (Streams, Videos)

**Domains und Subdomains**

Domains sind festgelegte und registrierte „unique identifiers" für das Internet; jeder Web-Adresse ist eine bestimmte IP-Adresse zugeordnet, auf der die Dateien liegen. Um eine Domain oder Subdomain (bzw. Unterverzeichnisse) zu verwenden, bedarf es einer gültigen URL (Uniform Resource Locator) und der korrekten Schreibweise (nicht alles im Internet ist WWW!).

Der Domaininhaber betreibt einen oder mehrere Server (Hosts), auf denen die Webinhalte, Skripts, Datenbanken etc. in unterschiedlichen Verzeichnissen abgelegt sind. Daher kann eine URL aufgrund von organisatorischen oder technischen Veränderungen ungültig werden. Die Verantwortung für die Gültigkeit und Dauer von Webadressen liegt (leider) beim Betreiber der Website.

Inhalte, die sich auf temporären Benutzerverzeichnissen von Personen oder Projekten befinden, sind meist eher kurzlebig. Ist offensichtlich, dass Inhalte von einem anderen Ort übernommen wurden, dann ist die Originalquelle zu suchen und zu zitieren.

**HTML-Dateien (Webinhalte im engeren Sinn)**

Für Hypertext-Seiten aus dem Internet gilt wie bei jeder wissenschaftlichen Verwendung als oberste Regel, dass die Quelle laut der Angabe jederzeit wieder auffindbar sein muss. Die korrekte Quellenangabe einer HTML-Datei sieht aus wie folgt:

> Autor Nachname, Vorname (Erscheinungsjahr): „Titel des Dokuments" (Publikationsdatum). Medium. URL [Abrufdatum].

*Beispiel:*  Hartmann, Frank (2008): „Klasse statt Masse? Brockhaus und Wikipedia sind eine Scheinkonfrontation im Kampf um das Wissen Online" (7.4.2008). Telepolis. http://www.heise.de/tp/features/Klasse-statt-Masse-3418045.html [20.6.2018].

Vor Abgabe einer Arbeit empfiehlt sich die nochmalige Überprüfung aller verwendeten URLs durch Eintippen in einem neuen Browserfenster.

**Achtung:**
Nicht alles, was in der Adresszeile eines Browsers aufscheint, ist auch eine URL.

**Dynamische Web-Inhalte**
Bei dynamischen Webinhalten (bspw. Einträge in einem Weblog oder einem Wiki) sollte, wenn vorhanden, der Permalink angegeben werden. Dies ist ein permanenter Link, wie er von aktueller Weblog-Software und CMS-Systemen automatisch generiert wird. Er verweist immer auf die Version, die man als Quelle für das Zitat verwendet hat, und kann auch das Versionsdatum anzeigen.

Dynamische Webinhalte werden im Augenblick ihrer Abfrage aus einer Datenbank erzeugt. Die Abfrage eines anderen Nutzers oder zu einem späteren Zeitpunkt kann daher andere Inhalte wiedergeben. Sind solche Inhalte von Relevanz für die Arbeit, müssen sie archiviert werden.

Wird aus Diskussionslisten, Foren oder Wikis zitiert, dann handelt es sich zumeist um archivierte Beiträge, bei denen automatisch ein Datum generiert wurde. Das Zitat muss Autor/Nickname, Titel des Beitrags, Datum und Medium nach dem Muster eines HTML-Zitats enthalten.

Nicht öffentliche Inhalte von „Gated Communities" (Foren und Netzwerke, bei denen man registriert sein muss, bevor man Zugang zu Inhalten bekommt) müssen lokal abgespeichert werden und spielen für die wissenschaftliche Arbeit die Rolle von Rohdaten (zur Interpretation und Analyse), aber nicht von Quellen.

**Andere Dateiformate, die im Internet abgelegt wurden**
Dateiformate, die im Internet abgelegt wurden (PDFs, Word-Dateien, gescanntes Material), sollten, wenn möglich, nach der Originalquelle zitiert werden und nicht nach dem Ort, an dem sie im Internet gefunden wurden – d.h., es wird das Buch zitiert und nicht die URL aus der Google-Buchsuche.

Es gibt im Web viele Textdateien ohne Autorenangaben (Teile aus Büchern, Pre-Prints, Textauszüge), die aus irgendwelchen Gründen online stehen, deswegen aber nicht automatisch als Veröffentlichung gelten – sie eignen sich daher nicht als Quelle für wissenschaftliche Arbeiten.

**Online-Enzyklopädien**
Zum Zitieren aus Online-Enzyklopädien gilt, wie auch für gedruckte Konversations-Lexika und Wörterbücher, dass sie bis auf seltene Ausnahmefälle in einer wissenschaftlichen Arbeit nichts zu suchen haben.

Artikel beispielsweise von Wikipedia können laufend verändert werden, tragen keinen Autorennamen und sind von unterschiedlicher Qualität. Wikipedia selbst tritt erklärtermaßen nicht mit dem Anspruch auf, eine wissenschaftliche Quelle zu sein. Dennoch gibt es viele Einträge, die einer wissenschaftlichen Prüfung durchaus standhalten (dann finden sich dort aber auch die Literaturangaben, die dann die tatsächliche Quelle darstellen – nur diese können in einer wissenschaftlichen Arbeit verwendet werden).

Der Wert der Verwendung von Wikipedia muss also fallweise geklärt werden, grundsätzlich ist von der Verwendung von Wikipedia als einziger Quelle ausdrücklich abzuraten. Falls zitiert wird, bietet sich unter „Werkzeuge" eine eigene Zitierhilfe an. Statt eines einfachen Links wird dann ein Permalink erzeugt, der auch das Bearbeitungsdatum zeigt.

**Multimediale Inhalte**
Beim wissenschaftlichen Zitieren multimedialer Inhalte (Bilder, Streams, Klänge, Videos) gilt dieselbe Zitierfreiheit wie bei veröffentlichten Texten, d.h., wenn sie tatsächlich zu Belegzwecken im Rahmen einer Forschungsarbeit dienen.

Wiederum gilt, dass zu allen oben genannten Angaben auch das herausgebende Medium angegeben werden muss, wobei speziell darauf zu achten ist, das Zitat des Zitats zu vermeiden – daher gilt wie immer: die Originalausgabe suchen (bei einer Website, die einen Clip von YouTube eingebettet hat, wird dieser selbst zitiert und nicht die Stelle, an der er übernommen wurde). Clips bspw. von YouTube haben eine URL und können analog zu HTML-Seiten zitiert werden. Es ist wünschenswert, auch diese Dateien lokal abzuspeichern.

### 9.7.5 Bibliographische Angaben von Zeitungsartikeln

Auch wenn Zeitungsartikel keine wissenschaftlichen Quellen sind, kann es doch gelegentlich notwendig sein, diese zu zitieren. Bei Zeitungen müssen folgende Angaben gemacht werden:
* Name und Vorname der Autorin (sofern vorhanden)
* Titel des Artikels
* Name der Zeitung, Datum
* Seitenangabe des gesamten Artikels

Die Daten werden im Quellenverzeichnis in dieser Form angeführt:

> Nachname, Vorname (Erscheinungsjahr): Titel. Untertitel.
> In: Zeitung. Datum, vollständige Seitenangabe des Artikels.

*Beispiel:*   Bruckmüller, Nora (2018): Dialekt ist nie gleich Dialekt. In: Oberösterreichische Nachrichten. 1.6.2018, S. 16.

Sofern der Autor nicht angegeben ist, werden diese Daten im Quellenverzeichnis angeführt:
- Name der Zeitung
- Titel des Artikels
- Datum
- Seitenangabe des gesamten Artikels

Die Daten werden im Quellenverzeichnis in dieser Form angeführt:

> Zeitung (Erscheinungsjahr): Titel. Untertitel. Nummer.
> Datum, vollständige Seitenangabe des Artikels.

*Beispiel:*   Die Presse (2018): Tiefe Gräben vor der Medienenquete: Private versus ORF. 2.6.2018, S. 25.

### 9.7.6  Bibliographische Angaben von Interviews

Bei Interviews müssen folgende Angaben gemacht werden:
- Name und Vorname der interviewten Person, ev. Funktion
- Datum des Interviews
- Ev. Thema des Interviews
- Vermerk, wo und wie das Transkript zugänglich ist

Die Daten werden im Quellenverzeichnis in dieser Form angeführt:

> Interview mit Nachname, Vorname (ev. Funktion) am Datum
> in Ort. Interview liegt bei der Verfasserin auf./Gesamtes
> Interview befindet sich im Anhang.

*Beispiele:*   Interview mit Pig, Clemens (Vorsitzender der Geschäftsführung) am 26.4.2018 in Wien. Interview liegt bei der Verfasserin auf.

Interview mit Wrabetz, Alexander (ORF) am 9.5.2018 in Wien. Interview befindet sich im Anhang.

### 9.7.7 Bibliographische Angaben von fremdsprachigen Quellen

Für die bibliographischen Angaben von fremdsprachigen Publikationen benutzt man üblicherweise die deutschen Begrifflichkeiten, also „Hrsg." statt „ed." oder „éd." und „S." statt „p". Bei englisch-sprachigen Titeln wird üblicherweise das jeweils erste Wort des Titels und des Untertitels sowie alle weiteren Wörter außer Artikeln, Präpositionen und Konjunktionen großgeschrieben. Bei französisch- und anderen romanisch-sprachigen Publikationen wird außer Namen und festen Begriffen nur das erste Wort großgeschrieben.

### 9.7.8 Literaturverzeichnis nach APA-Style

Im APA-Style gibt es sehr genaue Vorgaben zur Anordnung der Daten in der Bibliographie hinsichtlich Kursiv-Setzungen, Beistrichen, Punkten, Vornamen werden immer abgekürzt mit dem 1. Buchstaben. Die bibliographischen Angaben müssen genau so vorgenommen werden wie folgt:

**Bücher**
- Ein Autor:
  Burkart, R. (2002). *Kommunikationswissenschaft. Grundlagen und Problemfelder. Umrisse einer interdisziplinären Sozialwissenschaft.* Wien, Köln, Weimar: Böhlau Verlag.

- Zwei bis sieben Autoren:
  Grunig, J.E., & Hunt, T. (1984). *Managing Public Relations.* Fort Worth: Holt, Rinehart and Winston.

- Mehr als sieben Autoren:
  Cooper, L., Eagle, K., Howe, L., Robertson, A., Taylor, D., Reims, H., … Smith, W.A. (1982). *How to stay younger while growing older: Aging for all ages.* London: Macmillan.

- Eine Organisation oder Institution als Autor:
  DPRG Deutsche Public Relations Gesellschaft (2011). *Positionspapier Kommunikations-Controlling.* Dortmund: Scholzdruck:

- Ein Herausgeber:
  Krone, J. (Hg.) (2009). *Fernsehen im Wandel. Mobile TV & IPTV in Deutschland und Österreich.* Baden-Baden: Nomos Verlagsgesellschaft.

- Mehrere Herausgeber:
  Esch, F.-R. , Langner, T., & Bruhn, M. (Hg.) (2016). *Handbuch Controlling der Kommunikation. Grundlagen – Innovative Ansätze – Praktische Umsetzungen.* Wiesbaden: Springer.

- Beitrag in einem Sammelband:
  Storck, Ch. (2016). Verfahren zur Messung der PR-Wirkung. In: F.-R. Esch, T. Langner, & M. Bruhn (Hg.), *Handbuch Controlling der Kommunikation. Grundlagen – Innovative Ansätze – Praktische Umsetzungen* (S. 407–431). Wiesbaden: Springer. DOI 10.1007/978-3-8349-3857-2_19s

- Auflage eines Werkes:
  Burkart, R. (2002). *Kommunikationswissenschaft. Grundlagen und Problemfelder. Umrisse einer interdisziplinären Sozialwissenschaft* (4. Aufl.). Wien, Köln, Weimar: Böhlau Verlag.

**Artikel**
Der DOI (Digital Object Identifier) muss bei online first oder online only Publikationen verwendet werden. Wenn der DOI nicht angegeben ist, fügt man die URL der Zeitschrift ein. Das Abrufdatum ist dann nicht mehr notwendig.

- Zeitschriftenartikel:
  Arnold, K., & Wagner, AL. (2018). Die Leistungen des Lokaljournalismus. *Publizistik, 63*(2), 177–206. doi: 10.1007/s11616-018-0422-4

- Bei Zeitschriftenartikeln von mehr als sieben Autoren:
  Verfahren s.o. unter „Bücher", Zitierung sonst wie bei anderen Artikeln auch.

- Zeitschriftenartikel online (first) ohne Seitenangabe:
  Seiffert-Brockmann, J., Diehl, T., & Dobusch, L. (2017). Memes as games: The evolution of a digital discourse online. *New Media & Society.* doi: 10.1177/1461444817735334

- Zeitungsartikel oder Magazinbeiträge:
  Bruckmüller, N. (1.6.2018). Dialekt ist nie gleich Dialekt. *Oberösterreichische Nachrichten,* 16.

**Onlineliteratur**
- Artikel aus einer elektronischen Zeitschrift:
  Kroon, A.C., & van der Meer T.G.L.A. (2018). Who Takes the Lead? Investigating the Reciprocal Relationship Between Organizational and News Agendas. *Communication Research,* 1–26. Abgerufen von journals.sagepub.com/home/crx. DOI: 10.1177/0093650217751733

- Zeitungsartikel von einer Website:
  Wallner, AM (2. Juni 2018). Jetzt aber ein europäisches Facebook. *Die Presse.* Abgerufen von https://diepresse.com/home/kultur/medien/5439825/Jetzt-aber-bitte-ein-europaeisches-Facebook.

Für Herausgeber verwendet man die Abkürzung „Hg." (nicht „Hrsg.", „Ed.", „eds." etc.). Es müssen die genauen Seitenangabe „von bis" gemacht werden, bspw.: 93–121 (nicht 93ff; Ausnahme: wenn nur die folgende Seite genannt werden soll: z.B. für 93–94: 93f; kein Punkt hinter dem f). Bei mehreren Erscheinungsorten werden alle angegeben: z.B. Wien, Köln, Weimar.

### 9.7.9  Hinweise zu allen bibliographischen Angaben

> Egal, für welche Form der Anordnung man sich entscheidet, es gilt: Die Anordnung (auch die Verwendung der Satzzeichen) innerhalb einer Arbeit muss einheitlich sein, also durchgehend gleich verwendet werden!

Wenn mehrere Quellen desselben Autors aus demselben Jahr im Quellenverzeichnis angegeben werden, müssen Buchstaben an das Jahr angefügt werden (bspw. 2014a, 2014b).

Die Angabe der Auflage ist nicht immer nötig, am ehesten dann, wenn es sich um veränderte, ergänzte Auflagen handelt. (Dies ist aus dem Innentitel ersichtlich.)

Der Hinweis zur Auflage kann in verschiedener Form gemacht werden:
- durch den Zusatz „x. geänderte/ergänzte/überarbeitete Auflage"
- durch eine hochgestellte Zahl, die der Auflage entspricht: $2002^4$ (also 4. Auflage im Jahr 2002)

Sind mehr als drei Verlagsorte angegeben, reicht die Angabe des ersten Verlagsortes mit dem Zusatz „u.a.".

**Bibliographische Angaben und Zitieren bei nicht vorhandenen Angaben**

Alle Angaben, die vorhanden sind, müssen angegeben werden. Wenn Angaben fehlen, können folgende Abkürzungen verwendet werden:
- o.V. = ohne Verfasser
- o.J. = ohne Erscheinungsjahr
- o.O. = ohne Erscheinungsort

## 9.8  Häufig verwendete Abkürzungen

Zahlreiche Abkürzungen in der wissenschaftlichen Literatur sind eindeutig festgelegt:

| | |
|---|---|
| a.a.O. | am angegebenen Ort |
| Abb. | Abbildung |
| Anm. | Anmerkung |
| Aufl. | Auflage |
| bearb. | bearbeitet |
| d.h. | das heißt |
| d. i. | das ist |
| Ebd. | ebenda/ebendort, S. xy (nur verwenden, wenn man sich auf den *unmittelbar* vorher genannten Autor bezieht); dies ist aber nicht zu empfehlen, da es sich um eine große Fehlerquelle handelt! |
| ed., eds. | editor, editors |
| erw. | erweitert |
| et al. | et alii („und andere") |
| f. | und folgende Seite (S. 12f. = Seite 12 und die folgende = Seiten 12 und 13) |
| ff. | und folgende Seiten (S. 12ff. = Seite 12 und fortfolgende = Seite 12 bis mindestens 14) |
| Hg. | Herausgeber |
| Hrsg. | Herausgeber |

| | |
|---|---|
| ibid. | ibidem (lateinisch für ebenda) |
| Jg. | Jahrgang |
| Nr. | Nummer |
| o. J. | ohne Jahresangabe |
| o. O. | ohne Ortsangabe |
| o. V. | ohne Verfasser |
| p. 12 | page 12 |
| passim | wird anstelle von konkreten Seitenangaben gebraucht, wenn keine konkrete Zeile oder kein bestimmter Absatz zum Sachverhalt angegeben werden können, sondern der Sachverhalt sich durch den gesamten Text oder ein großes Textstück zieht (nur selten verwendet) |
| pp. 12–17 | pages 12–17 |
| pp. 12, 13 | pages 12 & 13 |
| S. 12–17 | Seiten 12–17 |
| S. 12 | Seite 12 |
| s. o. | siehe oben (für einen Verweis innerhalb des eigenen Textes; kann mit genaueren Angaben versehen sein, bspw. mit (s. o. Abb. 3) |
| Tab. | Tabelle |
| vgl. | vergleiche (wird bei indirekten Zitaten verwendet) |

Diese Abkürzungen sind gebräuchlich und müssen nicht erläutert werden. Andere, unbekannte Abkürzungen sollten in einem eigenen Abkürzungsverzeichnis erklärt werden. Das Abkürzungsverzeichnis steht üblicherweise am Anfang der Arbeit, nach dem Inhaltsverzeichnis.

Alle Abkürzungen sind innerhalb einer Arbeit immer einheitlich zu verwenden.

# 10 Wissenschaftliches Lesen

Wissenschaftliches Lesen ist nicht mit dem Lesen von Romanen etc. gleichzusetzen, Lesen ist somit nicht gleich Lesen. Wissenschaftliche Texte werden der großen Gruppe der Sachtexte zugeordnet, denen üblicherweise die literarischen, ästhetischen oder fiktionalen Texte gegenübergestellt werden.

Wissenschaftliches Lesen ist kein passives Rezipieren, sondern ein aktiver Aneignungsprozess von Wissen, in dem die Lesehaltung und die Vorkenntnisse, (Ausgangs-)Fragestellung und Hypothesen den Erkenntnisgewinn maßgeblich beeinflussen.

Warum überhaupt Lesen? Wissenschaft arbeitet üblicherweise kumulativ, neues Wissen baut somit auf bereits vorhandenem Wissen auf. „Das Rad muss nicht neu erfunden werden", darum sind Lesen und das ständige Aktualisieren des persönlichen Wissensstandes zu einem Thema eine unabdingbare Notwendigkeit für wissenschaftliches Arbeiten. Nur die Kenntnis des bereits vorhandenen Wissens kann dazu führen, neue und relevante wissenschaftliche Fragen zu stellen und somit die Wissenschaft weiterzuentwickeln. Das Lesen (und das Wissen über die Produktion von Texten) ist eine der wichtigsten wissenschaftlichen Fähigkeiten. Zudem ist Lesen immer auch eine Vorbereitung auf das spätere Schreiben.

Das meiste Wissen eignet man sich während eines Studiums nicht in Vorlesungen oder Seminaren an, sondern durch die weitgehend selbständige Bearbeitung von wissenschaftlicher Literatur. Dies erfordert ein möglichst rationelles und zielgerichtetes Lesen, d.h., die Aufnahme- und Speicherkapazität sollte dabei möglichst hoch sein.

Das Lesen und das schriftliche Zusammenfassen von Texten aus der Fachliteratur bilden zwei Hauptsäulen der wissenschaftlichen Arbeitstechnik. Systematisches Lesen und das Verarbeiten des Lesestoffes muss man lernen, üben und verbessern, um es schließlich zu beherrschen. Dies ermöglicht ein rascheres und besseres Verständnis der Texte, ein effizientes und gezieltes Be- und Verarbeiten der Inhalte und eine problemorientierte Nutzbarmachung des Gelesenen.

Wissenschaftliches Lesen dient (neben der Erarbeitung von Prüfungs-stoff) mehreren Zwecken:

- „Einlesen" in ein Thema, um aus der vorhandenen Literatur For-schungsfragen und Hypothesen zu erstellen
- „Literaturanalyse" zum Erarbeiten des Forschungsstandes zu einem Thema, zum Beantworten von Forschungsfragen etc.

Grundsätzlich gilt: Jede Form der Verarbeitung von Literatur ist gut und wissenschaftlich geboten – nur so kann Wissenschaft weiterent-wickelt werden. Wissenschaftliche Texte beruhen auf Wissenschaft, d.h., sie verarbeiten wissenschaftliche Erkenntnisse anderer, geben diese wieder, setzen sie zueinander in Verbindung, kommentieren sie und machen sie zur Grundlage der eigenen Arbeit. So kann man vor-handene wissenschaftliche Literatur auf verschiedene Art verwenden: darauf aufbauen, kritisieren, für gut befinden, verwerfen, hinterfragen, zitieren, etc.

Man darf nur eines *nicht* tun mit vorhandener Literatur: sie *ignorie-ren*!

## 10.1 Aussortieren – erste Prüfung der Literatur

War die Recherche erfolgreich, dann liegen nun größere Stapel von Literatur vor dem Leser. Muss das nun alles gelesen werden? Es wird rasch klar, dass das gar nicht möglich ist. Unsystematisches „Herum-lesen" und Suchen kostet unnötig viel Zeit und so muss man sich eine Methode erarbeiten, die es ermöglicht, die wesentlichen Werke her-auszufinden und diese mittels entsprechender Lesetechniken zügig zu verarbeiten.

Da man also selten alles lesen kann, was man zu einem Thema fin-det (obwohl man es natürlich versuchen sollte … ), muss ein Teil der gefundenen Literatur aussortiert werden, bevor er intensiv bearbei-tet wird. Dazu muss man sich überlegen, ob das jeweilige Buch zum Thema passt, das man bearbeitet, oder ob es überhaupt neue Aspekte beleuchtet, über die man vorher noch nirgendwo etwas gelesen hat – ob es also nicht nur einer quellenkritischen Prüfung standhält, sondern ob es nützlich für die aktuelle Arbeit ist. Dabei ist es sehr hilfreich, wenn man schon eine relativ genaue Vorstellung von der Fragestellung hat, die man bearbeiten möchte.

Vor der intensiven Lektüre steht aber noch die Überprüfung der Titel auf ihre Verwendungsmöglichkeit. Das heißt, man versucht anhand der einzelnen Bestandteile jedes Werkes festzustellen, ob es für die vorher entwickelte Fragestellung überhaupt etwas hergibt:

- Was weiß ich über die Autorin? Wie wird sie unter Kollegen im Fachgebiet eingeschätzt?
- Hat sie andere bekannte Titel verfasst? In welchen Fachgebieten?
- Was sagt mir der Sachtitel, der Untertitel?
- Wie wird das behandelte Thema beschrieben, eingegrenzt?
- Ist das Inhaltsverzeichnis übersichtlich und logisch gegliedert?
- Wo liegen die Schwerpunkte?
- Weiß ich etwas über den Verlag? Ist er auf bestimmte Fachgebiete spezialisiert? Welche Qualität, welches Niveau haben die Veröffentlichungen?

Manchmal reicht zur Einschätzung eines Buches ein Blick ins Inhaltsverzeichnis oder ins (Sach- und Personen-)Register. Da Kapitelüberschriften aber täuschen können oder manchmal nicht viel aussagen, sollte man einige Passagen querlesen (Klappentext, Einleitung, Schluss, einzelne Kapitel überfliegen). Oft sind nur einzelne Kapitel eines Buches relevant für eine konkrete Fragestellung. Zur Einschätzung der Qualität eines Buches ist auch das Lesen von Rezensionen hilfreich.

Ein einfaches Kriterium zur Bewertung eines Buches ist unter Umständen auch sein Erscheinungsdatum. Neuere Werke sind schon deswegen oft älteren vorzuziehen, da sie sich in der Regel auf den neuesten Forschungsstand beziehen. Da ältere Ansichten zu bestimmten Themen aber nicht notwendigerweise falsch sind, sondern bspw. auf anderen methodischen Ansätzen beruhen, sollte man ältere Literatur auch nicht gänzlich ignorieren. Dies gilt besonders für die sog. Standardwerke, die oft schon etwas älter sind. Das Erscheinungsdatum sowie der Publikationsort können auch einen Hinweis auf die politischen Rahmenbedingungen, unter denen das Werk erschien, geben.

Das Ergebnis der Bewertung sollte dann eine Prioritätenliste für die Lektüre sein. Die grundlegenden, gründlich durchzuarbeitenden Werke stehen dort natürlich oben, gefolgt von denen, die vielleicht nur zum Teil gelesen werden müssen. Und selbstverständlich können (und müssen!) ungeeignete Titel auch aussortiert werden. Der Mut zum Aussortieren und zur Selektion gehört zum wissenschaftlichen Arbeiten grundlegend dazu.

Jede Behauptung ist mit einem Wahrheitsanspruch verbunden. Dies kann gerade zu Beginn eines Studiums verwirrend sein, da Behauptungen von zahlreichen Fachkolleginnen durchaus geteilt und bestätigt werden, aber von zahlreichen anderen gerade widersprüchlich beurteilt, als nicht zutreffend eingeschätzt und verworfen werden. Dabei ist es häufig so, dass beide Standpunkte gut argumentiert, plausibel und nachvollziehbar sind. Somit können einander widersprechende Behauptungen für sich genommen durchaus vernünftig und „richtig" erscheinen. Was bedeutet dies aber nun? Sind die Behauptungen beider Standpunkte nun „richtig" oder „falsch"? Sind sie womöglich gar nicht wissenschaftlich, weil sie einander widersprechen?

Diesem Problem liegt eine grundlegende wissenschaftstheoretische Frage zugrunde, denn es kommt immer auf den wissenschaftstheoretischen Bezugsrahmen des jeweiligen Wissenschaftlers an. Aussagen, die aus einer bestimmten wissenschaftstheoretischen Sichtweise konsistent sind, können von einem anderen wissenschaftstheoretischen Standpunkt aus falsch erscheinen. Für ein angemessenes Textverständnis, eine entsprechende Einordnung der Aussagen und eine sachgerechte Beurteilung der Behauptungen ist es also notwendig, den wissenschaftlichen Bezugsrahmen des Verfassers zu kennen und das Werk unter diesem Gesichtspunkt zu beurteilen.

### 10.1.1 Relevanzprüfung von Literatur

Abbildung 8 zeigt den Ablauf der Prüfung, ob ein Werk relevant und brauchbar für die beabsichtigte Arbeit ist. Die hier angeführte Leseform entspricht dem sog. „kursorischen Lesen".

Im Rahmen der Relevanzprüfung sind folgende grundsätzliche Fragen zum Text von Interesse:

- Was weiß ich schon über das Thema?
- Was will ich zu diesem Thema noch wissen?
- Was weiß ich über den Verfasser?
- Welches Ziel verfolge ich mit dem Lesen dieses Werkes?
- Weiß ich nach der Lektüre mehr als vorher oder wird nur schon Bekanntes wiederholt?
- Kann dieses Werk zur Erweiterung meines Wissensstandes beitragen?

Wenn die angeführte Relevanzprüfung positiv ausfällt und insbesondere, wenn die letzte Frage mit Ja beantwortet werden kann, dann sollte das Werk ausführlich gelesen werden.

Abb. 8: Relevanzprüfung von Literatur

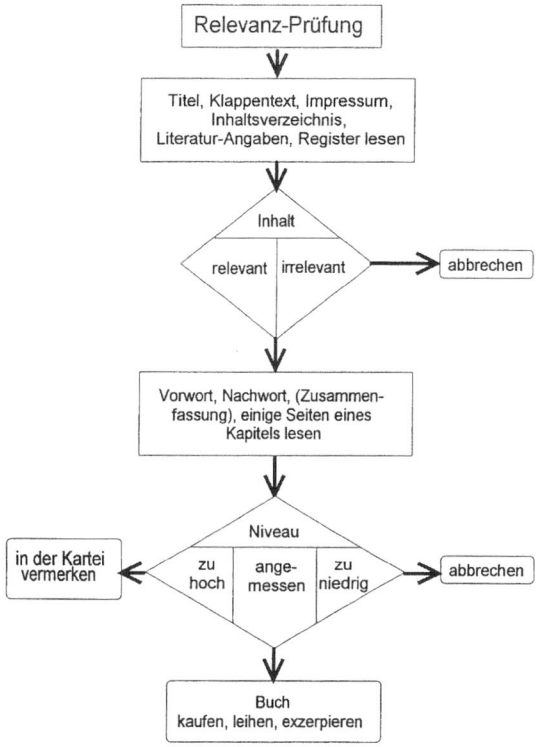

Quelle: Stary/Kretschmer, 2004: 48.


### 10.1.2 Probleme beim Lesen

Hat man einen brauchbaren Text gefunden, geht es darum, ihn ziel-
gerichtet zu lesen, d.h., man muss wissen, was von dem Text erwartet
wird (Fragestellung der Arbeit), sodass man Relevantes von Irrelevan-
tem unterscheiden kann.

Man geht also mit Fragen an den Text heran, man muss sich darüber
im Klaren sein, was man von dem Text wissen will. Deshalb muss man
immer die Fragestellung seiner Arbeit im Hinterkopf haben. Je nachdem, welche Fragen man an einen Text stellt, kann man ihm schließlich
sehr unterschiedliche Informationen entnehmen. Lesen ist absichts-
volles Handeln, das Gelesene soll verstanden werden.

Häufig ergeben sich Probleme beim Lesen und Verstehen von wissenschaftlicher Literatur:

- Studierende haben keine Lust zum Lesen.
- Studierende verstehen hinsichtlich Syntax oder Vokabular, Abstraktion oder Inhaltsbezug nicht oder nicht vollständig, was gelesen wird.
- Studierende können nicht mit eigenen Worten wiedergeben, was gelesen wurde.
- Studierende können die zentralen Aussagen des Textes nicht herausfiltern.
- Studierende können sich den gelesenen Stoff nicht einprägen.
- Studierende können keine Schlussfolgerungen ziehen.

Gegen alle diese Leseprobleme hilft nur: lesen, lesen, lesen. Und gerade am Anfang: durchhalten bei Texten, die einem zunächst schwierig und unverständlich erscheinen. Jede Wissenschaft hat ihr eigenes Vokabular, das man sich erst erarbeiten muss. Mit jedem Buch, mit jedem Artikel wird es einfacher.

Ohne eine gewisse Lust auf das Lesen wird es allerdings schwierig, ein wissenschaftliches Studium erfolgreich zu absolvieren.

## 10.2 Lesetechniken

Es gibt verschiedene detaillierte Vorschläge zu Lesetechniken, also Techniken, wie man an einen wissenschaftlichen Text herangehen, wie man ihn erarbeiten und verwerten sollte.

Grundsätzlich gilt: Als Erstes liest man den Text nicht sehr intensiv, sondern verschafft sich einen Überblick über den Inhalt. Dann geht man ihn noch einmal intensiv durch und markiert unter dem Gesichtspunkt der eigenen Fragestellung wichtige Stellen (natürlich nur bei Kopien oder eigenen Büchern) bzw. schreibt wichtige Dinge heraus.

Dieses Exzerpieren ist die wichtigste Voraussetzung, um später aus dem Text zitieren zu können. Dabei sollte man nie vergessen, zu dem Exzerpt die konkrete Quelle anzugeben und bei einzelnen Zitaten die jeweilige Seitenzahl. Es gibt nichts Lästigeres, als später verzweifelt ein gutes Zitat, dass man vorher irgendwo gelesen hat, suchen zu müssen.

Tabelle 8 zeigt unterschiedliche detaillierte Lesetechniken in mehreren Schritten, die sich in den wesentlichen Punkten doch ähneln.

*Tab. 8: Lesetechniken*

| Methode / Schritte | SQ3R-Methode (Robinson 1961) | PQ4R-Methode (Thomas & Robinson 1972) | Methode von Smith (Smith 1977) |
|---|---|---|---|
| Schritt 1 | **Überblick gewinnen** (= **S**urvey) Machen Sie sich mit dem Aufbau des Buches vertraut (Inhaltsverzeichnis, Umschlagklappe, Zusammenfassungen usw.)! | **Vorprüfung** (= **P**review) Verschaffen Sie sich einen Überblick über die Kapitel und Abschnitte des Buches! | **Überfliegen Sie den Text:** Versuchen Sie so schnell wie möglich herauszubekommen, um was es in dem Text geht, kümmern Sie sich nicht um Details! |
| Schritt 2 | **Fragen** (= **Q**uestion) Stellen Sie Fragen an den Text! | **Fragen** (= **Q**uestion) Stellen Sie Fragen an den Text! | **Zusammenfassung:** Schreiben Sie eine Zusammenfassung, die mindestens Antwort auf die Frage gibt: „Um was geht es in dem Text?" |
| Schritt 3 | **Lesen** (= **R**ead) Achten Sie beim Lesen auf die Überschriften; suchen Sie die Hauptaussagen; achten Sie auf hervorgehobene Textteile, Fachausdrücke, Fremdwörter, Illustrationen und vor allem Definitionen! | **Lesen** (= **R**ead) Versuchen Sie, Ihre zu jedem Abschnitt formulierten Fragen zu beantworten! | **Vorhersage von Fragen:** Formulieren Sie mindestens 5 Fragen, auf die der Text eine Antwort gibt! Nutzen Sie hierzu Ihre Zusammenfassung und Ihr Vorwissen! Schauen Sie sich den Text aber nicht erneut an! |
| Schritt 4 | **Rekapitulieren** (= **R**ecite) Fertigen Sie Notizen über das Gelesene an, oder erklären Sie es einem Kommilitonen! | **Nachdenken** (= **R**eflect) Denken Sie über das Gelesene nach, suchen Sie nach Beispielen und versuchen Sie, den Text auf Ihr vorhandenes Wissen über den dargestellten Gegenstand zu beziehen! | **Vorhersage von Antworten:** Versuchen Sie nun, ohne den Text anzuschauen, Antworten auf Ihre Fragen zu geben! |
| Schritt 5 | **Repetieren** (= **R**eview) Überfliegen Sie nochmals alle Überschriften der einzelnen Kapitel; versuchen Sie, die wichtigsten Aussagen in Erinnerung zu rufen! | **Rekapitulieren** (= **R**ecite) Versuchen Sie nach jedem Abschnitt, Ihre zuvor formulierten Fragen zu beantworten! | **Überprüfen der Antworten:** Lesen Sie jetzt den Text schnell durch, um Ihre Antworten zu überprüfen! |
| Schritt 6 | | **Repetieren** (= **R**eview) Gehen Sie im Geiste noch einmal die Kapitel durch; versuchen Sie, die wesentlichen Punkte wiederzugeben! Beantworten Sie die Fragen, die Sie an den Text gestellt haben! | |

*Quelle: Stary/Kretschmer, 2004: 61.*

## 10.3  Texte bearbeiten und Gelesenes festhalten

Da im Laufe eines Studiums unzählige Texte gelesen werden müssen, ist es leider unmöglich, sich alle Inhalte auch tatsächlich zu merken. So müssen Strategien entwickelt werden, das Gelesene zu bearbeiten und in geeigneter Form festzuhalten.

### 10.3.1 Notizen und Markierungen

Hilfreich beim Lesen wissenschaftlicher Texte ist es, sie bereits während oder nach dem Lesen zu bearbeiten, um wichtige Stellen hervorzuheben, Besonderheiten zu markieren oder Stichwörter für eine spätere Bearbeitung zu vermerken. Dafür kommen verschiedene Möglichkeiten in Frage:

Die einfachste – aber auch unübersichtlichste – Form, Gelesenes zu bearbeiten, ist, sich **Notizen** auf Zetteln oder in Heften zu machen. Diese Form ist aber nicht sehr effizient, da ab einer gewissen Anzahl an Notizen die gewünschten Inhalte nicht mehr einfach aufgefunden werden können. Hilfreich ist hier die Anlage von (digitalen) Karteien oder Ablagesystemen, die die Informationen zu den gelesenen Werken und entsprechende Anmerkungen dazu systematisieren.

Das **Unterstreichen und Markieren** ist eine Möglichkeit, Texte zusammenzufassen und somit das Wichtigste herauszustreichen (in diesem Falle sogar im wörtlichen Sinne). Hier wird direkt im Text gearbeitet. Es ist selbstverständlich und eigentlich überflüssig zu erwähnen, dass diese Technik ausschließlich in eigenen Texten oder Fotokopien angewendet werden darf – in ausgeliehenen Werken dürfen keine Anmerkungen gemacht werden. Für viele ist es sehr hilfreich, verschiedene Farben zu verwenden.

### 10.3.2 Exzerpte/Zusammenfassungen

Eine der wichtigsten Tätigkeiten beim Bearbeiten von Literatur ist das Exzerpieren. Das **Exzerpt** ist eine Form der schriftlichen Texterfassung. Exzerpte sind wörtliche und/oder sinngemäße Auszüge aus Texten der Fachliteratur und „[i]m Exzerpt wird der Text zusammengefasst und sinngemäß oder wörtlich wiedergegeben" (Rettig, 2017: 59). Auszugsweise bedeutet dabei, dass nicht der gesamte Inhalt wiedergegeben werden soll. Exzerpieren ist also Selektionsarbeit und sollte deshalb nicht schon beim ersten Lesen eines Textes vorgenommen werden.

Exzerpte können wörtlich (bspw. bei besonders prägnanten Aussagen oder Definitionen) oder paraphrasierend sein.

Wie ein Exzerpt letztlich aussieht, hängt vom Ziel des Lesens ab, d.h., ob man spezifische Fragen an einen Text richtet oder ob man sich mithilfe eines Textes weit und umfassend über ein Thema informieren möchte. Das Exzerpt enthält sämtliche bibliografischen Angaben zum Text und soll grafisch übersichtlich gestaltet werden.

Ziel eines Exzerptes ist es, das Wesentliche des gelesenen Textes festzuhalten. Dabei sollten die Notizen auch für eine Person verständlich sein, die den Text nicht gelesen hat. Das Kopieren von Texten ersetzt das Exzerpieren nicht.

Folgende Techniken lassen sich in Exzerpten anwenden:
- Wörtliches Zitieren der Kernthesen, von zentralen und/oder problematischen Aussagen.
- (Stichwortartiges) Referieren von wenigen wichtigen Passagen in eigenen Worten.
- Paraphrasieren längerer Textaussagen, d.h., die Zusammenfassung wird in eigenen Worten formuliert.
- Schlüsselbegriffe aus dem Text übernehmen, in „…" setzen und mit der genauen Seitenzahl versehen.
- Eigene Fragen, Bemerkungen oder Kommentare zum Text oder zu einer Aussage des Textes muss man ebenfalls klar kennzeichnen. Sicherheitshalber sollte man sich dafür ein konsistentes System aneignen, genaue Regeln gibt es dafür nicht.
- Hilfreich sind auch Querverweise auf weitere Texte oder Titel, die man im weiteren Verlauf der Forschungsarbeit ebenfalls noch berücksichtigen sollte.

**Wichtig:**
Mit genauen Angaben zur Herkunft einer exzerpierten Information erspart man sich viel Ärger und vermeidet unter Umständen gar den Vorwurf der wissenschaftlichen Unredlichkeit.

Die wichtigsten Schritte des Exzerpierens sind Orientierung, Zusammenfassen und das anschließende Verdichten.

**Orientierung**
Zunächst muss man sich einen Überblick über die Struktur des Textes und die wichtigsten Inhalte und Aussagen verschaffen. Die Struktur zeigt sich in der Einteilung des Textes in Kapitel, Unterkapitel, Absätze.

Es ist sinnvoll, die Struktur auf einem eigenen Blatt festzuhalten. Eine Orientierung über den Text verschafft man sich beim ersten Lesen.

### Zusammenfassen (exzerpieren)

Zusammenfassen bedeutet immer die Konzentration auf das Wesentliche, das Herausfiltern von Wichtigem und das Weglassen von Unwichtigem. Das Zusammenfassen der wichtigsten Aussagen ist die Hauptaufgabe eines Exzerpts. Gute Zusammenfassungen sind kurz und bringen die zentralen Erkenntnisse in wenigen Sätzen auf den Punkt.

Grundsätzlich kann man auf zwei Arten exzerpieren: unter einer oder mehreren besonderen Fragestellungen oder unter einer globalen Fragestellung.

Die erste Variante bietet sich dann an, wenn man bereits über (relativ) umfangreiche Vorkenntnisse verfügt und „nur" mehr nach Antworten auf bestimmte Fragen, Problemlösungen, Argumenten, Stellungnahmen, Sichtweisen etc. sucht. Die Exzerpte beinhalten dann nur die auf die interessierende Fragestellung bezogenen Aussagen. Was für das Thema nicht wichtig ist, kann weggelassen werden.

Beim Exzerpieren unter einer globalen Fragestellung sind wenige Vorkenntnisse vorhanden, es werden vor allem Erstinformationen gesucht.

Abgesehen von wörtlichen Zitaten (immer mit der korrekten Quellenangabe) sollten die exzerpierten Aussagen in eigenen Worten wiedergegeben werden. Erfahrungsgemäß fällt es leichter, Argumentationen, Zusammenhänge und Ideen gleich im Anschluss an ein Kapitel in eigenen Worten wiederzugeben.

Auch im Hinblick auf die spätere Verwendbarkeit sollten Exzerpte (gerade die in eigenen Worten wiedergegebenen Teile) in ganzen Sätzen und nicht in Stichwörtern formuliert werden. Wird beim Exzerpieren nämlich handwerklich ordentlich gearbeitet, können die Ergebnisse beim Anfertigen des Rohmanuskripts und Zitieren übernommen werden.

Zudem bietet es sich an, in einer eigenen Rubrik Verweise auf andere Literatur (bspw. dazugehörige Grafiken, Tabellen usw.), Zusammenhänge, Kritikpunkte festzuhalten.

### Verdichten

Die eigenen Exzerpte sollten abermals überprüft und zusammengefasst werden.

# 11 Wissenschaftliches Schreiben

„Wissenschaftliche Arbeiten sollen in logisch strukturierter Form ein klares Thema bearbeiten und zu diesem Thema relevante, möglichst innovative Aussagen machen." (Ebster/Stalzer, 2017: 29) Eine wissenschaftliche Arbeit will informieren, Neues und bisher noch nicht Gesagtes festhalten. Das „Wissen-Schaffen", das sich aus dem „Wissen-Wollen" ergeben hat, wird in dieser Phase des wissenschaftlichen Arbeitens sichtbar und manifest. Zu diesem Zeitpunkt wird tatsächlich weiteres Wissen geschaffen.

## 11.1 Typen von wissenschaftlichen Arbeiten

Grundsätzlich unterscheidet man (reine) Literaturarbeiten und empirische Arbeiten.

Bei einer **theoretischen (Literatur-)Arbeit** werden die Fragen durch intensives Studium der relevanten wissenschaftlichen Literatur beantwortet, bei **empirischen Arbeiten** werden zusätzlich (!) mit sozialwissenschaftlichen Methoden systematisch Daten erhoben, ausgewertet, analysiert und schließlich interpretiert. Üblicherweise findet man also in jeder wissenschaftlichen Arbeit eine Aufarbeitung des Forschungsstandes, der mithilfe einer Literaturanalyse erarbeitet wurde.

Eine **Dokumentation** ist eine umfassende, realitätsgetreue sprachliche Beschreibung eines Phänomens oder einer Theorie. Sie enthält keine kommentierenden Teile.

Eine **Argumentation** stellt eine sachliche Auseinandersetzung mit Gründen und Gegengründen (pro und contra) dar. Ziel ist es, die Entscheidung für oder gegen etwas verständlich und plausibel zu machen. Die Argumentation ist geprägt von der Sicht des Schreibenden.

In einer **Systematisierung** wird der Gegenstand der Untersuchung in seine Teile zerlegt, analysiert und durch Ordnung der Teile in seiner Struktur erfasst.

In einer **Kompilation** (Zusammenstellung) findet man die Darstellung eines Themas durch systematische Recherche, Erfassung und Auswertung von Daten bzw. Literatur unter einer bestimmten Perspektive des Autors.

Eine Literaturanalyse gelangt auf Basis mehrerer Einzelstudien zu generell gültigen Aussagen. Die **Literaturanalyse als Methode** fasst Ergebnisse verschiedener Einzelstudien zu einem Forschungsproblem systematisch zusammen und wertet sie auf die eigene Fragestellung hin aus. Das Ziel ist es, den Stand der Forschung auf eine höhere Ebene der Generalisierung (über der Ebene der Einzelstudie) zu bringen. Der große Nachteil dieser Methode ist es, dass der Anspruch auf Objektivität nur schwer gestellt werden kann, da alleine die Forscherin das Forschungsmaterial nach ihren Kriterien zusammenstellt. Hier ist eine klare Offenlegung, nach welchen Kriterien die Literatur ausgewählt wurde, notwendig. Im Rahmen der Literaturanalyse wird häufig die Methode der Hermeneutik angewendet.

## 11.2 Forschungskonzept

Die Erarbeitung einer wissenschaftlichen Arbeit erfolgt üblicherweise in verschiedenen Schritten (vgl. dazu Tab. 5 „7-Schritte-Modell eines Forschungsablaufs" bzw. Kap. 4.3), das Schreiben, also die Erstellung eines durchgängigen Textes, steht dabei meist erst an einer späten Stelle. In diesem Kapitel steht nicht noch einmal der Ablauf der gesamten wissenschaftlichen Arbeit im Vordergrund, sondern tatsächlich das Schreiben an sich.

Zu Beginn der Schreibarbeit wird üblicherweise ein Konzept erstellt. In Seminaren kann man häufig erst mit der weiteren Umsetzung der wissenschaftlichen Arbeit beginnen, wenn das Konzept von der Lehrveranstaltungsleiterin abgenommen wurde. Es handelt sich bei der Konzepterstellung also um eine wichtige Phase, die noch vor dem Verfassen der endgültigen Arbeit steht, aber schon einen zusammenhängenden Textteil beinhaltet.

Ein **Forschungskonzept** (manchmal auch Forschungsexposé) ist das Rohkonzept einer wissenschaftlichen Arbeit. Das Konzept vermittelt also einen Überblick über Thema, Problemstellung, Forschungsfragen, ggf. Hypothesen und die Gliederung der Arbeit. Es gibt Hinweise auf den theoretischen Zugang sowie auf die Methode (Forschungsansatz) der Arbeit. Die wichtigsten Literaturhinweise bzw. verwendeten Quellen müssen angegeben und kommentiert werden.

Das Konzept bildet im Kern die spätere wissenschaftliche Arbeit ab, es ist der „Wegweiser für Ihr wissenschaftliches Arbeiten" (Bünting/Bitterlich/Pospiech, 2000: 41). Es ist nicht unabänderlich, gibt aber klar die Richtung vor. Aus dem Konzept muss ersichtlich sein (bspw. auch für eine Betreuerin), welches Ziel die Arbeit hat und was erarbeitet werden soll.

Ein Konzept sollte im Anschluss an die Phase der ersten Orientierung geschrieben werden, vorher hat dies mangels (erstem) Überblick über den Forschungsgegenstand nur wenig Sinn.

Jedes Forschungskonzept hat folgende Elemente zu enthalten:
- **Konkretes Forschungsinteresse und Problembenennung:**
  Ziel der Arbeit (in ganzen, zusammenhängenden Sätzen, maximal drei Sätze)
  *Was wollen Sie herausfinden? Was ist Ihr Erkenntnisinteresse?*
- **Vorstellen des Themas:**
  Eingrenzung und Konkretisierung des Themas
  Inhaltlicher und theoretischer Rahmen
  Einführung ins Thema, Darstellung des Forschungsstandes zum Thema
  *Worin besteht das zugrunde liegende Problem? Warum ist es ein Problem?*
  *Was kann herausgefunden werden?*
  *Welche Forschungsansätze werden herangezogen?*
- Falls notwendig: **Begriffsdefinitionen** (nach der Literatur bzw. nach Maßgabe des Erkenntnisinteresses eigene Eingrenzungen)
- (strukturierte Liste an) **Forschungsfragen**
- (bei hypothesenprüfenden Arbeiten) dazugehörige **Hypothesen** und ihre theoretisch fundierte Begründung
- **Methode** bzw. Untersuchungsdesign (bei empirischen Arbeiten)
- **Grobgliederung** der Arbeit
- **Literatur**

## 11.3  Texterstellung der wissenschaftlichen Arbeit

Nachdem das Forschungskonzept erstellt ist, wird das vorhandene Material gesammelt, gesichtet und strukturiert, Exzerpte werden erstellt. Dabei sollte man immer das Ziel der Arbeit und die zentrale Forschungsfrage im Hinterkopf behalten. Basierend auf dem Ziel der Arbeit werden der Aufbau und die Gliederung des Textes bestimmt.

Nun werden entlang der Gliederung der Arbeit die einzelnen Kapitel erstellt, der Forschungsstand dargestellt, die eigenen Überlegungen niedergeschrieben.

Der Beginn des Niederschreibens markiert einen wichtigen Moment im Verfassen von wissenschaftlichen Arbeiten, da hier vom Rezipieren und Analysieren ins eigene Formulieren und Darstellen, in einen kreativen Prozess übergegangen wird (vgl. Kruse, 1999: 228).

Zunächst sollte eine Rohfassung erstellt werden mit dem Zweck, die eigenen Gedanken niederzuschreiben, hier muss noch nicht perfekt formuliert werden, es sollen einfach die wesentlichen Aussagen Kapitel für Kapitel zu Papier gebracht werden. Gerade im ersten Schreibdurchgang werden nicht alle Formulierungen perfekt gelingen. Alle gesammelten Informationen müssen den einzelnen Gliederungspunkten zugeordnet werden. Wichtig beim Schreiben der Rohfassung sind die Ordnung der Gedanken und des Materials zum Thema und das grobe Ausformulieren. Wissenschaft ist Ordnen!

**Achtung:**
Essentiell ist hier, dass bei Zitaten alle notwendigen Angaben zur Quelle (Autor, Jahr, Seitenzahl) bereits jetzt notiert werden – später können die Quellen womöglich nicht mehr oder nur mit viel Mühe aufgefunden werden. Eine solche Vorgehensweise spart viel Arbeit.

Als Leitgedanke beim Schreiben kann folgendes Schema im Hinterkopf behalten werden: „Erläutern Sie einem fachwissenschaftlich interessierten (nicht zu hoch spezialisierten) Publikum Ihren Gegenstand, und belegen Sie Ihre Äußerungen mit wissenschaftlichem Material." (Kruse, 1999: 101)

Nach dem Erstellen der Rohfassung muss der Text überarbeitet werden – wahrscheinlich nicht nur einmal. Bei der Überarbeitung sollten folgende Aspekte berücksichtigt werden:
- Zusammenhang insgesamt, „roter Faden"
- Ausrichtung auf das Ziel der Arbeit
- Erörterung entlang der zentralen Forschungsfrage
- Gliederung
- Analyse und Fragestellung
- Durchgängigkeit und Nachvollziehbarkeit der Argumentation
- Grammatik und Rechtschreibung
- Formulierungen und Fachvokabular
- Korrekte Zitation

## 11.4 Korrekturphase

Auch wenn die Arbeit mit größter Sorgfalt verfasst wurde, ist es notwendig, sie nach der Fertigstellung einer gründlichen Revision (Überarbeitung, Korrektur) zu unterziehen. Ideal ist es, wenn man die Arbeit einige Tage „liegen lassen" kann, um ein wenig Abstand zu gewinnen und sie dann wieder mit neuen Augen sehen zu können. Man sollte in dieser Phase versuchen, die Arbeit kritisch und wie eine fremde Arbeit zu betrachten. Von besonderem Vorteil ist es, wenn auch eine weitere Person (Freunde, Verwandte, Kolleginnen) an der Überarbeitung beteiligt ist („Gegenlesen"). Wichtig dabei ist, dass es sich um Personen handelt, die mit dem Thema nicht (zu sehr) vertraut sind; sie finden oft viel mehr Fehler oder schwache Stellen, fehlende Übergänge, Brüche etc. Wenn man diesen dritten Personen noch Vieles mündlich erklären muss, dann ist die Arbeit nicht deutlich genug und sie bedarf einer gründlichen Überarbeitung.

> Es ist nichts Ungewöhnliches, eine wissenschaftliche Arbeit mehrmals zu überarbeiten. Auf jeden Fall ist dafür genügend Zeit einzuplanen.

Das Überarbeiten umfasst normalerweise drei Schritte: die inhaltliche, die editorische und die sprachliche Überarbeitung (vgl. Kruse, 1999: 160ff.).

### Inhaltliche Revision

Bei der inhaltlichen Überarbeitung wird geprüft, ob die in der wissenschaftlichen Arbeit angeführten Aussagen korrekt formuliert sind, ob noch wichtige Aspekte fehlen oder ob die Arbeit überflüssige Dinge enthält, die gestrichen werden können.

Dazu bieten sich folgende Fragen an den Text an:
- Welche Hauptthese vertritt der Text? Ist die Hauptthese klar ausgedrückt?
- Ist die Hauptthese interessant und relevant?
- Sind Ziel, Forschungsfragen und ggf. Hypothesen stimmig?
- Ist das Untersuchungsdesign klar und nachvollziehbar dargelegt?
- Ist die Hauptthese gut belegt, argumentiert, mit Beispielen erläutert? Sind bestimmte Thesen schlecht belegt?
- Gibt es überflüssige Teile im Text?
- Gibt es Übergänge zwischen den Abschnitten des Textes?

- Wurden die Forschungsfragen beantwortet?
- Wurden die Hypothesen überprüft oder am Ende welche aufgestellt?
- Gibt es (in der Einleitung) Hinweise auf die Fragestellung, die methodische Vorgangsweise und den Aufbau des Hauptteils?
- Sind die Hauptthesen und Ergebnisse (zum Schluss) noch einmal betont bzw. zusammengefasst?
- Ist der Zusammenhang von eigenen Ergebnissen und bereits vorhandener Literatur erläutert?
- Ist der Schluss überzeugend?

**Editorische Revision**
Im Mittelpunkt der editorischen Überarbeitung steht die Korrektheit der Zitate und der dazugehörigen Literaturangaben. Es ist zu kontrollieren, ob die Fachbegriffe und Fremdwörter eindeutig benutzt sind, ob sie erklärt werden müssen. Die Anmerkungen sind auf ihre Vollständigkeit und auf richtige durchgehende Nummerierung zu überprüfen.

Das Literaturverzeichnis muss alphabetisch richtig geordnet sein. Die bibliographischen Daten müssen den Regeln entsprechend vollständig und in der richtigen Reihenfolge angeordnet sein.

Schließlich muss geprüft werden, ob Tabellen, Abbildungen, grafische Darstellungen usw. am vorgesehenen Platz stehen. Auch hier dürfen die Quellen nicht fehlen.

Hierfür bieten sich folgende Kontrollfragen an:
- Sind alle Zitate (direkte und indirekte) mit den nötigen Quellenangaben (Autor, Jahr, Seitenangabe) belegt?
- Sind die Quellenangaben im Fließtext einheitlich und richtig?
- Sind alle Quellen des Textes im Quellenverzeichnis enthalten und sind alle Angaben aus dem Quellenverzeichnis auch mindestens einmal im Text angeführt?
- Sind die Tabellen, Grafiken und Abbildungen vereinheitlicht, durchnummeriert, mit einem Titel und ggf. mit einer Quellenangabe versehen? Die Verweise auf Abbildungen müssen mit der tatsächlichen Nummerierung übereinstimmen.
- Stimmen die Seitenangaben im Fließtext mit denen im Inhaltsverzeichnis überein?

**Sprachliche Revision**
Die sprachliche Überarbeitung bezieht sich vorrangig auf die korrekte Rechtschreibung, Satzzeichensetzung und Grammatik sowie wissen-

schaftliche Formulierungen (siehe die Hinweise in Kap. 11 und Kornmeier, 2016).

## 11.5  Elemente einer wissenschaftlichen Arbeit

Die üblichen Elemente einer wissenschaftlichen Arbeit sind – in der
hier vorgestellten Reihenfolge:
*   Titelblatt
*   Eidesstattliche Erklärung
*   ggf. Vorwort
*   Inhaltsverzeichnis
*   ggf. Abbildungsverzeichnis (Tabellenverzeichnis)
*   Einleitung
*   Hauptteil
*   Schluss
*   Quellenverzeichnis (Literaturverzeichnis)
*   ggf. Anhang
*   ggf. Abstract oder Executive Summary

**Titelblatt**
Jede wissenschaftliche Arbeit braucht ein Titel- oder Deckblatt, auf
dem unbedingt folgende Angaben angeführt sein müssen:
*   Titel der Arbeit
*   Verfasser der Arbeit (Name, Vorname, Matrikelnummer, Studien-
    kennzahl)
*   Angaben zur Lehrveranstaltung und zum Lehrveranstaltungs-Leiter
    (Name der LV und des LV-Leiters, Semester)
*   Ort und Datum der Arbeit

Bei wissenschaftlichen Abschlussarbeiten (Diplom- und Masterarbeiten, Dissertationen) gibt es genaue Vorgaben, wie ein Titelblatt auszu-
sehen hat. Die Vorgaben dafür findet man jeweils bei seiner Universität.

**Eidesstattliche Erklärung**
Jeder eigenständigen wissenschaftlichen Arbeit ist zudem eine eidesstattliche Erklärung beizulegen (beizuheften), in der die Verfasserin
erklärt, keine unerlaubten Hilfsmittel verwendet und die Arbeit nach
den Regeln des guten redlichen wissenschaftlichen Arbeitens verfasst
zu haben sowie die Arbeit noch nie zu einem Prüfungszweck eingereicht zu haben.

## Vorwort

Das Vorwort gilt nicht als Teil der wissenschaftlichen Arbeit, dies ist der Raum für persönliche Anmerkungen und Stellungnahmen. Hier kann bspw. jenen Personen, die maßgeblich an der Entstehung der Arbeit beteiligt waren, gedankt oder die persönliche Motivation vorgestellt werden. Nicht alle wissenschaftlichen Arbeiten enthalten Vorworte.

Wichtig ist, das Vorwort nicht mit der Einleitung zu verwechseln oder zu vermischen. So sollten im Vorwort keine Informationen enthalten sein, die für das Verständnis des Textes notwendig sind.

## Inhaltsverzeichnis

Im Inhaltsverzeichnis muss der vollständige Inhalt der Arbeit aufgelistet sein, es zeigt also alle Kapitel der Arbeit. Die Kapitelangaben müssen unbedingt mit den entsprechenden Seitenangaben versehen sein. (Diesen Arbeitsschritt übernimmt jedes Textverarbeitungsprogramm.)

Das Inhaltsverzeichnis soll die Arbeit erschließen, indem es die Gliederung sichtbar macht. Darum ist auf eine möglichst übersichtliche Gestaltung des Inhaltsverzeichnisses und auf inhaltlich aussagekräftige Kapitelüberschriften zu achten.

Zur Kennzeichnung der verschiedenen Kapitel und Unterkapitel wird eine fortlaufende, gestufte Abschnittsnummerierung mit arabischen Ziffern vorgenommen. Die Kapitel einer Arbeit werden beginnend mit 1 fortlaufend nummeriert (Gliederung 1. Stufe). Jedes Kapitel kann wiederum in beliebig viele Unterkapitel unterteilt werden, die wiederum mit 1 beginnend eine fortlaufende Nummerierung erhalten (Gliederung 2. Stufe). Diese Verfahren kann auf weiteren Stufen fortgesetzt werden.

> Kapitel 1 / 2 / 3 usw.
>> Kapitel 2.1, 2.2 usw.
>>> Kapitel 2.1.1, 2.1.2, 2.1.3 usw.
>>>> 2.2.1, 2.2.2., 2.2.3 usw.

Eine weitere Gliederungsstufe bietet sich sinnvollerweise immer nur dann an, wenn auf dieser Stufe zumindest zwei Kapitel geschrieben werden.

Außer dieser numerischen kann auch eine alphanumerische Gliederungsordnung eingesetzt werden. Hier werden außer Ziffern auch Buchstaben verwendet.

**Abbildungsverzeichnis (Tabellenverzeichnis)**
Alle Abbildungen, Grafiken und Tabellen müssen durchlaufend nummeriert und mit einem Titel versehen werden. Im Abbildungsverzeichnis werden die Abbildungen entsprechend ihrer Nummerierung mit Titel und Seitenzahl aufgelistet.

**Einleitung**
In der Einleitung wird das Ziel der Arbeit beschrieben, das Thema eingegrenzt, die Problemstellung erläutert, die Richtung der Argumentation angedeutet, die zentralen Fragestellungen werden vorgestellt.

Die Einleitung soll zum (Weiter-)Lesen anregen, dem Leser einen Anreiz geben und auf das Thema hinführen. Es wird beschrieben, was den Leser erwartet, die Inhalte der einzelnen Kapitel werden knapp vorgestellt, es wird erläutert, was in der Arbeit untersucht wird. Die Einleitung gibt somit einen knappen Überblick über die Arbeit, eine kurze Erklärung zu den Inhalten. Üblicherweise findet man Informationen zum Problemhintergrund, dem Nutzen der Arbeit und dem Aufbau. Die Einleitung kann zudem schon wichtige Begriffsbestimmungen enthalten und Probleme aufzeigen, die sich bei der Bearbeitung der Fragestellung ergeben haben.

Nach dem Lesen der Einleitung muss man einen guten Eindruck bekommen haben, zu welchem Thema gearbeitet wird und was einen bei dieser Arbeit inhaltlich und methodisch erwartet.

**Hauptteil**
Der Hauptteil einer wissenschaftlichen Arbeit ist der Kern – und der längste Teil – der Arbeit. Wichtig ist, dass dieser Teil gut strukturiert ist.

Im Hauptteil der Arbeit werden – der Gliederung entsprechend – die Aussagen dargestellt und diskutiert und die jeweiligen Ergebnisse präsentiert. Die einzelnen Kapitel müssen sinnvoll miteinander verknüpft werden, die Übergänge müssen den Zusammenhang von Kapiteln explizit erläutern. Die Gedankengänge müssen für die Leserin erkennbar und nachvollziehbar sein. Hier ist besonders auf eine logische Abfolge und Verknüpfung der Kapitel zu achten.

**Theoretische (reine Literatur-)Arbeiten** können unterschiedlich aufgebaut sein, die inhaltliche Strukturierung des Hauptteils ist vom Thema und den Forschungsfragen abhängig. Gerade bei reinen Literaturarbeiten muss großes Augenmerk auf eine gute, stringente und nachvollziehbare Gliederung des Hauptteils gelegt werden.

Als Strukturierungsmöglichkeiten sind u.a. folgende denkbar:
- bei Theorievergleichen nach unterschiedlichen theoretischen Ansätzen
- nach thematischen Teilaspekten des Hauptthemas
- nach dem Muster These – Antithese – Synthese
- bei historischen Abläufen chronologisch

In Kap. 11.6 werden einige Strukturierungsmöglichkeiten vorgestellt. Grundsätzlich gilt, dass die einzelnen Kapitel problembezogen auf die zentrale Forschungsfrage ausgerichtet sein müssen. Unabhängig von der jeweiligen Strukturierung muss der Hauptteil einer theoretischen Arbeit folgende Elemente enthalten:
- Darstellung relevanter Theorien und Konzepte aus der Forschungsliteratur
- Diskussion des aktuellen Forschungsstandes
- Grundbegriffe (wissenschaftliche Definitionen, Abgrenzungen untereinander und Beziehungen zueinander)
- Prämissen und Hauptthesen der vorgestellten Theorien und Konzepte, ggf. vorhandene empirische Belege

Bei **empirischen Arbeiten** bieten sich grundsätzlich folgende Inhalte/ Kapitel (auch in dieser Reihenfolge) an. Sie entsprechen damit der Abfolge der typischen Arbeitsschritte beim quantitativen bzw. qualitativen Arbeiten:

*Theorie, Stand der Forschung, Forschungsfragen, ggf. Hypothesen*
Hier wird der aktuelle Stand der Forschung dargestellt und das Ziel der Arbeit in die Theorie eingebettet. Mittels einer Literaturanalyse werden die interessierenden Aspekte erläutert. Auf Basis der relevanten Ansätze werden die Forschungsfragen und ggf. die Hypothesen formuliert.

*Methode und Untersuchungsdesign*
Bei einer empirischen Arbeit müssen detaillierte Angaben zur Konzeption der empirischen Untersuchung gemacht werden: Die gewählte Methode und die Gründe für die Methodenwahl müssen dargelegt, Angaben zu Art und Durchführung der Untersuchung gemacht werden. Dazu gehören insbesondere Angaben zur Grundgesamtheit, zur Stichprobe und Stichprobenauswahl, zu den eingesetzten Erhebungsinstrumenten und den verwendeten statistischen Verfahren zur Auswertung.

*Auswertung und Darstellung der Resultate*
Die Ergebnisse der Untersuchung müssen hier dargestellt werden. Die Auswahl der Ergebnisse und deren Darstellung orientiert sich immer am Ziel der Arbeit.

*Interpretation*
Schließlich müssen die erhobenen Daten interpretiert und die Forschungsfragen beantwortet werden, indem die Hypothesen überprüft oder Hypothesen aufgestellt werden. Es muss explizit dargestellt werden, welche Bedeutung die empirischen Ergebnisse in Hinblick auf die Forschungsfragen und die Hypothesen haben. Des Weiteren werden die einzelnen Ergebnisse hier erläutert und in Zusammenhang mit dem bestehenden Forschungsstand gebracht.

## Schluss (Schlusswort, Resümee, Schlussbemerkungen)

Die Schlussbemerkung gibt eine Zusammenfassung der einzelnen Kapitel. Die Ergebnisse werden komprimiert zusammengefasst, verglichen und zueinander in Beziehung gesetzt; die „Highlights" der Arbeit werden präsentiert und im Hinblick auf die zentrale Forschungsfrage abschließend bewertet. Das Schlusswort erklärt somit, ob der Autor zum Ziel der Arbeit, das in der Einleitung präzise vorgestellt wurde, gelangt ist, und wie dieses genau aussieht.

Der Zusammenhang zwischen der Literaturdiskussion und ggf. den empirischen Ergebnissen und der Zielformulierung bzw. der ursprünglichen Fragestellung muss unbedingt hergestellt werden.

Wichtig ist die Auseinandersetzung mit den Fragen, welche neuen Erkenntnisse die Arbeit liefert und welche Konsequenzen dies für den Untersuchungsgegenstand hat. Häufig ist auch eine Methodenkritik notwendig. Offen gebliebene oder neu aufgeworfene Fragen können aufgelistet werden. Bei manchen Arbeiten bieten sich auch Empfehlungen oder Anregungen zu weiteren Untersuchungen an.

An dieser Stelle ist auch eine persönliche Stellungnahme des Autors möglich.

## Quellenverzeichnis (Literaturverzeichnis)

Am Ende jeder Arbeit müssen die Quellen, die für die Arbeit verwendet wurden, aufgelistet werden. Hier werden alle Quellen, die in der Arbeit zitiert wurden, angeführt. Quellen, die nicht zitiert wurden, werden im Quellenverzeichnis nicht angeführt

Häufig wird das Quellenverzeichnis nach der Art der Quellen unterteilt: Literatur, Internetquellen, Interviews etc.

**Anhang**

In den Anhang kommen erläuternde Darstellungen wie Bilder, Grafiken, Tabellen usw., die wegen ihrer Größe direkt im Text selber den Lesefluss stören würden.

Bei empirischen Arbeiten muss auch das methodische Instrumentarium im Anhang beigelegt werden, also bspw. das Kategorienschema und das Codebuch, der Fragebogen oder der Interview-Leitfaden.

Des Weiteren können Untersuchungsmaterialien im Anhang vollständig aufgelistet werden, bspw. untersuchte Zeitungsartikel.

Bei Bedarf kann sich im Anhang auch ein Glossar (kurze, treffende Erläuterung von wichtigen Fachbegriffen) oder ein Register (Sach- oder Personenregister) befinden.

**Abstract/Executive Summary**

Ein Abstract ist die Zusammenfassung eines Textes, wobei das Wesentliche dieses Textes abstrahiert werden soll, d.h., es geht um die Verdichtung des Textes auf das Wesentliche unter Verzicht auf das Unwesentliche. Ein Abstract muss aber dennoch unabhängig vom Text verständlich sein.

Im Abstract werden das Thema bzw. die Fragestellung, die Hauptthesen sowie die Ergebnisse kurz und präzise wiedergegeben. Je nach Text sind die verwendeten Quellen, die Charakteristik des Textes oder die Methode zu erläutern. Da ein Abstract unabhängig vom Text verständlich sein soll, ist darauf zu achten, dass die Argumentationslogik nachvollziehbar ist.

Ein Abstract sollte üblicherweise nicht mehr als 100–200 Wörter umfassen; oft ist die Wort- oder Zeichenmenge vorgegeben. Trotz der Kürze sollten ganze Sätze formuliert werden und nicht nur Stichworte, da sonst die Nachvollziehbarkeit nicht gewährleistet ist.

Abstracts sind ein wichtiges Werkzeug wissenschaftlichen Arbeitens. Zum einen dienen sie als Orientierung über gelesene Texte für die eigene Arbeit, zum anderen sind sie auch zentrales Auswahlkriterium, ob ein Text überhaupt für eine Arbeit in Frage kommt. In manchen wissenschaftlichen Zeitschriften werden Abstracts den Artikeln vorangestellt.

## 11.6 Gliederung einer wissenschaftlichen Arbeit

Die Gliederung zeigt die Ordnung und Struktur einer Arbeit auf, mit der Gliederung werden die unterschiedlichen Aspekte einer Arbeit in eine logische, dem Ziel der Arbeit entsprechende Abfolge gebracht.

Die Gliederung zeigt auf, welche Inhalte zur Beantwortung der Forschungsfrage relevant sind, welche Bedeutung die Teilaspekte des Themas haben und wie diese Einzelteile zusammenhängen. Eine Gliederung „bringt Ordnung" in die Arbeit, strukturiert die Gedanken und verdeutlicht die Zusammenhänge. Aus diesem Grunde sollte vor dem Schreiben der Arbeit eine Grobgliederung erstellt werden, die sich im Laufe der Arbeit natürlich (in Details) noch ändern kann. Die Gliederung ist also kein starres Korsett, sondern ein Hilfsmittel, um Systematik in die Ideen und Überlegungen zu bringen. Je klarer die Gliederung ist, desto leichter fällt das Schreiben der Arbeit (vgl. Ebster/Stalzer, 2017: 82f.).

Mit der (Grob-)Gliederung der wissenschaftlichen Arbeit beginnt der Übergang von der Materialsammlung und Erarbeitung zum Darstellen der Ergebnisse. Die Gliederung hat dabei eine wichtige Aufgabe: Sie soll die Struktur der Arbeit, den logischen Ablauf der Argumentation klar und übersichtlich darstellen. Die Erkenntnisse müssen so geordnet werden, dass sie geistig nachvollzogen werden können.

Eine klare, folgerichtige, systematische und in sich geschlossene Abfolge von Gedanken erfordert eine logisch einwandfreie Unterteilung mit Neben- und Unterpunkten. Die Gliederung sollte also formal und inhaltlich konsistent sein.

**Formale Konsistenz** bedeutet eine annähernd gleiche Gliederungstiefe einzelner Teile der Arbeit und einen annähernd gleichen Umfang der einzelnen Kapitel. Die Gliederung sollte ausgewogen sein, die einzelnen Punkte und Unterpunkte sollten ihrer Bedeutung für das Thema entsprechen und etwa gleich umfangreich behandelt werden.

**Inhaltliche Konsistenz** bedeutet, dass Gliederungspunkte auf derselben Ebene auch inhaltlich denselben hierarchischen Rang einnehmen sollten. Zu tiefe Untergliederungen sind im Interesse der Übersichtlichkeit zu vermeiden.

Damit die Gliederung auch aussagekräftig ist, sollten aussagekräftige, prägnante und präzise Kapitelbezeichnungen gewählt werden (vgl. Ebster/Stalzer, 2017: 84ff.).

Wie wird die Gliederung erarbeitet? Schon während der Materialsammlung kann eine vorläufige Gliederung erstellt werden. Sie dient zur Kontrolle der bis dahin erbrachten Leistung. Spätestens aber bevor das Schreiben der Rohfassung beginnt, sollte die (endgültige) Gliederung fertig sein. Der Aufbau einer Gliederung setzt voraus, dass die einzelnen für die Bearbeitung eines Themas relevanten Teile bzw. Begriffe klar benannt und in Beziehung zueinander gesetzt werden.

**Möglichkeiten der Gliederung**
Gliederungsprinzipien sind allgemeine Richtlinien, die die Abfolge von Aussagen bestimmten. Sie helfen, eine vielschichtige Thematik verständlich zu machen. Häufig sind diese Prinzipien bereits im Thema angelegt, sie bieten sich also für ein bestimmtes Thema geradezu an. Mögliche Formen sind vor allem:

*Chronologische Gliederung*
Die Gliederung erfolgt nach dem zeitlichen Ablauf eines Geschehens. Aussagen können hier in einer zeitlichen Ordnung dargestellt werden, ein Phasenverlauf oder historische Etappen können erfasst werden. Dieses Prinzip bietet sich bei Themen an, die eine Entwicklung abbilden wollen, es gibt eine klare Abfolge der Aussagen (zumeist „aus dem Thema heraus").

*Gliederung nach Ursache und Wirkung (kausaler Aufbau)*
Hier werden Ursachen und Wirkungen untersucht und ggf. mit einem Modell systematisiert. Dabei kann entweder von den Ursachen oder von den Wirkungen ausgegangen werden, wobei es durchaus spannend sein kann, erst die Wirkung aufzuzeigen, um dann die Ursache(n) zu analysieren.

*Vergleichende oder gegenüberstellende (diskursive) Gliederung*
Dabei werden zwei oder mehr Untersuchungsgegenstände nach verschiedenen Kriterien untersucht und miteinander verglichen. Üblicherweise bieten sich Kriterien der Gegenüberstellung auf unterschiedlichen Ebenen an.

*Deduktive und induktive Gliederung*
Ein deduktiver Aufbau einer Arbeit geht vom Allgemeinen (Übergeordneten) zum Speziellen (Detail), vom Modell zu logischen Einzelaussagen.

Ein induktiver Aufbau geht hingegen vom Speziellen (vom Detail) zum Allgemeinen (zum Modell). Das bedeutet, dass aus Beobachtungen und Einzelerscheinungen typische Erscheinungen bzw. allgemein gültige Folgerungen abgeleitet werden.

*Argumentativer Aufbau*
Eine Argumentation dient dazu, eine Aussage zu verdeutlichen, sie muss überschaubar, nachvollziehbar und überzeugend, somit einleuchtend sein. Häufig besteht die Argumentation aus den drei Hauptschritten These – Antithese – Synthese (siehe Kap. 11.7).

Möglich ist es auch, verschiedene Gliederungsstile zu verbinden, falls es das Thema erforderlich macht. So kann bspw. eine historische Arbeit chronologische, aber auch vergleichende oder induktive Aspekte beinhalten.

> **Achtung:**
> Wichtig ist, bei der Erstellung der Gliederung immer an die Leser zu denken. Diese sollen verstehen, was in der Arbeit an welcher Stelle behandelt wird, und den Ablauf der Argumentation nachvollziehen können.

## 11.7  Die Argumentation

Der argumentative Aufbau einer wissenschaftlichen Arbeit kommt sehr häufig vor. Eine Argumentation dient dazu, einen Gedankengang nachvollziehbar zu machen, argumentiert wird dann, wenn man jemanden von etwas überzeugen oder jemandem etwas erklären möchte (vgl. Bünting/Bitterlich/Pospiech, 2000: 120ff.).
    Ein Text, mit dem man eine eigene Meinung vertritt, diese Meinung gegen eine andere verteidigen oder jemanden überzeugen will, ist ein argumentativer Text. Bevor ein argumentativer Text verfasst werden kann, braucht es folgende Vorüberlegungen:
- Was sind die vorgetragenen Thesen und Argumente?
- Was ist die eigene Meinung?
- Welchen übergeordneten Gedanken soll der eigene Text haben?

Eine Argumentation innerhalb des Textes folgt üblicherweise einem bestimmten Schema: So wird eine Behauptung mit einer Begründung/einem Beweis belegt, daraus ergibt sich eine Folgerung, die idealerweise mit einem Beispiel angereichert wird. Daraus ergeben sich allgemeine Schlussfolgerungen.

Beispiel:   *Behauptung:*
            Es wird zu viel Geld für die Entwicklungshilfe ausgegeben …
            *Begründung:*
            … denn zu viel Hilfe macht die Menschen passiv …
            *Folgerung:*
            … sodass sie geschenkte Einrichtungen verkommen lassen …
            *Beispiel:*
            … wie bspw. einen Brunnen oder eine Straße.
            *Schlussfolgerung:*
            Deshalb sollte man weniger Geld geben bzw. die Art der Hilfe
            ändern.

Diese Argumentation entspricht auch dem Argumentationsschema von
Toulmin (1958) (vgl. Ebster/Stalzer, 2017: 96). Jedes Argument besteht
demnach aus mehreren, miteinander verbundenen Teilen:

- Behauptungen
- Beweise, Beweismittel (= Argumente)
- Schlussregeln
- Einschränkungen

Ein klassischer Fehler, der gerade in studentischen Arbeiten häufig vor-
kommt, ist die Aufstellung von Behauptungen, ohne Beweise zu liefern.
Die **Behauptung** mag durchaus schlüssig klingen, sie reicht aber nicht
aus, um eine These schlüssig zu untermauern.

Aufgestellte Thesen und Behauptungen müssen logisch begründet werden. Eine Behauptung kann nicht für sich alleine stehen. Sie
muss mit einem **Beweis** begründet werden. Häufig wird ein Beweis
als eine Behauptung gesehen, die wiederum bewiesen werden muss.
Bei einfach nachprüfbaren Fakten genügt es meistens, die aufgestellte
Behauptung mit einer Quelle zu belegen, die den wissenschaftlichen
Anforderungen genügt.

Für eine Argumentation braucht es zudem noch eine oder mehrere
Schlussregeln. Eine **Schlussregel** ist ein grundsätzliches Prinzip, das
die Verbindung zwischen der Behauptung und dem Beweis herstellt.
Häufig werden Schlussregeln nicht explizit dargestellt, es bleibt dem
Leser überlassen, dies implizit zu übernehmen.

Ein weiteres Element in der Argumentation sind **Einschränkungen**.
Da sich wissenschaftliche Arbeiten an ein fachlich vorgebildetes Publikum richten, muss von einer einseitigen Argumentation abgeraten werden. Das Verschweigen von widersprechenden Ansätzen oder Einwän-
den kann den Vorwurf der Einseitigkeit und der Vernachlässigung von

anderen Ansätzen hervorrufen. So sollten Einschränkungen für die Gültigkeit der Behauptungen angeführt und auf Gegenargumente eingegangen werden. Mögliche Formen der Einschränkung sind Zurückweisungen, Zugeständnisse und Einschränkungen des Geltungsraumes.

### 11.7.1 Typen von Argumenten

Argumente sind in der engen Wortbedeutung „Beweismittel", sie werden dazu eingesetzt, Behauptungen zu belegen oder ihnen zu widersprechen. Durch Argumente werden Annahmen bestätigt oder widerlegt. Als Argumente sollten solche Aussagen herangezogen werden, die plausibel und glaubwürdig sind.

Beim Argumentieren kann man bestimmte Strategien des argumentierenden Schreibens verfolgen bzw. verschiedene Argumente einsetzen. Gleichzeitig gibt es zu jeder Strategie auch eine Gegenstrategie.

**Berufung auf Tatsachen**
Zahlen, Daten, Fakten, Statistiken

*Beispiel:*    Untersuchungen der Universität Karlsruhe haben ergeben, dass …

Gegenstrategie: Tatsachen widerlegen

*Beispiel:*    Die neuesten Studien zu diesem Thema widerlegen diese Ergebnisse …

**Berufung auf Ergebnisse aus (sozialwissenschaftlichen) Untersuchungen**
Ergebnisse aus Befragungen, Inhaltsanalysen, Experimenten, Beobachtungen

*Beispiel:*    Eine Untersuchung unter Jugendlichen zeigt, dass …

Gegenstrategie: Ergebnisse widerlegen, Untersuchungsdesign bezweifeln, andere Ergebnisse entgegensetzen

*Beispiel:*    Die aktuelle Studie von … kommt zu ganz anderen Ergebnissen …

**Berufung auf Erfahrungen**
Im Gegensatz zu Tatsachen sind Erfahrungen Einzelfälle, die Zufallscharakter haben. Als Ausgangspunkt einer Untersuchung sind sie interessant, da sie bei der Leserin Neugier wecken können. Sie müssen plausibel sein, stellen aber dennoch immer (nur) eine individuelle Erfahrung dar.

*Beispiel:*     Die Wissenschaftlerin Kathy Barlett beobachtete als Gastdozentin an einer südamerikanischen Universität, dass die Studenten immer 15 Minuten später kamen.

Gegenstrategie: Andere Erfahrungen dagegen setzen und mit den angegebenen vergleichen

*Beispiel:*     … hier ist die Sache ganz anders gewesen …

**Berufung auf Werte, Normen, Regeln, Gesetze**
Diese sind je nach Fachgebiet unterschiedlich, bspw. juristische Gesetze, Naturgesetze, soziale Normen, technische Normen.

*Beispiel:*     Die Relativitätstheorie besagt, dass …

Gegenstrategie: Werte und Normen nicht anerkennen, Regeln für nicht passend oder ungültig erklären, Gesetze ausschließen

*Beispiel:*     Die Verwendung dieses Ansatzes ist in diesem Zusammenhang nicht nachvollziehbar, weil …

**Berufung auf Autoritäten**
Gemeint sind hier bedeutende Forscherinnen, Denker, bedeutende Schriften. Dabei ist sicherzustellen, dass die Autoritäten auch als solche anerkannt und bekannt sind.

*Beispiel:*     Schon in den Werken des Aristoteles können wir lesen, dass …

Gegenstrategie: Autoritäten nicht anerkennen

*Beispiel:*     Auch wenn Bruhn als zentrale Figur bei der Etablierung der Integrierten Kommunikation gilt, so kann dazu doch angemerkt werden …

Zweifelhaft ist die Berufung auf Allgemeingültiges (denn wer bestimmt, was allgemeingültig ist?), Alltagsargumente und auf den „gesunden Menschenverstand". Eine Beweisführung durch Einzelfälle wird (vor allem in der quantitativen empirischen Forschung) häufig als unzureichend angesehen.

### 11.7.2 Ablauf einer Argumentation

Der Ablauf einer Argumentation kann in mehreren Schritten geschehen. Hier werden drei Möglichkeiten vorgestellt, die jeweils andere Ziele verfolgen.

**Die Dreifache Begründung**
Bei dieser Argumentation wird eine Behauptung durch mehrere Begründungen (Belege, Beweise) gestützt. Aus den verschiedenen Begründungen ergibt sich eine Schlussfolgerung.

Begründung 1              Begründung 2              Begründung 3

Folgerung

**Pro und contra/„Einerseits und andererseits"**
Diese Argumentation dient dazu, für und gegen eine These sprechende Gründe anzuführen. Dazu wird zunächst die fremde These wiedergegeben. Anschließend werden Gründe angeführt, die für diese These sprechen („einerseits spricht dafür …"). Danach folgen Gründe, die gegen die vorgestellte These sprechen („andererseits spricht dagegen…").

   Zum Schluss folgt eine Zusammenfassung, man erklärt, ob man pro oder contra eingestellt ist. Üblicherweise entscheidet man sich dann (bspw. für den weiteren Verlauf der Arbeit) für eine Einstellung zur These und gibt ggf. die Gründe für die Favorisierung einer Begründung.

**These – Antithese – Synthese**
Ziel dieser Argumentation ist es, eine Synthese aus bereits bekannten Inhalten herzustellen. Dabei soll aus bekannten Einzelteilen etwas Neues herausgearbeitet werden, das an bekannte Aspekte anknüpft, es ausbaut und weiterdenkt.

Diese klassische Argumentation folgt diesem Schema:

1. *Vorstellung der Behauptung (= These)*
   Zunächst wird die zu argumentierende These vorgestellt. Eine These ist eine Behauptung, ein zu beweisender Satz.
   Thesen bzw. Behauptungen müssen durch Argumente belegt werden. Somit werden Begründungen und Belege zur Stützung einer These angeführt. In Frage kommen dazu Zitate, Beispiele oder Datenmaterial.

2. *Anführungen sowie Argumente und Begründungen für eine Gegenmeinung (= Antithese)*
   Nun wird eine Gegenmeinung angeführt. Eine Antithese ist eine Gegenbehauptung, die das Gegenteil dessen aussagt, was bewiesen werden soll. Für die Antithese werden ebenso wie für die These Argumente angeführt. Wenn für oder gegen die Antithese argumentiert wird, wird gleichzeitig auch etwas über die These ausgesagt.
   Zur Argumentation können folgende Elemente eingesetzt werden:
   a. Erläuterungen: Sie dienen dazu, einen Teilaspekt zu erläutern, eine Beziehung zwischen Elementen im Text herzustellen; sie sind kein tragendes Element in der Argumentation wie eine
   b. Begründung: Hier werden Argumentationsschritte abgesichert und nachvollziehbar gemacht; sie können in Form von Zitaten gegeben werden oder sich aus der Sachlogik heraus entwickeln.
   c. Illustrationen: Sie veranschaulichen einen Sachverhalt und machen ihn allgemein verständlich; dazu dienen Beispiele, Vergleiche und eventuell Metaphern.

3. *Vergleich von These und Antithese (= Synthese)*
   Nun werden These und Antithese miteinander verglichen, einander widersprechende Elemente werden gegenübergestellt. Schließlich werden im Rahmen einer Synthese Einzelelemente zu einem neuen Ganzen zusammengeführt. Man schließt sich also weder These noch Antithese an, sondern entwickelt eine neue Behauptung aus den verschiedenen bereits vorhandenen Einzelteilen (= Synthese als Ergebnis).

## 11.8 Wissenschaftlicher Schreibstil

Wissenschaftlich schreiben heißt nicht, möglichst unverständlich und kompliziert zu schreiben. „Im Gegenteil: Wer mit einfachen Sätzen einen wissenschaftlich komplexen Sachverhalt beschreiben kann, schreibt besser als jemand, der sich nicht von den komplizierten Strukturen des Themas lösen kann." (Dahinden/Sturzenegger/Neuroni, 2013: 165)

Komplexe Sachverhalte ohne zu große Reduktion der Zusammenhänge klar und verständlich darstellen zu können, ist in der wissenschaftlichen Arbeit eine besondere Begabung.

Wissenschaftliche Texte sollen in einem sachlichen, objektiven Stil gehalten werden und möglichst präzise und eindeutig formuliert werden. Fachbegriffe sind angemessen und terminologisch bewusst zu verwenden und (nur) dort, wo nötig, zu erklären. Die jeweilige Fachsprache einer wissenschaftlichen Disziplin ermöglicht es, Sachverhalte, Erscheinungen, Zusammenhänge möglichst präzise zu benennen, sie ermöglicht zudem eine schnelle und konkrete Verständigung unter Fachleuten. Die Wissenschaftssprache ist somit eine präzise Sprache, in der viele Wörter eine eindeutige und unmissverständliche Bedeutung haben.

**Achtung:**
Diese Fachsprache eignet man sich im Laufe eines Studiums durch Lesen von Fachliteratur und in Lehrveranstaltungen an, mit der Zeit wird sie zu einer geläufigen Sprache.

Im Sinne der Nachvollziehbarkeit einer wissenschaftlichen Arbeit ist die gesamte Vorgehensweise der Arbeit offenzulegen und zu begründen, dazu gehören die gewählte Vorgehensweise, die gewählten Methoden, die getroffenen Annahmen und Entscheidungen. Gefordert ist eine explizite Darlegung aller Arbeitsschritte; dabei geht es nicht um eine besonders umfangreiche Darstellung, sondern darum, alle Gegebenheiten zu benennen und Überlegungen zu argumentieren. Beim Schreiben ist idealerweise an einen abstrakten Leser zu denken, und nicht an einen konkreten Leser mit einem bestimmten Vorwissen.

**Achtung:**
Wissenschaftliche Texte müssen sachlich und neutral verfasst werden. Die Formulierung von Texten in der „Ich-Form" oder in der „Wir-Form" ist bei wissenschaftlichen Texten nicht üblich, aber auch nicht „verboten". Das heißt, „Ich-Formulierungen" können verwendet werden, um klar hervorzuheben, dass sich der Autor auf eigene Überlegungen und nicht auf fremde Quellen beruft. Im Vorwort, in der Einleitung und im Schlusskapitel ist dies sogar recht häufig angebracht.

### 11.8.1 Formulierungsvorschläge

Im Folgenden werden – natürlich nicht abschließend – einige Formulierungen vorgeschlagen, die in wissenschaftlichen Arbeiten verwendet werden können (vgl. VWA 2016). Sie sollen als Beispiele für „Schreib-Anfänger" dafür dienen, „ins wissenschaftliche Schreiben hineinzukommen" und sich ihren eigenen wissenschaftlichen Schreibstil anzueignen.

**Achtung:**
Es handelt sich hierbei um einige wenige Vorschläge, die zwar vielfach gut eingesetzt werden können, die aber natürlich erweitert werden müssen und adaptiert werden können. Weitere (auch englische) Phrasen findet man bspw. unter http://de.bab.la/phrasen/wissenschaftliches-schreiben/

**Fragestellung/Zielsetzung vorstellen**
- Ziel der Arbeit ist es,
  - herauszufinden, wie/ob/wie sehr/seit wann
  - aufzeigen/zu erörtern/zu analysieren/zu beschreiben
- Gegenstand der Analyse ist …
  - Aus der Themenstellung ergeben sich folgende Fragen:
  - Die Arbeit/Das folgende Kapitel geht der Frage nach, ob/inwiefern/inwieweit/warum …
  - Es gilt herauszufinden, ob …
  - Die Arbeit versucht eine Antwort zu geben auf …
  - Es sollen Antworten gefunden werden auf …
  - Diese Frage lässt sich wie folgt beantworten:
- Die vorliegende Arbeit/das folgende Kapitel
  - befasst sich mit/beschäftigt sich mit/fragt nach/geht der Frage nach
  - behandelt/stellt dar/untersucht/beleuchtet/erläutert/legt dar/skizziert/zeichnet nach/beschreibt/schildert/benennt
  - setzt sich auseinander mit/erörtert/analysiert/erklärt/interpretiert/überprüft
  - geht von der Frage/Tatsache aus
  - wirft die Frage auf/beantwortet die Frage
  - konzentriert sich auf

- versucht zu beweisen/zu erklären/nachzuzeichnen
- entwickelt/entwirft ein Konzept/ein Modell/einen Ansatz
- versucht einen Überblick/eine Analyse/einen Vergleich
- vergleicht/stellt gegenüber

## Etwas besonders deutlich sagen

- hervorheben/betonen/herausstellen
- unterstreichen/hervorstreichen/unterstreichen
- nachdrücklich bemerken/explizit hervorheben

## Etwas kritisieren

- kritisieren
- Kritik üben an
- etwas dagegen einwenden/anführen
- Nicht nachvollziehbar ist, dass/wie/ob/warum …

## Die verwendeten Methoden präzisieren

- Die Arbeit
  - bedient sich der Methode/verwendet die Methode/wendet die Methode an
  - variiert den methodischen Ansatz von Bauer (2014)
  - lehnt sich methodisch an Bauer (2014) an
  - übernimmt das Verfahren/adaptiert das Verfahren von Bauer (2014)
  - wendet das Verfahren von Bauer (2014) an
  - analysiert die Daten in Anlehnung an Bauer (2014)
  - stützt sich auf/bezieht sich auf Bauer (2014)

## Beweise nennen

- Es lässt sich anhand … belegen, dass …
- Es lässt sich anhand der Ergebnisse der neuesten Untersuchungen zweifelsfrei belegen, dass …
- Dazu liegen folgende Beweise/Belege vor:
- Man kann anhand von … nachvollziehen, dass …

## Eine Literaturstelle wiedergeben

- Im Folgenden fasse ich die Forschungsergebnisse von Berger (2006) zusammen:
- Berger (2006, S. 45ff.) vertritt in seiner Arbeit folgende These/Interpretation/Position/Ansicht

- Im Folgenden stütze ich mich auf die Untersuchung von Berger (2006)
- Im Folgenden beziehe ich mich auf Berger (2006)
- Folgende Ergebnisse stellt Berger (2006, S. 45ff.) in seiner Studie über ... dar
- Berger (2006) kommt/gelangt in seiner Arbeit über ... zu folgenden Ergebnissen:
- Bergers Untersuchungen (2006, S. 45ff.) zeigen/belegen/weisen nach, dass ...
- Berger (2006, S. 45ff.) geht davon aus, dass ...
- Wie Berger (2006, S. 45ff.) in seiner Untersuchung .... nachweist, ...
- Berger (2006, S. 45ff.) behauptet in seiner Untersuchung, dass ...
- Berger (2006, S. 45ff.) begründet das damit, dass ...
- Berger (2006) meint/wirft die Frage auf/geht der Frage nach/widmet sich der Untersuchung von/befasst sich mit/untersucht/berichtet/analysiert/überprüft/beruft sich auf/stellt zur Diskussion/bezieht sich auf/geht davon aus, dass/führt dies zurück auf/stellt die Frage/stützt sich auf ...
- Die Studie von Berger (2006) zeigt, dass ...
- Nach Berger und Müller (2011) sind/haben ...
- Die Befunde von Berger (2006, S. 45ff.) zeigen, dass ...
- In seiner Studie berichtet Berger (2006) von ähnlichen Fällen
- Gemäß Berger (2006, S. 45ff.) gilt ...
- Bergers Arbeiten (2006 bzw. 2013) weisen darauf hin, dass ...
- In einer umfassenden Untersuchung weisen Berger und Müller (2011) nach, dass ...
- Aufgrund der Ergebnisse von Berger (2006, S. 45ff.) gilt als erwiesen, dass ...
- Berger (2006, S. 45ff.) stützt sich auf die Hypothese, dass ...
- Diese Erkenntnisse beruhen auf der umfassenden Studie von Berger (2006, S. 45ff.), in der der Autor ...

**Achtung:**
Wenn man sich auf Studienergebnisse eines anderen Autors bezieht, muss zumindest die Jahreszahl der Untersuchung angegeben werden, wenn man sich auf die gesamte Arbeit bezieht. Wenn es um konkrete Stellen wie bspw. die Hypothesen oder den methodischen Ansatz geht, muss auch die Seitenangabe gemacht werden. Es genügt nicht, nur den Autor anzuführen.

**Zwei Literaturstellen in Beziehung setzen**
- Im Einklang mit Bruck (2012) findet Hügler (2015), dass …
- Die Ergebnisse von Hügler (2015) stützen sich auf die zuvor erhobenen Befunde von Bruck (2012)…
- Hüglers Untersuchung (2015) geht über die Arbeit von Bruck (2012) hinaus, da er …
- So wie Bruck (2012) behauptet auch Hügler (2015)…
- Die Arbeiten von Bruck (2012) und Antonov (2014) stützen die These von Hügler (2015), derzufolge…
- Die Studie von Hügler (2015) basiert auf den Befunden von Antonov (2014) und ergänzt und erweitert diese durch …

**Sicherheit und Unsicherheit ausdrücken, Forschungsmeinungen hinterfragen oder widerlegen**
- Es ist sicherlich zutreffend/fraglos, dass…
- Es steht außer Frage, dass …
- Es ist unbestritten, dass …
- Es steht außer Zweifel, dass …
- Es ist zweifelhaft, ob/wie/weshalb …
- Es ist fraglich, ob/weshalb …
- Es ist noch nicht geklärt, ob/wie/warum …
- Es ist unsicher, ob/wie/dass …
- Es ist nicht klar nachvollziehbar
- Hier wäre zu fragen, ob …
- Eine Frage bleibt bei Schneider (2012) allerdings unbeantwortet:
- Schneider (2012) übersieht offensichtlich
- Folgende Faktoren bleiben in Schneiders Untersuchung (2012) unberücksichtigt:
- Schneiders Argumentation (2012, S. 127f) überzeugt nur teilweise, denn …
- Gegen diese These spricht
- Diese Behauptung lässt sich durch … entkräften
- Dieser Ansicht kann man entgegenhalten/entgegensetzen/entgegenstellen, dass …
- Gegen diese Ansicht lassen sich folgende Argumente anführen:

**Unterschiedliche Standpunkte ausdrücken/Argumente abwägen**
- Diese Frage wird kontrovers diskutiert.
- Diese Auffassung ist unter vielen Wissenschaftlerinnen ein Streitpunkt.
- Zu dieser Frage besteht noch keine Einigung.

- Es ist (äußerst/sehr) umstritten, ob …
- Dazu finden sich in der Literatur kontroverse/unterschiedliche/verschiedene Standpunkte/Auffassungen/Ansichten.
- Die Arbeit von Gruber (2013) steht im Widerspruch zu den Ergebnissen von Wagner (2016).
- Wagner (2016) behauptet, dass …, wogegen Grubers (2013) Befunde das Gegenteil belegen.
- Die Ergebnisse von Gruber (2013) stehen nicht im Einklang mit den Resultaten von Wagner (2016). Wagner nimmt auf die Arbeit von Gruber Bezug und erklärt die Widersprüche wie folgt …
- Die beiden Autoren kommen zu unterschiedlichen Ergebnissen in Bezug auf …
- Daraus folgt, dass …
- Einerseits gilt …, aber andererseits muss man bedenken, dass …
- Auf der einen Seite hat sich gezeigt, dass die Regel … auch in den genannten Zusammenhängen gilt, andererseits konnte festgestellt werden, dass …
- Während Gruber (2013) behauptet, dass …, argumentiert Wagner (2016) hingegen …, denn …
- Zwar gilt als erwiesen dass …, es ist jedoch unsicher, ob …
- Folgt man der Argumentation von Wagner (2016), (dann) erscheint die Behauptung von Gruber (2013) widerlegt.
- Obwohl (nicht) behauptet werden kann, dass …, muss man doch annehmen, dass …
- Eine Abwägung der Argumente von Gruber (2013) und Wagner (2016) führt zu folgender Schlussfolgerung:
- Unterzieht man die Argumente pro und contra … einer kritischen Prüfung, kommt man zum Ergebnis, dass die Argumente der Gegner von … nicht stichhaltig sind, denn …
- Um zu entscheiden, ob die Sichtweise von Gruber (2013) oder Wagner (2016) zutrifft, muss man in Betracht ziehen, dass …

**Schlüsse ziehen**
- Daraus lässt sich die Schlussfolgerung ziehen, dass …
- Daraus lassen sich folgende Schlussfolgerung ziehen: Erstens … Zweitens …
- Daraus folgt/ergibt sich, dass …
- Dies führt zur Schlussfolgerung, dass …
- Aus den genannten Gründen ergibt sich die Schlussfolgerung, dass …
- Die genannten Beispiele machen deutlich …

- Das hat zur Folge, dass …
- Diese Argumente verdeutlichen …
- Daran zeigt sich …
- Daraus kann man/lässt sich ableiten, dass …
- Daraus kann man folgern/schließen, dass …
- Aus diesem Sachverhalt kann geschlossen werden, dass …
- Man kann also zum Schluss kommen, dass …
- Damit gilt als erwiesen, dass …
- Als Fazit ergibt sich …

### 11.8.2 Praktische Hinweise zum Schreiben

Ein Hinweis, der eigentlich selbstverständlich sein sollte, aber nicht oft genug wiederholt werden kann: Speichern Sie die Arbeit regelmäßig auf verschiedenen Datenträgern (insbesondere auf anderen als auf der Festplatte)!

Für das Redigieren, Korrigieren und Formatieren ist genügend Zeit einzuplanen. Diese Tätigkeiten nehmen viel Zeit in Anspruch, sind aber mit großer Sorgfalt zu betreiben, da schlecht redigierte Arbeiten keinen guten Eindruck erwecken.

Idealerweise sollte man Texte liegen lassen, wieder lesen und gegenlesen lassen. Das Liegenlassen eines Textes für ein paar Tage ermöglicht einen etwas distanzierteren Blick auf das Geschriebene und die Überarbeitung fällt leichter.

Alle Tabellen, Grafiken und Abbildungen sind zu benennen, mit einem Titel und ggf. mit einer Quellenangabe zu versehen.

Sowohl die Einteilung der Kapitel als auch die einzelnen Kapitel sollten aussagekräftig benannt sein, damit bei der Durchsicht des Inhaltsverzeichnisses die Inhalte der Arbeit erkannt werden können; sie sollen Aussagen über den logischen Aufbau liefern und den „roten Faden" verständlich aufzeigen.

Zum Schreiben muss man sich Zeit nehmen. Dem Schreiben geht ein Orientierungsprozess voraus, häufig ergibt sich beim Schreiben eine neue Sicht der Dinge.

Wissenschaftliches Schreiben lernt man nur durch wissenschaftliches Schreiben – um eine gute Autorin von wissenschaftlichen Texten zu werden, muss man dies immer wieder üben. Schreiben ist Erfahrungssache und braucht Routine! Darum sind alle Hinweise zum Schreiben auch immer nur Empfehlungen und Entscheidungshilfen, hier muss jeder Autor seine eigenen Präferenzen und seine eigene Vorgehensweise finden. Dennoch gibt es einige (erprobte) Schreibtipps, die das Verfassen von wissenschaftlichen Texten erleichtern:

- Formulieren Sie semantisch richtige Sätze.
- Formulieren Sie aktiv statt passiv.
- Verwenden Sie die jeweils genau passenden Wörter, keine Umschreibungen oder Metaphern.
- Verwenden Sie Fachbegriffe und Fremdwörter – an der richtigen Stelle und in der richtigen Bedeutung („Fremdwörter sind keine Glückssache!").
- Vermeiden Sie umgangssprachliche Formulierungen, Trend-Vokabular, Jargon-Ausdrücke und Mode-Wörter.
- Schreiben Sie genau, präzise und konkret – dann ist der Text auch verständlich.
- Versuchen Sie nicht, irgendwelche Schreibstile zu imitieren. Das kann man nicht die ganze Arbeit durchhalten, außerdem wirkt es unnatürlich. Stil zu kopieren ist auch sehr anstrengend.
- Wann immer Ihnen zu einem späteren Teil der Arbeit etwas einfällt, schreiben Sie es auf.
- Notieren Sie gute und passende Formulierungen, neue Zusammenhänge, Stichwörter, Sätze, die genau das sagen, was man meint (denn ein genauer Satz ist auch ein guter Satz). Vieles davon kann man später gut brauchen.
- Formulieren Sie ausführlich und präzise, der Leser ist schlechter informiert als die Autorin.
- Verwenden Sie kurze Sätze (soweit als möglich) und möglichst nur einen Nebensatz.
- Absätze und Zwischenüberschriften erhöhen die Lesbarkeit.
- Vermeiden Sie überflüssige und phrasenhafte Adjektiva und Floskeln (wie bspw. „tief greifende Veränderungen", „umfassender Gedankenaustausch", „eingehende Beratung", „dynamisches Wachstum", „nackte Wahrheit", „brennende Frage", „unausbleibliche Folge", „goldene Mitte").
- Definieren Sie Begriffe (nur) dort, wo sie vom allgemeinen wissenschaftlichen Gebrauch abweichen oder wo es sich um eher unbekannte Begriffe handelt. Es ist nicht nötig, in jeder Arbeit alle Begriffe des Faches neu zu definieren.
- Zitate dürfen nicht (kommentarlos) aneinandergereiht werden, es müssen Übergänge und Paraphrasierungen verwendet werden. Möglich sind auch indirekte Zitate.
- Setzen Sie Anmerkungen/Fußnoten sparsam ein.

- Vermeiden Sie Füllworte („eben", „ja", „wohl", „natürlich", „wahrscheinlich", „wirklich", „eigentlich", „regelrecht", „vielleicht", „gewissermaßen", „irgendwie", „durchaus" etc.)
- Verwenden Sie entweder durchgängig „gegenderte Formulierungen" (weibliche und männliche Formen und wenn möglich eine neutrale Form, bspw. „Lehrende", „Studierende") oder vermerken Sie am Beginn der Arbeit, dass die weibliche bzw. männliche Form verwendet wird, aber selbstverständlich auch jeweils Männer bzw. Frauen gemeint sind.
- Beachten Sie Rechtschreib-, Grammatik- und Orthografieregeln genau.

Die **drei großen Killer des Schreibens** sind
- Perfektionismus
- Furcht
- Größenphantasie

Lassen Sie sich davon nicht beeindrucken!

Wenn Sie nicht wissen, wie Sie zu schreiben beginnen sollen, schreiben Sie einen Brief. Erklären Sie einem Freund, einer Freundin, dass sie jetzt beginnen wollen, eine Arbeit zu schreiben, umreißen Sie den Forschungsgegenstand, worum es denn geht, worauf Sie hinauswollen, welche Gliederung Sie vorhaben. Ganz automatisch werden Sie dann beginnen, Ihr erstes Kapitel zu schreiben.

Erfolg bringt weiteren Erfolg mit sich. Wenn es einmal einen Tag lang gut läuft, dann geht es am nächsten Tag wahrscheinlich genauso gut, oder sogar besser. Seien Sie sich dessen bewusst, dass nicht alle Kapitel gleich schnell oder leicht von der Hand gehen. Manchmal muss nachgelesen werden, Auswertungen nehmen viel Zeit in Anspruch etc.

Lassen Sie sich nicht von den Aussagen anderer demoralisieren: „Mir geht das ganz leicht von der Hand" oder „Ich habe da *gar* keine Schwierigkeiten". Das ist übertrieben oder gelogen – oder es ist ein Genie am Werk.

Ein Schreib-Tipp von Raymond Chandler: Schreiben oder nichts! Sie setzen sich hin. Dann schreiben Sie und wenn das nicht geht, dann tun Sie *nichts* anderes. Nicht E-Mails schreiben, nicht Fenster putzen, nicht Kaffee trinken, nicht telefonieren … Das hält man eine halbe Stunde aus, dann schreibt man. (Ist erprobt, das funktioniert!)

**Viel Erfolg beim Schreiben Ihrer wissenschaftlichen Arbeit!**

# 12 Literaturverzeichnis

Albert, Hans (1978): Nationalökonomie als sozialwissenschaftliches Erkenntnisprogramm. In: Albert, Hans et al.: Ökonometrische Modelle und sozialwissenschaftliche Erkenntnisprogramme. Beiträge zu einem Symposium anläßlich des 90. Geburtstages von W. G. Waffenschmidt. Mannheim: Bibliographisches Institut, S. 49–71.

Albert, Hans et al. (1978): Ökonometrische Modelle und sozialwissenschaftliche Erkenntnisprogramme. Beiträge zu einem Symposium anläßlich des 90. Geburtstages von W. G. Waffenschmidt. Mannheim: Bibliographisches Institut.

Allen, Eric W. (1927): Journalism as Applied Social Science. In: The Journalism Bulletin I, S. 1–7.

Atteslander, Peter (2000): Methoden der empirischen Sozialforschung. 13. Auflage. Berlin: de Gruyter.

Averbeck-Lietz, Stefanie (Hrsg.) (2017): Kommunikationswissenschaft im internationalen Vergleich. Transnationale Perspektiven. Wiesbaden: Springer.

Averbeck-Lietz, Stefanie/Löblich, Maria (2017): Kommunikationswissenschaft vergleichend und transnational. Eine Einführung. In: Averbeck-Lietz, Stefanie (Hrsg.): Kommunikationswissenschaft im internationalen Vergleich. Transnationale Perspektiven. Wiesbaden: Springer, S. 1–29.

Balzert, Helmut/Schäfer, Christian/Schröder, Marion/Kern, Uwe/Bendisch, Roman/Zeppenfeld, Klaus (2008): Wissenschaftliches Arbeiten. Wissenschaft, Quellen, Artefakte, Organisation, Präsentation. Herdecke, Witten: W3L.

Becker, Thomas (2014): Medienmanagement und öffentliche Kommunikation. Der Einsatz von Medien in Unternehmensführung und Marketing. Wiesbaden: VS.

Bentele, Günter/Nothhaft, Howard (2008): Kommunikationskonzeption als Regelkreis. Überlegungen zur Konzeptionslehre und zu Jörg W. Leipzigers Thermostatmetaphorik. In: Liebert, Tobias (Hrsg.): Strategische Kommunikation lehren, praktizieren und evaluieren: Thematische Beiträge zur Verabschiedung von Jürg W.

Leipziger als Honorarprofessor an der Universität Leipzig. Leipzig: LiSA GmbH, S. 48–88.

Berger, Arthur Asa (2000): Media and Communication Research Methods. An Introduction to Qualitative and Quantitative Approaches. London u.a.: Sage.

Bernays, Edward L. (1928): Propaganda. New York: Horace Liveright.

Bohrmann, Hans (2005): Was ist der Inhalt einer Fachgeschichte der Publizistikwissenschaft und welche Funktionen könnte sie für die Wissenschaftsausübung in der Gegenwart besitzen? In: Schade, Edward (Hrsg.): Publizistikwissenschaft und öffentliche Kommunikation. Konstanz: UVK, S. 151–182.

Bonfadelli, Heinz/Jarren, Otfried/Siegert, Gabriele (2010): Publizistik- und Kommunikationswissenschaft – ein transdisziplinäres Fach. In: Bonfadelli, Heinz/Jarren, Otfried/Siegert, Gabriele (Hrsg.): Einführung in die Publizistikwissenschaft. 3. Auflage. Bern u.a.: Haupt/UTB, S. 3–17.

Bonfadelli, Heinz/Jarren, Otfried/Siegert, Gabriele (Hrsg.) (2010): Einführung in die Publizistikwissenschaft. 3. Auflage. Bern u.a.: Haupt/UTB.

Braunecker, Claus (2016): How to do Empirie, how to do SPSS. Eine Gebrauchsanleitung. Wien: facultas/utb.

Brockhaus (1998): Die Enzyklopädie in 24 Bänden. 20. Auflage. Leipzig/Mannheim: Brockhaus *(erscheint derzeit in der 21. Auflage neu)*.

Bryson, Lyman (Hrsg.) (1948): The Communication of Ideas. A Series of Addresses. New York: Cooper Square Publ.

Bünting, Karl-Dieter/Bitterlich, Axel/Pospiech, Ulrike (2000): Schreiben im Studium: mit Erfolg. Ein Leitfaden. Berlin: Cornelsen Verlag.

Burkart, Roland (2002): Kommunikationswissenschaft. Grundlagen und Problemfelder. Umrisse einer interdisziplinären Sozialwissenschaft. 4. Auflage. Wien u.a.: Böhlau/UTB.

Dahinden, Urs/Hättenschwiler, Walter (2001): Forschungsmethoden in der Publizistikwissenschaft. In: Jarren, Otfried/Bonfadelli, Heinz (Hrsg.): Einführung in die Publizistikwissenschaft. Bern u.a.: Haupt/UTB, S. 489–527.

Dahinden, Urs/Sturzenegger, Sabine/Neuroni, Alessia (2013): Wissenschaftliches Arbeiten in der Kommunikationswissenschaft. 2. Auflage. Bern u.a.: Haupt/UTB.

Desmond, Mark (Hrsg.) (1996): Paul Lazarsfelds Wiener RAVAG-Studie 1932. Der Beginn der modernen Rundfunkforschung. Schriftenreihe „Musik und Gesellschaft". Band 24. Wien/Mühlheim a. d. Ruhr: Guthmann-Peterson.

DGPuK – Deutsche Gesellschaft für Publizistik- und Kommunikationswissenschaft (2008): Kommunikation und Medien in der Gesellschaft: Leistungen und Perspektiven der Kommunikations- und
  Medienwissenschaft. Eckpunkte für das Selbstverständnis der
  Kommunikations- und Medienwissenschaft. Selbstverständnispapier der Deutschen Gesellschaft für Publizistik- und Kommunikationswissenschaft (DGPuK). https://www.dgpuk.de/de/selbstver-
  ständnis-der-dgpuk.html [30.6.2018].
Döring, Nicola/Bortz, Jürgen (2016): Forschungsmethoden und Eva-
  luation in den Sozial- und Humanwissenschaften. 5. Auflage. Ber-
  lin/Heidelberg: Springer.
Ebster, Claus/Stalzer, Liselotte (2017): Wissenschaftliches Arbeiten für
  Wirtschafts- und Sozialwissenschaftler. 5. Auflage. Wien: facultas/
  utb.
Fischer, Klaus (1995): Braucht die Wissenschaft eine Theorie? In: Journal of General Philosophy of Science, 26, S. 227–257.
Flick, Uwe (2016): Qualitative Sozialforschung. Eine Einführung. 7. Auf-
  lage. Reinbek bei Hamburg: Rowohlt.
Friedrichs, Jürgen (1990): Methoden empirischer Sozialforschung.
  14. Auflage. Opladen: Westdeutscher Verlag.
Früh, Werner (2017): Inhaltsanalyse. Theorie und Praxis. 9. Auflage.
  Konstanz: UVK/utb.
Gadenne, Volker (2013): Bewährung (X. Kap.). In: Karl Popper. Logik
  der Forschung. Klassiker Auslegen. Hrsg. v. Keuth, Herbert. 4. Auf-
  lage. Berlin: Akademie Verlag, S. 125–145.
Girtler, Roland (1984): Methoden der qualitativen Sozialforschung.
  Anleitung zur Feldarbeit. Wien u.a.: Böhlau, zit. nach: Lamnek,
  Siegfried (1995): Qualitative Sozialforschung. Band 1: Methodolo-
  gie. 3. Auflage. Weinheim: Beltz PVU.
Haas, Hannes/Lojka, Klaus (1988): Erkenntnis durch Recherche. In:
  Medien Journal, 12 (2), S. 2–10.
Habermas, Jürgen (1969): Technik und Wissenschaft als „Ideologie".
  Frankfurt am Main: Suhrkamp.
Habermas, Jürgen (2001 [1968]): Erkenntnis und Interesse. Frankfurt
  am Main: Suhrkamp.
Häder, Michael (2015): Empirische Sozialforschung. Eine Einführung.
  3. Auflage. Wiesbaden: Springer Fachmedien.
Hauk, Freimut (2003): Lust an der Erkenntnis. Grundlagen der Philoso-
  phie. München: DTV.
Hepp, Andreas (2005): Fortlaufende Theoretisierung. Aktualität
  beweist sich in Theorieentwicklung. In: Aviso, 38, S. 6–7, zit. nach:

Steininger, Christian/Hummel, Roman (2015): Wissenschaftstheorie der Kommunikationswissenschaft. Berlin/Boston: de Gruyter.

Herbers, Martin R. (2016): The Invasion from Mars. A Study in the Psychology of Panic von Hadley Cantril unter der Mitarbeit von Hazel Gaudet und Herta Herzog (1940). In: Potthoff, Matthias (Hrsg.): Schlüsselwerke der Medienwirkungsforschung. Wiesbaden: Springer, S. 13–23.

Herzog, Herta (1940): Professor Quiz – A Gratification Study. In: Lazarsfeld, Paul F. (Hrsg.): Radio and the Printed Page. An Introduction to the Study of Radio and Its Role in the Communication of Ideas. New York: Duell, Sloan and Pearce, S. 64–93. (Reprint Edition 1971 in der Reihe: History of Broadcasting: Radio to Television. New York: Arno Press.)

Herzog, Herta (1941): On Borrowed Experience. An Analysis of Listening to Daytime Sketches. In: Studies in Philosophy and Social Science, 9 (1), S. 65–95.

Herzog, Herta (1944): What Do We Really Know About Daytime Serial Listeners? In: Lazarsfeld, Paul F./Stanton, Frank N. (Hrsg.): Radio Research 1942–1943. New York: Duell, Sloan and Pearce, S. 3–33.

Herzog, Herta (1990): Der Stich ins Böse. Dallas und Denver Clan: Garantiert anders als der Alltag. In: Medien Journal, 14 (4), S. 191–208.

Hipfl, Brigitte (2002): Lakunen der Kommunikationswissenschaft. In: Medien Journal, 26 (2), S. 12–26.

Jahoda, Marie/Lazarsfeld, Paul F./Zeisel, Hans (1975): Die Arbeitslosen von Marienthal. Mit einem Anhang zur Geschichte der Soziographie. Frankfurt am Main: Suhrkamp.

Jarren, Otfried/Bonfadelli, Heinz (Hrsg.) (2001): Einführung in die Publizistikwissenschaft. Bern u.a.: Haupt/UTB.

Kant, Immanuel (1920): Prolegomena zu einer jeden künftigen Metaphysik, die als Wissenschaft wird auftreten können. https://archive.org/stream/immanuelkantspro00kantuoft/immanuelkantspro-00kantuoft_djvu.txt [12.09.2017].

Karmasin, Matthias/Ribing, Rainer (2017): Die Gestaltung wissenschaftlicher Arbeiten. Ein Leitfaden für Facharbeit/VWA, Seminararbeiten, Bachelor-, Master-, Magister- und Diplomarbeiten sowie Dissertationen. 9. Auflage. Wien: facultas/utb.

Klaus, Elisabeth (2008): What Do We Really Know About Herta Herzog? – Eine Spurensuche. In: M&K, 56 (2), S. 227–252.

Kornmeier, Martin (2016): Wissenschaftlich schreiben leicht gemacht für Bachelor, Master und Dissertation. 7. Auflage. Bern u.a.: Haupt/utb.

Kruse, Otto (1999): Keine Angst vor dem leeren Blatt. Ohne Schreibblockaden durch's Studium. Frankfurt am Main: Campus.

Kunczik, Michael/Zipfel, Astrid (2005): Publizistik. 2. Auflage. Köln u.a.: Böhlau/UTB.

Küppers, Bernd-Olaf (2000): Die Strukturwissenschaft als Bindeglied zwischen Natur- und Geisteswissenschaften. In: Küppers, Bernd-Olaf (Hrsg.): Die Einheit der Wirklichkeit: Zum Wissenschaftsverständnis der Gegenwart. München: Fink, S. 89–105.

Küppers, Bernd-Olaf (Hrsg.) (2000): Die Einheit der Wirklichkeit: Zum Wissenschaftsverständnis der Gegenwart. München: Fink.

Lamnek, Siegfried (1995): Qualitative Sozialforschung. Band 1: Methodologie. 3. Auflage. Weinheim: Beltz PVU.

Langenbucher, Wolfgang (Hrsg.) (1994): Publizistik- und Kommunikationswissenschaft. Ein Textbuch zur Einführung. Band 1. Wien: Braumüller.

Lasswell, Harold D. (1948): The Structure and Function of Communication in Society. In: Bryson, Lyman (Hrsg.): The Communication of Ideas. A Series of Addresses. New York: Cooper Square Publ., S. 37–51. (Nachdruck in Gottschlich, Maximilian (Hrsg.) (1987): Massenkommunikationsforschung: Theorieentwicklung und Problemperspektiven. Wien: Braumüller, S. 17–26.)

Lasswell, Harold D. (1958): Communications As An Emerging Discipline. In: Audiovisual Communication Review, 6 (1), S. 245–254, zit. nach: Rühl, Manfred (2008): Kommunikationskulturen der Weltgesellschaft. Wiesbaden: Springer.

Lazarsfeld, Paul F. (Hrsg.) (1940): Radio and the Printed Page. An Introduction to the Study of Radio and Its Role in the Communication of Ideas. New York: Duell, Sloan and Pearce.

Lazarsfeld, Paul F./Berelson, Bernard/Gaudet, Hazel (1944): The people's choice. How the voter makes up his mind in a presidential campaign. New York, NY: Columbia University Press.

Lazarsfeld, Paul F./Stanton, Frank N. (Hrsg.) (1944): Radio Research 1942–1943. New York: Duell, Sloan and Pearce.

Liebert, Tobias (Hrsg.) (2008): Strategische Kommunikation lehren, praktizieren und evaluieren: Thematische Beiträge zur Verabschiedung von Jürg W. Leipziger als Honorarprofessor an der Universität Leipzig. Leipzig: LiSA GmbH.

Lies, Jan (Hrsg.) (2015): Theorien des PR-Managements. Geschichte – Basiswissenschaften – Wirkungsdimensionen. Wiesbaden: Springer.

Löffelholz, Martin/Rothenberger, Liane (Hrsg.) (2016): Handbuch Journalismustheorien. Wiesbaden: Springer.

Maletzke, Gerhard (1963): Psychologie der Massenkommunikation. Hamburg: Hans Bredow-Institut.

Maletzke, Gerhard (1980): Kommunikationsforschung als empirische Sozialwissenschaft. Berlin: Spiess.

Mark, Desmond (Hrsg.) (1996): Paul Lazarsfelds Wiener RAVAG-Studie 1932. Wien/Mühlheim a. d. Ruhr: Guthmann-Peterson.

Mayring, Philipp (2016): Einführung in die Qualitative Sozialforschung. 6. Auflage. Weinheim/Basel: Beltz Studium.

Merten, Klaus (Hrsg.) (2009): Konstruktion von Kommunikation in der Mediengesellschaft. Festschrift für Joachim Westerbarkey. Wiesbaden: VS.

Merton, Robert K. (1968): Social Theory and Social Structures. New York: Macmillan, zit. nach: Burkart, Roland (2002): Kommunikationswissenschaft. Grundlagen und Problemfelder. Umrisse einer interdisziplinären Sozialwissenschaft. 4. Auflage. Wien u.a.: Böhlau/UTB.

Meyen, Michael (2009): Das journalistische Feld in Deutschland. Ein theoretischer und empirischer Beitrag zur Journalismusforschung. In: Publizistik, 54 (3), S. 323–345.

Meyen, Michael/Löblich, Maria (2006): Klassiker der Kommunikationswissenschaft. Fach- und Theoriegeschichte in Deutschland. Konstanz: UVK.

Mittelstraß, Jürgen (1995): Erkenntnis. In: Mittelstraß, Jürgen (Hrsg.): Enzyklopädie Philosophie und Wissenschaftstheorie. Band 1. Stuttgart: Metzler.

Mittelstraß, Jürgen (Hrsg.) (1995): Enzyklopädie Philosophie und Wissenschaftstheorie. Band 1. Stuttgart: Metzler.

Neuberger, Christoph (2009): „Stille Post" in der Kommunikationswissenschaft: Tradierungsfehler in der wissenschaftlichen Fachöffentlichkeit. In: Merten, Klaus (Hrsg.): Konstruktion von Kommunikation in der Mediengesellschaft. Festschrift für Joachim Westerbarkey. Wiesbaden: VS, S. 231–262.

Neurath, Paul (1996): Die methodische Bedeutung der RAVAG-Studie von Paul F. Lazarsfeld. Der Wiener Bericht von 1932 und seine Rolle für die Entwicklung in Amerika. In: Mark, Desmond (Hrsg.): Paul

Lazarsfelds Wiener RAVAG-Studie 1932. Wien/Mühlheim a. d. Ruhr: Guthmann-Peterson, S. 11–26.

Opp, Karl-Dieter (2014): Methodologie der Sozialwissenschaften. Einführung in Probleme ihrer Theorienbildung und praktischen Anwendung. 6. Auflage. Wiesbaden: VS.

Österreichisches Normungsinstitut (1989): ÖNORM A 2658. Teil 1: Zitierregeln.

Popper, Karl R. (1962): Die Logik der Sozialwissenschaften. In: Popper, Karl R. (2003): Auf der Suche nach einer besseren Welt. Vorträge und Aufsätze aus dreißig Jahren. 12. Auflage. München: Piper, S. 79–98.

Popper, Karl R. (1972): Wissenschaftslehre in entwicklungstheoretischer und in logischer Sicht. In: Popper, Karl R. (2010): Alles Leben ist Problemlösen. Über Erkenntnis, Geschichte und Politik. 14. Auflage. München: Piper, S. 15–46.

Popper, Karl R. (1973): Logik der Forschung. Tübingen: Mohr.

Popper, Karl R. (2003): Auf der Suche nach einer besseren Welt. Vorträge und Aufsätze aus dreißig Jahren. 12. Auflage. München: Piper.

Popper, Karl R. (2010): Alles Leben ist Problemlösen. Über Erkenntnis, Geschichte und Politik. 14. Auflage. München: Piper.

Popper, Karl R. (2016 [1983]): Freiheit und intellektuelle Verantwortung. Politische Vorträge und Aufsätze aus sechs Jahrzehnten. Hrsg. und teilweise neu übersetzt v. Niemann, Hans-Joachim. Tübingen: Mohr Siebeck.

Poser, Hans (2001): Wissenschaftstheorie. Eine philosophische Einführung. Stuttgart: Reclam.

Potthoff, Matthias (Hrsg.): Schlüsselwerke der Medienwirkungsforschung. Wiesbaden: Springer.

Rettig, Heike (2017): Wissenschaftliche Arbeiten schreiben. DOI: 10.1007/978-3-476-04490-7

Rossig, Wolfram/Prätsch, Joachim (2008): Wissenschaftliche Arbeiten. 8. Auflage. Achim: Berlin Druck.

Rühl, Manfred (1985): Kommunikationswissenschaft zwischen Wunsch und Machbarkeit. Einige Betrachtungen zu ihrer Identität heute. In: Publizistik, 30 (2–3), S. 229–246.

Rühl, Manfred (2008): Kommunikationskulturen der Weltgesellschaft. Wiesbaden: Springer.

Schade, Edward (Hrsg.): Publizistikwissenschaft und öffentliche Kommunikation. Konstanz: UVK.

Schnell, Rainer/Hill, Paul B./Esser, Elke (2005): Methoden der empirischen Sozialforschung. 7. Auflage. München/Wien: R. Oldenbourg.

Scholl, Armin (2016): Journalismustheorie und Methodologie. In: Löffelholz, Martin/Rothenberger, Liane (Hrsg.): Handbuch Journalismustheorien. Wiesbaden: Springer, S. 91–109.

Schweiger, Wolfgang/Rademacher, Patrick/Grabmüller, Birgit (2009): Womit befassen sich kommunikationswissenschaftliche Abschlussarbeiten? Eine Inhaltsanalyse von DGPuK-TRANSFER als Beitrag zur Selbstverständnisdebatte. In: Publizistik, 54, S. 533–552.

Seiffert, Helmut (1997): Einführung in die Wissenschaftstheorie. 4 Bände; hier insb.: Einführung in die Wissenschaftstheorie. Vierter Band. Wörterbuch der wissenschaftstheoretischen Terminologie. München: Beck.

Seiffert, Helmut/Radnitzky, Gerard (Hrsg.) (1994): Handlexikon zur Wissenschaftstheorie. 2. Auflage. München: dtv.

Stary, Joachim/Kretschmer, Horst (2004): Umgang mit wissenschaftlicher Literatur. Eine Arbeitshilfe für das geistes- und sozialwissenschaftliche Studium. 3. Auflage. Berlin: Cornelsen Scriptor.

Steininger, Christian/Hummel, Roman (2015): Wissenschaftstheorie der Kommunikationswissenschaft. Berlin/Boston: de Gruyter.

Störig, Hans Joachim (1999): Kleine Weltgeschichte der Philosophie. Überarbeitete Neuausgabe. Frankfurt am Main: Fischer.

Taddicken, Monika (2016): The People's Choice. How the Voter Makes Up His Mind in a Presidential Campaign von Paul Felix Lazarsfeld, Bernard Berenson und Hazel Gaudet (1944). In: Potthoff, Matthias (Hrsg.): Schlüsselwerke der Medienwirkungsforschung. Wiesbaden: Springer, S. 25–36.

VWA (2016): Schreibhilfen zum Verfassen einer VWA. Zusammenstellung: Ursula Figl (Mai 2016). In: www.ahs-vwa.at unter dem Menüpunkt „Schreibphase betreuen" – „Schreibhilfen" [18.6.2018].

Weber, Max (1956): Wirtschaft und Gesellschaft. Grundriß der verstehenden Soziologie. Tübingen: Mohr Siebeck.

Weber, Max (1968): Methodologische Schriften. Studienausgabe. Frankfurt am Main: Fischer.

Wilson, Thomas P. (1982): Quantitative „oder" qualitative Methoden in der Sozialforschung. In: Kölner Zeitschrift für Soziologie und Sozialpsychologie, 34, S. 487–508.

# 13 Abbildungs- und Tabellenverzeichnis

# Anhang A – Eine Auswahl an kommunikationswissenschaftlichen Fachzeitschriften

Die Auswahl der hier vorgestellten Zeitschriften ist exemplarisch und keinesfalls umfassend!

## Deutschsprachige kommunikationswissenschaftliche Zeitschriften

*Media Perspektiven*
Zeitschrift der ARD-Werbung mit Schwerpunkt *Mediennutzung, Publikumsforschung und Entwicklung der deutschen Massenmedien*, erscheint monatlich; neben der Zeitschrift erscheinen regelmäßig die „Media Perspektiven Basisdaten" mit aktuellen Daten zur Medienlandschaft in der Bundesrepublik Deutschland sowie weitere Publikationen
http://www.ard-werbung.de/media-perspektiven/fachzeitschrift/

*Medien Journal*
Österreichische Zeitschrift für Medien- und Kommunikationsforschung, erscheint vierteljährlich und ist eine interdisziplinäre und international ausgerichtete Publikationsform
https://ejournals.facultas.at/index.php/medienjournal/about

*Medien und Kommunikationswissenschaft M&K (bis 1999 „Rundfunk und Fernsehen")*
Einer der „Klassiker" unter den kommunikationswissenschaftlichen Zeitschriften des deutschsprachigen Raums, umfasst Beiträge zu unterschiedlichsten Fragen der PKW, erscheint vierteljährlich und die Zeitschrift ist ab Jahrgang 2000 online verfügbar
http://www.m-und-k.nomos.de/

*Medien & Recht (MR)*
Österreichische Zeitschrift mit Informationen und aktuellen Gerichts-
entscheiden zu *medienrechtlichen* Fragen; erscheint achtmal im Jahr;
im Internet findet sich auch ein umfangreiches begleitendes Medien-
rechtsportal
http://www.medien-recht.com/index.php?article_id=1

*Medien & Zeit*
Österreichische Zeitschrift für historische Medien- und Kommunikationswissenschaft, erscheint viermal im Jahr und wird vom Wiener
„Arbeitskreis für historische Kommunikationsforschung" herausgegeben
http://medienundzeit.at/

*Message*
Internationale Zeitschrift für Journalismus
http://www.message-online.com/

*Publizistik – Vierteljahreshefte für Kommunikationsforschung*
Der zweite „Klassiker" unter den deutschsprachigen kommunikationswissenschaftlichen Zeitschriften, umfasst Beiträge zu unterschiedlichsten Aspekten der Publizistik- und Kommunikationswissenschaft,
erscheint vierteljährlich
https://link.springer.com/journal/11616

*Zeitschrift für Medienpsychologie*
Fachzeitschrift für *psychologische* Medienforschung, wobei sowohl
Grundlagen als auch anwendungsorientierte Forschung abgedeckt
werden, erscheint vierteljährlich
http://econtent.hogrefe.com/loi/zmpx

## Englischsprachige kommunikationswissenschaftliche Zeitschriften

*Communication Research*
Bekannte US-amerikanische kommunikationswissenschaftliche Zeitschrift mit interdisziplinärer Ausrichtung, erscheint alle zwei Monate
http://journals.sagepub.com/home/crx

*Communications. The European Journal of Communication Research*
Englischsprachige Fachzeitschrift für publizistik- und kommunikationswissenschaftliche Fragestellungen mit europäischer Ausrichtung, erscheint vierteljährlich
https://www.degruyter.com/view/j/comm

*Communication Theory*
US-amerikanische Zeitschrift mit Schwerpunkt auf sozial- und kulturwissenschaftlichen theoretischen Ansätzen bzw. Studien zur Kommunikationstheorie, erscheint vierteljährlich
https://onlinelibrary.wiley.com/journal/14682885

*European Journal of Communication*
Britische Fachzeitschrift für Kommunikationswissenschaft mit europäischer und transdisziplinärer Ausrichtung, erscheint vierteljährlich
http://journals.sagepub.com/home/ejc

*Journal of Communication*
US-amerikanische Zeitschrift für publizistik- und kommunikationswissenschaftliche Fragestellungen, erscheint vierteljährlich
https://onlinelibrary.wiley.com/journal/14602466

*Public Opinion Quarterly*
Englischsprachige Zeitschrift mit Schwerpunkt öffentliche Kommunikation, Meinungsforschung und deren Methoden, erscheint vierteljährlich
https://academic.oup.com/poq

# Anhang B – Grundlagen wissenschaftlicher Datenbanken

Wissenschaftliche Datenbanken sind in aller Regel themenspezifisch, sammeln also Literatur aus einem bestimmten wissenschaftlichen Fachgebiet (bspw. der Publizistik). Für dieses Fachgebiet wird eine mehr oder weniger große Anzahl an Fachzeitschriften ausgewertet und die in diesen Zeitschriften erscheinenden Artikel werden in die Datenbank aufgenommen. Auch Artikel aus Sammelbänden werden oft in Datenbanken erschlossen, manche Datenbanken verzeichnen darüber hinaus auch andere Formen unselbständiger Literatur (etwa Kapitel aus Büchern oder ausgewählte graue Literatur) und selbständiger Literatur. Wissenschaftliche Datenbanken werden unabhängig vom Bestand einer Bibliothek erstellt. Sobald ein Artikel in einer ausgewerteten Zeitschrift erscheint, wird er in die Datenbank aufgenommen.

## Referenz- und Volltextdatenbanken

Datenbank ist dabei nicht gleich Datenbank – es gibt Unterschiede in der Form, wie unselbständige Literatur in Datenbanken verzeichnet wird: Referenzdatenbanken sind im Wesentlichen ein großes Verzeichnis für unselbständige Literatur. In diesen Datenbanken finden sich die genauen bibliographischen Angaben (Autor, Titel, Erscheinungsjahr …) eines jeden Artikels und in der Regel auch eine kurze Zusammenfassung (sog. Abstract) des Inhalts. Der Artikel selbst (sog. Volltext) ist nicht in der Datenbank zu finden. Bei den meisten kommunikationswissenschaftlichen Datenbanken handelt es sich um derartige Referenzdatenbanken.

Im Gegensatz zu den Referenzdatenbanken enthalten Volltextdatenbanken neben den bibliographischen Angaben und den Abstracts auch die Artikel im Volltext – Sie können also direkt über die Datenbank auf den gesamten Text des Artikels zugreifen.

Es existiert eine Vielzahl von Datenbanken zu unterschiedlichsten Disziplinen. Im Wesentlichen sind folgende Typen von Datenbanken für Publizistik-Studierende von besonderem Interesse:

### Sozialwissenschaftliche Datenbanken

Da die Publizistik- und Kommunikationswissenschaft den Sozialwissenschaften zuzurechnen ist, sind sozialwissenschaftliche Datenbanken besonders relevant für die Suche nach kommunikationswissenschaftlicher Literatur. Folgende Datenbanken sammeln Nachweise zu Literatur bzw. Quellen aus dem Bereich der Sozialwissenschaften:

*SOLIS – Sozialwissenschaftliches Literaturinformationssystem*
sozialwissenschaftliche Literatur aus dem deutschsprachigen Raum, Teil des wiso-net
https://www.gesis.org/home/

*Sociological Abstracts*
internationale Literatur zu Soziologie und angrenzenden sozialwissenschaftlichen Disziplinen wie bspw. Kommunikationswissenschaft
http://www.proquest.com/products-services/socioabs-set-c.html

*ASSIA – Applied Social Sciences Index and Abstracts*
englischsprachige Literatur zu ausgewählten sozialwissenschaftlichen Forschungsbereichen
http://www.proquest.com/products-services/ASSIA-Applied-Social-Sciences-Index-and-Abstracts.html

*Social Sciences Index*
englischsprachige sozialwissenschaftliche Zeitschriftendatenbank
https://www.ebsco.com/products/research-databases/h-w-wilson-databases

Während die eben genannten Datenbanken die gesamte Bandbreite der Sozialwissenschaften abdecken, gibt es auch stärker spezialisierte Datenbanken.

### Sozial- und geisteswissenschaftliche Datenbanken

Neben sozialwissenschaftlichen Angeboten sind auch Datenbanken aus dem Bereich der Kultur- und Geisteswissenschaften für Kommunikationswissenschaftlerinnen von Relevanz. Folgende Datenbanken sammeln unselbständige Literatur sowohl aus den Sozial- als auch aus den Geistes- und Kulturwissenschaften:

*IBZ – Internationale Bibliographie der Zeitschriftenliteratur*
primär englisch- und deutschsprachige Datenbank für geistes- und
sozialwissenschaftliche Literatur
https://www.degruyter.com/databasecontent?dbid=ibz&dbsource=%
2Fdb%2Fibz

*IBR – Internationale Bibliographie der Rezensionen*
Pendant zur IBZ für geistes- und sozialwissenschaftliche Rezensionen
https://www.degruyter.com/databasecontent?dbid=ibr&dbsource=%2
Fdb%2Fibr

*Periodicals Index Online*
internationaler geistes- und sozialwissenschaftlicher Zeitschriftenin-
dex, erfasst Zeitschriftenliteratur bis 1995

*Periodicals Archive Online*
„Schwesterndatenbank" von Periodicals Index Online, umfasst Voll-
texte geistes- und sozialwissenschaftlicher Zeitschriften bis 1995

**Zitationsdatenbanken**
Zitationsdatenbanken erschließen nicht nur die bibliographischen
Angaben der Artikel, sondern darüber hinaus auch die in den einzelnen
Artikeln zitierte Literatur. Die wichtigsten Zitationsdatenbanken für die
Geistes- und Sozialwissenschaften sind (beide über das sogenannte
Web of Science zugänglich):

*Arts & Humanities Citation Index*
für geisteswissenschaftliche, vorrangig englischsprachige Literatur

*SSCI Social Sciences Citation Index*
für sozialwissenschaftliche, vorrangig englischsprachige Literatur

Einige der genannten Datenbanken sind via Datenbanksystem der Universität Wien zugänglich. Nähere Informationen dazu finden Sie unter:
https://bibliothek.univie.ac.at/fb-publizistik-informatik/datenbanken.
html bzw.
http://metalib4-prod.obvsg.at:8331/V/FARF39RI1BQ8JIPAQS658IU-
UK7RVHSCBLC8TLR2EU8Q9LDUS86-06881?func=find-db-1